중국인쇄사 中國印刷史

History of Chinese Printing

【四】

장수민張秀民 저 / 한기韓琦 증보

강영매姜始妹 옮김

세창출판사

중국인쇄사 【四】 中國印刷史

1판 1쇄 인쇄   2016년 8월 5일
1판 1쇄 발행   2016년 8월 16일

저 자 | 장수민張秀民(한기韓琦 증보)
옮긴이 | 강영매姜始妹
발행인 | 이방원
발행처 | 세창출판사
신고번호 | 제300-1990-63호
주소 | 서울 서대문구 경기대로 88 냉천빌딩 4층
전화 | (02) 723-8660   팩스 | (02) 720-4579
http://www.sechangpub.co.kr
e-mail: sc1992@empal.com
ISBN 978-89-8411-532-3 94910
       978-89-8411-528-6 (세트)

이 도서의 국립중앙도서관 출판시도서목록(CIP)은 e-CIP홈페이지(http://www.nl.go.
kr/ecip)와 국가자료공동목록시스템(http://www.nl.go.kr/kolisnet)에서 이용하실 수 있
습니다.
(CIP제어번호: CIP2016017074)

자서 自序

인쇄술 · 화약 · 나침판을 서양인들은 중국의 3대 발명품이라고 한다. 영국의 프랜시스 베이컨은 17세기에 이미 "이 세 가지 발명은 전 세계 사물의 면모와 상태를 모두 바꾸어 놓았으며 이로써 수많은 변화를 만들어 내었다. 인쇄술은 문학에서, 화약은 전쟁에서, 나침판은 항해에서 변화를 주었다. 역사상 어떠한 제국이나 종교 혹은 혁혁한 인물도 이 세 가지가 인류에 끼친 영향보다 더욱 많은 영향력을 주지는 못했다. 우리는 지금 확실히 이 발명품은 중국에서 왔다는 것을 알고 있다"고 말한 바 있다. 거기에 제지술을 더하여 중국의 4대발명이 되었고 인류사회를 위하여 위대한 공헌을 하였으니 더없이 커다란 영향을 주었다.

인쇄술은 "신성한 예술"이라고 하며 또한 "문명의 어머니"라고도 하니 그 중요성은 사람마다 모두 알고 있는 바와 같다. "아는 것이 힘이다"라고 하지만 그러나 힘의 원천의 하나는 바로 책에서 나온다. 셰익스피어는 "책은 전 인류의 영양품"이라고 하였는데 이 영양품은 작가가 창작한 정신적 산물이며 또 종이와 먹을 이용하여 인쇄한 물질적인 산물이다. 손중산 선생은 인쇄업을 몹시 중시하여 인쇄를 의 · 식 · 주 · 이동 네 가지와 더불어 생활에 필수적인 물질조건이라고 하여 똑같이 중시하였다. 인쇄품은 도서, 지폐, 신문, 각종 구매권 등으로 일상생활에서 없어서는 안될 물건들이다. 인쇄업은 교육문화영역으로부터 상공업으로까지 확대되어 각국의 중요한 산업이 되었다.

7세기 당나라 초 정관貞觀 연간에 중국은 목판 인쇄를 발명하였으니 유럽보다 7백 년이나 빠른 시기다. 11세기에 북송 경력慶曆 연간에는 필승畢昇이 활자판을 발명하였으니 독일의 구텐베르크보다 4백 년이나 앞선다. 유럽에서는 활자인쇄를 채용한 후에 문예부흥이 일어났으며 과학문화가 비약적으로 발전하였으나 중국은 오히려 낙후되었다. 이는 명청 시기에 팔고문을 실행하여 관리를 뽑았기 때문에 지식분자들의 총명함과 지혜를 아무짝에도 필요 없는 팔고문에 쏟았기 때문이다. 또한 청나라의 강희·옹정·건륭 시기에 120여 차례의 문자옥文字獄이 있었기 때문이다. 학자들은 몸을 보전하기 위하여 부득이 고서더미 속에 묻혀 문자의 음훈만을 연구하니 청나라 초기의 고염무顧炎武가 제창한 경세치용과는 서로 다른 길을 걸었다. 사회에서는 무엇을 발명하거나 창조하는 것을 사악한 속임수나 보잘것없는 재주로 간주했기 때문에 도움을 받거나 발전시킬 수가 없었다. 이리하여 인쇄술도 별다른 진보가 없이 1300년간이나 줄곧 목판 인쇄 위주였다. 청대 각본刻本은 원·명의 각본에 미치지 못하고, 원·명판은 또 송 목판 자체字體의 아름다움, 종이와 먹의 우수함, 장정의 우아함에 미치지 못한다. 활자본은 본래 수량이 많지 않아 인쇄에서 그 다음 지위를 차지한다. 목활자가 처음 나왔고 다음이 동활자인데 대부분 개인의 손에서 나왔다. 단지 강희 연간에 내부內府에서 동활자를 새겼고 건륭 시기에는 목활자를 만들었는데 조선의 여러 왕들이 동활자, 연활자, 철활자를 34차례나 주조한 것과는 아주 다르다. 19세기 아편전쟁 전후에 서양의 석인石印과 연인鉛印이 중국에 전래된 후에야 전통적인 목판과 목활자 인쇄는 점점 도태되었다.

중화인민공화국 성립 후에 중국의 인쇄업은 커다란 발전이 있었지만 선진국가들에 비하면 아직 차이가 컸다. 이는 기술이 낙후되고, 책이 나오는 주기가 길며, 책 한 권이 수백 페이지나 되어서 다른 나라에서 1~2주일이면 출판이 되는 데 비하여 중국은 반년, 심지어는 2~3년이 소요되기 때문이다. 설사 진즉에 사진식자기를 들여왔다 해도 아직 널리 보급되지 못하였고 일반적으로 여전히 수공으로 식자를 하고 기꺼이 구식의 느리디 느린 인쇄기를 사용하고, 장정도 기계화되지 못하여 소위 '정장본'이라고 하면서도 전혀 정교하지 않다. 이런 것은 가장 먼저 인쇄술을 발명한 중국과는 걸맞지 않았다. 만일 결점을 고치려면 박차를 가하여 따라잡아야만 하는데 아직 관련 분야에서 결심하여 해결하기를 기다릴 뿐이다.

중국이 최초로 인쇄술을 발명했으니 이치대로라면 수많은 저서에서 이를 찬양하는 기록이 있어야 하는데 과거에 이 방면에 관한 전문서적이 별로 없었다. 근대 손육수孫毓修의 《중국조판원류고中國雕板源流考》는 지나치게 간략하고, 섭덕휘葉德輝의 《서림청화書林淸話》는 판본자료들만을 모아 편집했다. 미국 카터 교수의 《중국인쇄술의 발명과 서방 전파》가 출판되니 비로소 체계적인 전문서적이 나오게 되었다. 프랑스 폴 펠리오의 《중국인쇄술의 기원》이라는 책은 자료를 널리 풍부하게 인용했으니 학식은 비록 넓지만 요점을 파악하지는 못했다. 카터가 쓴 저서의 내용에 미치지 못한다. 인쇄술은 중국 고대 노동자의 중대한 발명임에도 인쇄사에 관한 저서는 외국인이 대신 썼으니 실로 부끄럽기 짝이 없다. 그리하여 내 자신의 분수를 모르고 모기가 산을 짊어지는 심정으로 《중국인쇄사》를 쓰고자 하였다.

처음에 나는 하문대학厦門大學(당시에 화교 진가경陳嘉庚 선생이 창립)에서 수학할 때 서안瑞安 출신 이립李笠(雁晴) 선생님의 깊은 깨우침을 받아서 도서목록학에 관해 흥미가 생겼다. 그래서 수업이 없을 때면

도서관(集美樓)의 서가로 달려가서 자유스럽게 책을 열람하였다. 판본목록과 관계있는 글 두 편을 발표했는데 이립 선생님이 이를 당시 북평도서관에 계신 서수徐水 출신 원동례袁同禮(守和) 부관장님께 보내었다. 원선생이 이를 보고 도서관 명의로 "신관(지금의 문진가文津街에 있는 북경도서관)이 낙성되어 사람이 필요하니 급히 상경하기 바랍니다"라는 편지를 보내왔다. 이리하여 졸업식에도 참가하지 못하고 북경도서관에 도착하니 1931년 7월 초의 일이다.

북경도서관은 역사가 유구하고 세계적으로 유명한 국가도서관이다. 그중 몇몇 인본印本에는 남송 황실의 '집희전緝熙殿', 원나라의 '국자감숭문각관서國子監崇文閣官書' '소흥부학관서紹興府學官書' '한림국사원관서翰林國史院官書'라고 적힌 커다란 주문인朱文印이 찍혀 있다. 기타 송, 금, 원의 목판본과 당나라 사람이 쓴 경전과 명청대의 정밀한 필사본 등은 모두 세상에 귀한 진품들이다. 신중국 성립 전에 장서의 총량은 145만 권이었다. 얼마 전에 이미 장서는 1천만 권을 초과하니 이제는 책이 많은 것이 걱정거리가 되어 신관을 건립할 필요가 있게 되었다. 내게 좋은 기회가 있어 이렇게 수많은 책이 있는 좋은 환경 속에서 장장 40년간이나 일할 수 있었다는 것은 정말 행운이라고 할 수 있다.

원동례 관장은 공공도서관으로서의 직능을 발휘했을 뿐만 아니라 동시에 도서관을 하나의 학술연구 기구로 하여 일련의 전문성을 갖춘 기구로 만들었다. 그리하여 유명 학자들인 서홍보徐鴻寶・섭위청葉渭淸・상달向達(覺明)・왕중민王重民(友三)・조만리趙萬里・사국정謝國楨(剛主)・손해제孫楷弟(子書)・하창군賀昌群(藏雲)・유절劉節(子植)・왕용王庸(以中)・양계웅梁啓雄(述任, 양계초의 동생)・담기양譚其驤(季龍)・팽색단彭色丹 라마・우도천于道泉 선생 등 10여 명을 초빙하여 사학지리・판본・금석・문학・철학 및 만주어・티베트어・몽골어 등을 연구하도록 하였다. 이런 농후한 학술 분위기 속에서 자연스립게 감화를 받고 절차탁마의 이로움을 얻게 되니 인쇄사를 쓰리라는 결심을 굳히게 되었다.

도서관에 들어온 후에는 도서편목팀에서 고서카드목록을 정리하였는데 책마다 반드시 책 내용, 서발序跋을 자세히 살피고 저자의 성명, 자와 호, 본관, 출생과 사망, 경력, 출판한 곳, 연대, 서적의 성질 등을 확실하게 하여 분류번호와 저자번호를 적어 넣었다. 후에 또 몇십 년간 '사승류史乘類'와 집부의 도서목록을 편집하였다. 인쇄사를 쓰기 위하여 판본인쇄에 관한 자료를 수집하는 데 주의를 기울였는데 당시 대부분 작은 쪽지에 기입했다가 작은 노트에 다시 썼는데 70권이었다. 그중에 《송판서경안록宋板書經眼錄》과 《송각공명록宋刻工名錄》각각 2책을 완성했다. 자료를 찾기 위하여 도서관에 소장된 송판본 355종과 잔존殘存《영락대전》2백여 책을 읽고, 명청 초고본을 읽고 제요 115종, 청대 집부 제요 85종, 명청 초고본의 간단한 목록 5백 종을 만들었다. 수십 년 동안 큰 서고에 있는 수천 종의 지방지·시문집·필기잡설 및 일문·서양판본 목록 도서를 보았다. 그러나 이는 큰 서고 중의 몇십 개 책장만을 보았을 뿐이다.

1937년 노구교전쟁이 발발하자 국가의 위급함을 느끼고 평소 작업했던 판본 목록은 그저 책속의 학문일 뿐 국가 흥망에 대해서 결코 실제적으로는 쓸모가 없음을 느끼게 되었다. 이리하여 결심을 내팽개치고 생각을 바꾸어 안남사安南史를 연구하기 시작했다.

1952년 10월 도서관에서 중국인본서적전람회를 개최했다. 당시에 〈중국인쇄술의 발명 및 아시아 각국에 대한 영향〉이라는 글을 《광명일보》에 발표하였고 후에 《문물참고자료文物參考資料》에 전재되었다. 등충騰沖의 이인로李印老(根源, 印泉, 이희필 선생의 부친)의 과도한 칭찬을 듣게 되어 세상에 전해질 수 있었다. 이리하여 몇 년동안 방치했던 판본목록을 다시 꺼내어 확충하여 《중국인쇄술의 발명 및 그 영향》이라는 책이 완성되었다. 1958년 인민출판사에서 출판하였고 1978년에 재판을 내었다. 일본의 유명한 역사가이자 문학가인 간다 기이치로 박사가 이 책을 보고 "몹시 성실하고 진지한 좋은 책"이라고 하였으며 히로야마 히데노리[廣山秀則]에게 부탁하여 일어로 번역하도록 하니 1960년에 일본 교토에서 출판되었다. 일시에 일본, 소련, 미국 간행물에 모두 좋은 책이라고 소개되거나 보도되었다. 1977년 일본 야부우치 기요시(籔內淸) 교수가 카터의 책을 번역하고 주를 달았는데 나의 졸작과 졸문拙文을 대부분 인용했다. 이서화李書華 선생은 1962년에 홍콩에서 《중국인쇄술 기원》이라는 책을 출판했는데 대부분 카터와 내 졸작의 내용을 인용하고는 따로따로 자세히 주석을 달았다. 1981년 6월 왕익王益 선생이 《인쇄전선印刷戰線》에서 카터가 쓴 책을 좋은 책이라고 평가하고 필자의 졸작에 대해서도 "적지 않은 독창적 견해를 제기했고 수많은 가치가 있는 사료를 발굴하여 중국인쇄술 발명사를 연구한 가장 권위 있는 저작"이라고 평가하였다. 칭찬을 고맙게 생각하며 공연히 부끄러워 진땀을 흘릴 뿐이다. 어떤 대학 도서관학과에서는 이 책을 교재로 쓴다고 한다.

이전에 쓴 《중국인쇄술의 발명과 그 영향》은 단지 《중국인쇄사》의 첫머리와 결말 두 부분일 뿐이다. 그 내용의 주체는 당, 오대 이후에서 청말까지로 엉성하게 발표한 30편의 문장이다. 활자판 부분은 1963년에 중화서국에서 《중국활자인쇄사화中國活字印刷史話》(《중국역사소총서》 중의 하나)라는 제목으로 출판되었고 1979년에 재판 3쇄를 냈다. 겨우 1만여 자로 지나치게 간략하여 후에 5만 자로 확충하여 전문서적으로 하고자 사람을 청하여 원고 정서를 하고 또한 전체 《중국인쇄사》를 기획하여 일찍이 탈고하였다.

'문화대혁명'이 일어나자 수십 년 동안 근검절약하여 모아 놓은 도서간행물을 두 대의 삼륜차에 가득 실어서 부득이하게 사람에게 부탁하여 근으로 쳐서 팔아 버려 종이원료가 되었고 인쇄사와 월남사의 자료는 모두 손실되어 자연스럽게 다시는 집필할 수가 없게 되었다. 후에 호북성 함녕咸寧 문화부 57 간부학교로 하방下放되어 황량하고 습한 호수 곁의 작은 언덕 위에서 노동을 하며 약 1년여를 생활했다. 1971년 다행히 퇴직했다. 1931년부터 도서관에 근무하여 40년 머물렀던 제2의 고향인 북경을 떠나 절강성 승현嵊縣 입팔도廿八都 옛집으로 돌아왔다. 다행히 85세이신 노모가 건강하시고 나 역시 환갑을 넘기고도 어머니와 함께 있으니 기쁨이 배가 되었다.

퇴직 후에 본래는 2, 3년 안에 인쇄사를 마무리하리라 마음먹었다. 그래서 비록 북경도서관, 북경사대, 난주대학, 남경대학, 항주대학의 강양부姜亮夫 교수 등이 수차 초청을 했지만 모두 집에서 어머니를 봉양한다는 이유를 들어 사절했다. 오직 자료를 찾거나 친구를 방문할 때만 복건으로 나갔다. 모교로 돌아와서 옛 친구 섭국경葉國慶 교수를 만나 집미集美로 가서 진가경 선생의 웅대한 묘지를 참배하였다. 천주泉州의 고찰인 개원사開元寺를 방문하여 송나라 때 복주판 장경잔본이 적지 않음을 보았다. 복주에 가서 옛 동창 포수당包樹棠(笠山) 교수와 함께 민왕사閩王祠에 가서 참배하고 비문을 베껴 왔다. 시내의 개원사는 송나라때 《대장大藏》을 판각했으나 지금은 이미 공장으로 변해 버렸다. 본래 송원명 이래로 출판중심이었던 건양 마사와 숭화서방을 가보려고 했으나 길동무가 없어서 그만두었다.

1973년 영파 천일각에 갔다. 명나라 범흠의 천일각은 중국 내에서 유일하게 남아 있는 고대 개인 장서루이다. 구사빈丘嗣斌·낙조평駱兆平 선생과 함께 새로 접수된 대량의 도서 중에서 선본善本 고르는 작업을 했다. 50일 동안 천일각에서 심사하고 선정한 선본은 모두 168상자에서 21상자를 골라내었으니 한 상자당 평균 약 21종이었다. 명나라 시기의 판본은 경창본經廠本·번부본藩府本·금릉본金陵本·건양방본建陽坊本·활자본 등이 있었다. 또 명청 필사본도 있었는데 수시로 기록하였다. 여요의 황종희는 강희 12년(1673)에 예외적으로 천일각에 올라가 책을 관람했다. 그 뒤를 이어 서건학徐乾學·만사동万斯同·전조망全祖望·전대흔錢大昕·완원阮元·설복성薛福成 등이 있었다. 나는 천일각 옆에 한 달 반 넘게 묵었는데, 때는 마침 황종희가 천일각에 올라간 지 3백 년이 되는 해였다. 1978년 11월, 다시 천일각에 올라갔다. 비록 선현의 미덕을 잇지는 못했지만 일생에서 만족할 만한 일이라고 할 수 있다.

1975년에 다시 북경으로 갔다. 매일 북경도서관에 가서 자료를 찾으며 두 달을 보냈다. 명나라의 무림 관묘재觀妙齋 판각본《상자商子》등 여덟 가지 책을 도서관에 기증했다.

1977년에는 상해도서관으로 자료를 찾으러 갔다. 고기잠顧起潛 관장님의 배려 덕분에 편하게 책을 열람할 수 있었다. 복단대학교에서 옛 친구 담계룡譚季龍을 만나 기쁘기 그지없었으나, 서안瑞安 이립 스승님이 몇 년 전 학교에서 돌아가셨다니 참으로 애석했다.

1979년 5월에는《중국지방지연합목록中國地方志聯合目錄》심사 요청을 받아 북경으로 갔다. 거기서 주사가朱士嘉·풍보림馮寶琳·양전순楊殿珣·장위봉蔣威鳳·오풍배吳豊培 등 동지들을 만났고 약 한 달간의 회의를 하였다. 회의가 끝난 후 문진가文津街의 북경도서관과 백림사柏林寺 분관에서 책을 보고 절강에는 9월 초에 돌아왔다.

1981년부터 1984년까지는 해마다 항주 절강도서관 서호 분관 고적부에 가서 열람하며 원고쓰기와 수정을 하였는데 삭제할 것은 삭제하고 또 덧붙이거나 빼면서 수차례 왕복하였다. 명 번부본藩府本의 경우 예닐곱 차례나 고쳐 썼다. 늙은 소가 낡은 마차를 끌듯이 진전은 아주 더디었고 계속 미루어져 근 10년이나 미루어졌다. 고향에서 저술을 하자니 처음 몇 년간은 물자가 부족하여 몇 달동안 고기 한 점 먹지를 못했다. 글을 쓸 때 가장 어려움은 시골에 참고할 만한 서적이 없다는 점이었다. 인명·지명사전조차 시내에 나가 빌려야 했다. 그리하여 일단 가지고 있던 노트 70권의 내용을 정리하였다. 고향집은 겨울에는 난방이 되지 않아 실내 온도가 영하 2, 3도까지 떨어져 그야말로 얼음집이 따로 없었다. 찬 공기가 뼛속까지 파고들어 손이 동상에 걸린 정도였다. 여름에는 또 37, 38도를 오르내리는 폭염으로 등이 온통 땀으로 젖었다. 그럼에도 불구하고 글쓰기를 계속했다. 침식을 잊고 몰두하는 나를 본 어머니는 속이 타셨는지 여러 번 당부하셨다. "이 책 다 쓰고 나면 다시는 책 쓰지 말거라." 원래는 어머니 생전에 출간해 기쁨을 드리고 싶었지만 생각지도 않게 1983년 4월 7일 어머니께서 향년 97세로 세상을 떠나시니 아아! 그 슬픔을 말로 다할 수 없었다. 어머니 상을 마치고 다시 항주로 가서 이 책을 완성하였다.

이 책은 당·오대·송·요·금·서하·대리·원·명·청(태평천국 부가) 나라까지 차례대로 인쇄 개황을 논하였다. 중국인쇄사의 주요부분을 위해 이전에 쓴 《중국인쇄술의 발명과 그 영향》의 요점을 정리하여 이 책의 첫머리와 결말로 삼아 《중국인쇄사》라고 제목을 달았다. 이 책에서는 각 시기의 인쇄에 대하여 먼저 총론을 말하고 다음에 판각도서의 지역, 각종 관방과 개인의 각본刻本, 도서간행의 서방, 각본의 특색을 설명하였다. 다음에는 각 시대별 활자본을 논하였다. 또한 인본내용을 설명할때는 편리함을 위해 사부四部의 차례에 따르되 약간 변통을 하였다. 경부經部는 대부분 여러 경들을 해석하되 약간 개인철학을 덧붙였으니 한·송의 여러 분파는 번잡하여 그 중요한 것을 기록했다. 소학류는 문자의 훈고, 음운서 외에 계몽적인 도서를 부가하였다. 사부史部에서는 고사古史·정사 외에 다양한 그 당대의 역사저작인 지방지, 등과록, 족보, 역서曆書 등을 논하였다. 자부子部는 고대 제자諸子 이외에 각 시대의 과학기술서, 의약서에 대해 상세하게 논술하여 옛것의 좋은 점을 현실에 이용할 수 있기를 갈망하였다. 집부集部에서는 송판 시문집을 상세히 설명하고 각 시대의 사곡 소설 및 총집을 약간 서술하였다. 종교서는 불교, 도장道藏 및 이슬람교, 천주교 기독교의 출판물을 서술하였다. 총서는 고금의 저작을 다루지 않은 것이 없으니 인본서가 중요부분을 이루며 사부의 뒤에 부가하였다. 한문 각본 이외에 소수민족 및 외국문자 인쇄도 다루었다. 각 시대의 말미에 관방과 개인 장서를 부가하였다.

송대 출판은 비교적 자유로웠으나 여러 차례 금지령이 있었다. 번부본은 명대의 특수한 것으로 비록 일찍이 주의를 기울인 사람이 있긴 했으나 완전하지 못했다. 명대 '제서制書'는 환관들이 출자하여 도서를 간행하였으니 다른 시대에는 없는 것이다. 국각본과 사가에서 교정간행한 총서는 청대의 특징이므로 서술을 더하였다. 아편전쟁 전후에 서양의 석인과 연인이 중국에 수입되어 도서는 석인으로 바뀌는 시대가 되었으므로 한문을 연자로 주조하는 경위를 서술하였다. 명나라 무석 화씨가 동활자로 인쇄를 한 것과 휘파 판화의 황씨 판각공들에 대하여 이전의 논술자들이 뒤죽박죽으로 말한 세계世系를 모두 고쳤다.

본서는 인본서 이외에 또한 각 시대의 신문과 지폐, 다염인茶鹽印, 인계印契, 세화 등의 인쇄품에 관해서도 서술하였다.

필사공, 각자공, 인쇄공, 제본공[1]은 인본서의 직접 생산자들인데 구

1_ 이 책에서는 제본으로 번역했다. 제본의 사전적 의미는 "낱장으로 된 인쇄물 따위를 실, 철사로 매거나 본드로 붙이고 표지와 함께 책으로 만듦"이라고 되어 있기 때문에 간혹 선장본을 말할 때는 장정도 사용했지만 대부분은 제본으로 번역했다.

시대에는 이들을 경시하였다. 이 책에서는 여러 방면으로 그들의 생활 사적과, 여성, 승려, 감생監生들이 글자를 새긴 일을 망라하였다.

인쇄물은 제본이 된 후에야 읽어볼 수 있기 때문에 각 시대 제본의 변천도 약간 서술하였다.

인쇄 재료 중 특히 종이와 먹은 직접 서적의 질과 생산량에 영향을 준다. 송대에는 이미 양면에 인쇄할 수 있는 두꺼운 종이가 생산되었으며 어떤 것은 좀이 먹는 것도 방지하였다. 종이공장의 직공은 1200명까지 있는 곳도 있었다. 또 검은 빛을 발하고 향기가 나는 향묵香墨을 생산해 낼 수 있었고 많은 사대부들 역시 먹을 제조하였으니 해마다 백 근에 이를 정도였다. 명대의 종이와 먹 역시 훌륭했으나 청대에는 쇠락하였다. 이런 실상에 관해 번잡함을 두려워하지 않고 모두 수록하였다.

나는 평생 다른 취미가 없이 그저 중국인쇄사와 안남사를 연구하였는데 나이 80에 가까워서야 비로소 《중국인쇄사》를 완성하게 되니 정말로 별 볼일 없는 사람이라고 할 수 있다.

이전에 고형림이 저서의 어려움을 "반드시 이전에는 없는 것이어야 하고 후세에는 없어서는 안 되며 후세를 위한 것이어야 한다"고 하였다. 이렇게 책을 엮는 것이 이 뜻에 부합하는지 모르겠다. 양임공梁壬公 선생은 "문화재의 역사를 쓰기 위해서는 첫째 전문적이어야 하고, 둘째 욕심을 부리지 말 일이다. 만일 평생의 힘으로 한 가지 문화재의 역사를 쓰게 된다면 사학계에서는 불후의 가치가 있다"고 했다. 이 책의 가치 유무는 학자들의 검증을 기다릴 뿐이다. 이 책은 4~50년의 심혈을 기울였으나 글의 바다는 끝이 없는데 필자의 이론 수준이 낮고 학식은 적고 견문은 적어 오류가 반드시 많을 것이니 독자 여러분의 질정을 바라 마지 않는다.

나는 이 책을 이미 끝내고 나서 두 가지 희망이 있다. 필자는 20여년 전에 《인쇄》라는 잡지에 역대의 아름다운 인쇄를 소개하며 송판 중의 구양순, 안진경, 류공근, 수금체, 혹은 원본 중에서 조맹부체(해서, 행서 2종)를 정선하여 동활자를 주조하여 독자들이 책을 펴기만 해도 눈이 즐겁고 미적 감각이 생겨나도록 하자고 건의한 적이 있다. 어찌하여 지금 사용하고 있는 횡경직중橫經直重(가로는 가늘고 세로는 굵은)의 네모난 인쇄체보다 더욱 아름다운 판면을 만들 수 없단 말인가? 또한 중국은 최초로 종이와 인쇄를 발명하였기 때문에 고대 필사본과 인본수의 생산량은 아주 풍부하다. 그러나 역대로 전란이 끊이질 않았으니 도서라고 어찌 여러 차례의 액운을 피할 수 있었단 말인가? 또한 문화혁명 기간에 '사구四舊'를 소탕한다고 하여 광범위하게 도서문물 손실이 너무나 많았으니 예부터 지금까지 없던 일이었다. 현재 당·오대의 인본은 기린이나 봉황처럼 희귀하다. 송판서는 가장 많은데 지금 국내외에 현존하는 서적은 1천 종쯤 되며 그 반은 잔질殘帙이거나 복본이다. 송대의 신문, 송·금의 화폐, 다염인은 이미 찾아볼 수가 없다. 송·원 목판서의 판본과, 명·청시기의 동활자, 연활자, 석활자 및 당시 조판했던 인쇄 공구들 역시 실물로 남아 있는 것이 없다. 1959년에 독일 라이프치히 도서 전시회에 청대 상주의 목활자 한 판만을 보내었다. 당시 독일의 구텐베르크 인쇄박물관을 본떠 급히 중국인쇄박물관을 설립하여 종이, 먹, 붓, 벼루 등을 전시하는 분관을 만들고 고대의 수공업 생산에서부터 최근의 기계와 최신 과학기술까지 진열하는 것이 마땅하다는 의견을 제출했다. 그리하여 관람객들이 감성과 지식을 얻고 애국주의 교육을 진행하여 조상들이 발명한 위대한 창조물을 느끼게 하고 부국강병과 중화를 진작시켜서 인류에게 새로운 공헌을 할 수 있는 것이 사소한 희망이다.

퇴직 후 집필기간에 나는 노모와 생활했는데 전부 큰 누이동생 장수영張秀英의 도움을 받았다. 10여 년간 엉성하게 인쇄사와 월남사

논문 10여 편을 발표하였고 그 명예에 기대어 다시 쓰기도 하였다. 2, 3년간 본서의 전체 원고 약 50만 자는 둘째 여동생 장전영張全瑛이 맡아서 정서해 주었다. 그중 얼마간은 한경韓慶·한녕韓寧 부자가 정서해 주었다. 남동생 장수요張秀銚와 생질 한기韓琦는 신문이나 잡지의 관련 있는 자료들을 알려 주었다. 또한 북경도서관 참고조參考組와 복사제본팀, 상해도서관, 절강성도서관 서호분관 고적부, 영파 천일각의 도움을 받아서 책을 빌리고 복제하는 데 편하도록 해주었다. 장신부·고정룡(기잠)·주사가(용강)·백수이·호도정·이희필·풍보림·노공·최부장 선생 등 및 이미 고인이 된 시정용(봉생)·사국정(강주)은 서문을 써 주시거나 대작을 주시거나 자료를 베끼도록 해 주시거나 하여 적지 않은 도움을 받았다. 담기양 선생은 이전 작품이 재판되었을 때 "전체《중국인쇄사》가 하루빨리 출판되어 전체 중국문화사의 연구에 일부분 굳건한 토대를 만들기를 희망한다"고 하셨다. 또한 일본 간다 기이치로 선생 역시 편지를 보내와 이 원고에 대해 관심을 보였다. 반현모 선생은 미국에서 청대 납판《원문초轅門鈔》의 사진을 보내주었다. 미국 국적인 전존훈 박사는 창피득 선생의 《명대번각》자료를 복제하여 보내 주었고 또한 서문을 써 주시기까지 하였다. 스웨덴의 원 황실도서관에서 아시아 인쇄사를 연구하는 에즈런(S. Edgren) 선생은 1974년에 자신의 대작을 보내 주셨다. 올해 2월 항주에 오셔서 만나 뵙고 싶었는데 아쉽게도 설날이라서 나는 이미 항주에서 승현으로 왔기 때문에 뵙지 못해서 정말 유감이다. 이상 여러 선생님들이 졸작에 대해 관심과 도움을 주셨으니 감격스러워서 특히 이 자리를 빌어 그분들께 충심으로 감사의 마음을 드린다.

1984년 갑자 단오절에 승현 입팔도 고향집에서
장수민이 쓰니 이때 내 나이 77세다.

증보판 자서

　나는 진가경 선생이 설립한 하문대학 국학과에 진학한 후 서안 이
안청 스승의 지도를 받아 판본 목록학을 좋아하게 되었다. 1931년
대학을 졸업한 후에 북평도서관(지금의 국가도서관)에 들어가 고서 카
드 및 서본목록 편집을 10여 년간 하였으며 판본인쇄에 관한 자료를
수집하였다. 1958년 졸저 《중국인쇄술의 발명과 그 영향》을 출판하
였는데 일본의 유명한 사학가인 간다 기이치로[神田喜一郎] 박사가 이
를 보고 "몹시 성실하고 진지한 좋은 책"이라고 평가해 주시고 히로
야마 히데노리[廣山秀則]에게 부탁하여 일어로 번역하도록 하니 1960
년에 일본 교토에서 출판되었다. 왕익王益 선생은 "이 책은 국제적으
로 아주 영향력 있는 책으로 카터의 부족함을 메꿀 수 있는 권위적
인 학술저작"이라고 하셨다. 인민출판사와 대만의 문사철출판사에
서 두 번 출판되었다. 이후에 또 《활자인쇄사화》(중화서국, 1963년)·
《장수민인쇄사논문집》(인쇄공업출판사, 1988년) 등을 출판하였다.
　1984년 전체 《중국인쇄사》원고 64만 자를 상해 인민출판사로 보
냈다. 1987년 초교본이 나왔는데 중국인쇄기술협회에서 수여하는
필승상畢昇賞과 일본 모리사와 노부오[森澤信夫]상을 수상했다. 1989
년에 정식으로 출판된 후 또 전국과학기술사 우수도서명예상을 수
상하였고, 제4회 중국도서상 2등상과 화동지구도서 1등상을 받았
다. 국내외의 학자들의 예상치 못한 명예를 받았다. 옛 친구 담기양
은 "대작의 내용이 풍부하고 상세하니 지금까지 누구도 해 본 적이

없음은 물론이고 또한 후세인들도 넘기 어려울 것입니다"고 했다. 미국의 전존훈 교수는 편지에 "대작의 자료의 풍부함, 내용의 충실함이 있고, 분석이 자세하고 분명하며 견해가 독창적이니 저의 졸렬한 서序이지만 확실히 헛되지 않습니다"고 했다. 사수청史樹青 선생도 편지를 보내 "이 책은 인쇄사 연구에 있어 공전에 없던 거작입니다"고 했다. 스웨덴의 중국인쇄사 연구자인 에즈런 선생은 미국에서 편지를 보내 "이 대작이 드디어 출판을 하게 되어 전 정말로 기쁩니다. 이는 선생의 중국인쇄사에 대한 중대한 공헌입니다"고 했다. 《중화공상시보中華工商時報》(1994.1.8.)에서는 이 책을 "절대로 엉터리로 대중에 영합하여 호감을 살 만한 것을 볼 수 없으며, 졸속으로 대강대강 끝낸 곳도 찾아볼 수 없다. 이런 책을 읽는다는 것은 마치 지식의 보고를 마주한 것 같으니 순식간에 많은 것을 얻을 수 있어 한 글자, 한 글자 제마다의 분량을 갖고 있다"고 평하였다. 이 외에도 오도정, 주가렴 두 선생은 《북경일보》(1990.10.1.), 잡지 《독서》(1991. 제8기) 및 미국 《동아도서관 100기 기념특집》에 모두 이와 같은 호평을 해 주었다.[2] 이상 여러 칭찬은 과장됨이 지나치니 부끄러워 진땀이 나오는 것을 이길 수가 없다.

이 책의 출판에 대해서 "일본 인쇄업 전문가들은 몹시 기뻐하며 그치지 않고 칭찬을 하고 있으니 우수한 작품임을 찬미하여 마지않는다"[3]고 하였다.

일본 요코하마 사토[佐藤] 활자연구소의 고미야마 히로시[小宮山博史] 선생은 책을 본 후에 승현의 입팔도를 방문한다고 하여 여러 차례 사양하였다가 1993년 봄에 항주 서호에서 만나 뵈었다. 고미야마 히

2_ Bulletin of East Asian Libraries. 《미국 동아도서관 100기 기념특집》 허휘許暉의 〈사부 최신의 중국인쇄사평론〉.

3_ 오건문, 〈중국인쇄사학의 새로운 글〉, 상해 《인쇄잡지》 참조, 1990. 제1기.

로시 선생 부부, 오가와 데루미[大川光美], 기다 겐[木田元], 가와무라 사부로[川村三郞] 선생과 중국인 통역사, 미국인 사진기사를 데리고 일곱 분이 특별히 항주로 와서 만남의 시간을 가졌다. 3월 24, 25일 이틀간 샹그릴라 호텔에서 만났다. 그들은 목판본과 팔자판 등 인쇄사 방면에 관하여 수많은 문제를 말하였다. 본래 아는 것은 안다 하고, 모르는 것은 모른다고 하는 원칙 하에 일일이 대답을 하였다. 그들은 일본에서 졸저 두 부를 가지고 와 사인을 청하였고, 또 일본 헤이세이[平成] 4년(1992)에 새롭게 출판한 《세이가토[靜嘉堂]문고 송원판도록, 해제편》을 선물로 주었다.

이 책은 위아래 1천3백여 년의 도서 수천 종을 다루었다. 나는 이 《중국인쇄사》에 비록 40~50년의 심혈을 기울였지만 재주가 부족하고 학식이 미천하여 스스로도 틀린 곳이 많다는 것을 알고 있으니 출판사의 초교를 거치고 나도 친히 2교와 3교를 보고, 또 생질 한기에게 재교를 보라고 하였다. 글자수가 너무 많아 여전히 틀린 글자와 잘못된 문장을 80여 곳이나 찾아내고 동시에 적지 않은 결함을 발견하게 되어 수정증보가 필요하다고 생각하였다.

나의 어린 생질 한기 박사는 명청시대의 중서과학과 문화교류사를 연구하는 데 폭넓게 외국의 원시자료를 이용하여 근년에 인쇄사 방면에 관한 문장 10여 편을 발표하였다. 청대의 납판인쇄와 서양의 동판인쇄의 전래, 만청 석인술의 전래와 흥망성쇠, 19세기 중문연활자(병합활자, 혹은 첩적疊積활자, 첩접疊接활자라고도 함)의 전파 및 북송 말 등숙鄧肅 문집중의 필승 활자인쇄에 관한 기록은 《중국인쇄사》의 부족함을 메꿀 수 있었다. 한기는 중국인쇄술과 유럽, 필리핀과의 관계에 대한 것과 활자인쇄의 몇 가지 문제점, 서하 활자, 위그르문 목활자 등의 내용 역시 이 책 속에(약 8만 자) 보충하여 넣었다. 또한 온갖 마음을 다하여 중국인쇄사 연구에 관한 논저목록(약 4만 자)을 정리하였고 또한 근 3백 편에 달하는 도편을 새롭게 넣어 이 책을 더욱 광채가 나게 하였다. 동시에 내가 썼던 "송각공의 도서간행표," "활자본 형식과 내용," "활자본목록" 등을 보충하여 넣었고 부분적으로 개정하거나 보충한 것도 있다. 예를 들면 청대의 불산, 천주, 산서, 섬서 등의 도서 간행, 명나라 호주의 투인, 원명청의 서원본, 티베트어 《대장경》은 혹은 길게 혹은 짧게 근 1백여 곳을 새롭게 보충하니 약 7만여 자가 되었다. 이 책은 이번에 개정과 보충을 거쳐서 부분내용이 충실하게 되었고 또 잘못을 교정하였다. 그러나 학문의 바다는 끝이 없고 필자의 학술 수준은 한계가 있으며 근자에는 또 시골에 칩거하여 보고 들은 바가 없어 책 속의 잘못과 결루缺漏된 곳이 있을 터이니 여전히 두려움을 피할 수가 없다. 독자 여러분의 지도편달을 간절히 바라 마지 않는다. 이 책이 출판될 수 있었던 것은 전적으로 절강 고적출판사와 서충량徐忠良 선생의 전폭적인 지지에 의해 가능하였다. 특별히 충심으로 감사드린다.

2004년 승주 첨산 입팔도 고향집에서
장수민이 쓰니 내 나이 97세다.

일러두기

❶ 한자는 한글 독음 바로 옆에 병기하였으며 여러 번 나올 경우 맨 처음만
표기하는 것을 원칙으로 했으나 필요할 경우에는 재차 병기하였다.

❷ 역주는 각주로 처리하였으며 표시는 1_, 2_, 3_으로 하였다.

❸ 원문의 주는 미주로 처리하였으며 표시는 [1] [2] [3]으로 하였다.

❹ 연호 다음 ( ) 속의 연도에는 '년'자를 표기하지 않았다.

　　예) 정관 3년(929)

❺ 원문에는 인명 후 사망연대만 나왔으므로 가능한 생존연대를 첨가하였다.

　　예) 주후엽(朱厚燁, 1498~1556)

❻ 발음상 같지 않으나 한자를 병기해야 할 경우는 [ ] 표시로 하였다.

　　예) 남방에서 생산된 종이[南方紙]

❼ 연도는 물결표시 사용

　　예) 1115~1234

❽ 본문 안의 ( )의 설명의 종결어미는 명사형으로 하였다.

❾ 행정구역을 나타낼 경우는 '수도'를 사용하였고 일반적인 경우는 '서울'을
사용하였다.

　　예) '이라크 수도 바그다드' '당나라 수도 장안'
　　　　'서울 사람' '서울로 갔다' '서울의 붓' 등

❿ 원서에 나라와 연호가 함께 나오는 경우는 다음과 같이 했다.

　　예) 淸乾隆−청 건륭, 明萬曆−명 만력

⓫ 원서에 나라와 황제가 함께 나오는 경우는 다음과 같이 했다.

　　예) 唐太宗−당 태종, 宋英宗−송 영종

⓬ 원서에 나라와 이름이 함께 나오는 경우는 다음과 같이 했다.

　　예) 唐范攄−당나라 범터, 宋熊禾−송나라 웅화

이와 같이 한 이유는 唐范攄와 唐愼微의 경우, 앞은 당나라의 범터范攄(인명)이고 뒤는 당신미 자체가 이름이므로 반드시 구별해야 이해하기 쉽기 때문이다. 또한 앞의 ❿, ⓫의 예와 구별하기 위해서다. 그렇지 않으면 元費著, 明周山 등은 그냥 이름으로 오해하기 쉽다. 이런 경우가 많지만 몇 가지 예를 들어 보면 다음과 같다. 宋王明淸(송나라 왕명청), 元吳澄(원나라 오징), 宋王存(송나라 왕존), 元危素(원나라 위소), 明周山(명나라 주산), 晉王叔和(진나라 왕숙화), 元費著(원나라 비저), 宋玉讜(송나라 옥당), 宋馬令(송나라 마령), 元虞集(원나라 우집) 등등이다. 원칙으로 한다면 '당나라의 범터'처럼 해야 하나 '당나라 범터'식으로 통일했다.

⓭ 인명과 지명은 한자독음을 원칙으로 했지만 이미 습관이 된 이민족의 이름이나 지명은 습관대로 썼다. 익숙지 않은 경우는 한글 옆에 [ ] 표시를 하여 한자를 병기했다. 또한 잘 모르는 경우는 몽골이나 만주어 등 원어를 알 수 없어 부득이하게 한자독음을 사용했다.

예) 칭기즈칸, 쿠빌라이, 누루하치, 파스파, 숭첸감포[松贊干布]-인명

　　라싸 쿠차 등-지명

⓮ 원서에 朝鮮이라고 한 경우도 조선시대를 말한 경우는 조선이지만 현재를 말한 경우는 모두 한국으로 번역했다.

예) '조선의 서적이 일본으로 전해졌다', 朝鮮海印寺-한국 해인사,

⓯ 인명과 책명에 일일이 주석을 달지 않았지만 沙圖穆蘇처럼 사람인지 어떤지 알기 어렵거나 또는 내용상 더욱 명확한 설명이 필요할 경우에는 주석을 달았다.

⓰ 일본 인명은 일본음으로 쓰고 최대한 주를 달았다.

예) 간다 기이치로[神田喜一郎]

⓱ 비슷한 의미로 쓰인 용어들은 일률적으로 통일하지 않고 내용에 적절하도록 번역했다. 예컨대 새기다, 판각하다는 뜻으로는 刻, 鐫, 鋟版, 剞劂, 雕鏤, 雕版, 刊刻이 나온다. 더 넓은 의미인 출판하다는 의미로 보면 여기에 刊, 印 등까지 포함된다. 원서의 뜻을 존중해 최대한 나누어 표현하고자 했지만 한글 표현상 그럴 수 없었다. 그러나 刻은 주로 새기다, 판각하다, 刊은 간행하다, 印은 인쇄하다 등으로 나누었다. 그러나 印本은 인쇄본으로 하지 않고 인본으로 했다. 고서에서 보통 明印本, 元印本이라고 하

지 명인쇄본, 원인쇄본이라고는 하지 않기 때문이다.

⑱ 역사적으로 굳어진 용어는 그대로 썼다.

예) 靖康之亂-정강의 난, 土木之變-토목의 변,

⑲ 본문 ( )의 내용은 대체적으로 원저자의 설명이다.

예) 천복 15년(950, 원래는 기유己酉년으로 되어 있는데 경술庚戌의 오기임)

⑳ 표기사항

《 》 서명

〈 〉 편명, 시 제목, 서명 외의 고유 명사

" " 인용문

' ' 강조 부분

《~·~》 서명과 편명이 함께 있는 경우

㉑ 역주의 많은 부분은 중국어 사이트인 www.baidu.com과 일본어 사이트
인 www.yahoo.co.jp에서 자료를 찾았다.

목 차

부 록

부록 8: 장수민 선생과 중국 인쇄사 연구 / 1867

발跋

수정증보판 발跋

총 목차

제1장 | 목판 인쇄술의 발명과 발전

❀ 머리말

❀ 목판 인쇄술의 발명

❀ 목판 인쇄의 발전

三卷

未放香噴雪
仍藏蕊散金

부 록

_송대 각자공이 간행한 서적 고찰[1]

서

중국의 채륜이 동한 원흥元興 원년(105)에 종이를 발명한 후부터[2] 종이는 점차 무거운 죽간이나 목간을 대체하여 필기 재료가 되었고 종이에 쓴 책이 광범위하게 유행했다. 진나라 초기[晉初, 299]에 관서 29,945권이 있었고, 수나라(581~618) 가칙전嘉則殿의 장서는 37만 권에 달했다. 그러나 유럽은 1150년 스페인에서 비로소 첫 번째 제지 공장이 건립되었으니 채륜이 종이를 발명한 후 이미 1천 년이 지난 시점이다. 중국은 그러나 여러 차례의 병화로 인하여 수당隋唐 및 이전의 무수한 필사본은 이미 대부분 산실되었다. 국가도서관에 현존하는 것은 돈황에서 발견된 8,734권에 불과하며 당대와 육조시대 사람들이 쓴 불경은 런던에 소장되어 있고 파리도서관에 있는 돈황 유서遺書도 1만 권이 넘으며 또한 따로 인본도 있다.

송대부터 보존되어 온 대량의 문화유산은 송대의 목판공과 인쇄공에게 그 공을 돌려야 할 것이다. 그러나 그들은 당시에 지위가 없고 사회적으로 멸시당했기 때문에 정사나 혹은 지방지에서도 그들의 이름을 찾기가 어렵다. 그러나 유럽에서는 15~16세기의 유명한 인쇄공들은 전문서적에 이름을 올렸다.

17세기 초에 영국의 유명한 철학가인 베이컨의 명언 "지식이 힘이다"는 이미 사람들의 공통된 인식이 되었다. 그러나 지식의 중요한 근원의 하나는 바로 책에서 얻게 되는데 이전에도 "삼일간 책을 읽지 않으면 얼굴이 혐오스러워진다"는 말이 있었으니 책의 중요성을 알 수 있다. 책은 저자의 지혜 외에 또 인쇄공의 힘든 목판 혹은 조판에 의지해야 하는데 그들은 책의 직접 생산자이며 인류지식의 보존과 문화 전파에 있어서 커다란 역할을 했다.

과거 장서 목록에 비록 어쩌다가 한두 명의 송나라 각자공의 이름이 기록되었지만 그러나 아직껏 체계적인 조사 연구가 없었다. 그러다가 고인이 되신 일본의 유명한 판본목록학 전문가인 나가사와 기쿠야[長澤規矩也, 1902~1980] 선생이 처음으로 《송원간본각공명표宋元刊本刻工名表》라는 책에서 각자공의 이름을 열거했다. 그는 일본의 관방과 개인이 소장한 송판서 130부(중복된 것을 제외하면 사실은 94부에서 취했음)에 근거하여 송대 각자공 약 1,700명을 열거했는데 성 한 자만 있거나 혹은 이름이 있고 성이 없는 사람을 제외하면 실은 1,300명이다. 열거한 책은 모두 숫자로 번호를 대신했으나 도서를 간행한 해와 장소는 명기하지 않았다.

송대는 목판 인쇄의 황금시대로 당시의 필사공, 각자공, 인쇄공, 제본공(즉 제본공인데 이때는 선장을 하지 않았으므로 그래서 裝背, 혹은 裝褙라고 썼음)으로 이미 분명하게 분업이 이루어졌다. 남송 15로路 지방에서 도서 간행을 하지 않은 로路는 없으며 천해고도인 해남도海南道에서 조차 의서를 간행했다. "민간에서 전전하며 판목을 하여 의식을 취한다"고 했으니 전문적인 각자공도 수만 명이 있었다. 현재 성명을 알 수 있는 사람은 약 3천 명으로 주로 남송의 각자공들이고 북송은 겨우 28명이니 남아 있는 숫자는 미미할 뿐이다.

송대 각자공들은 공임 계산이나 업무 책임을 편하게 하기 위하여 종종 판각하는 판마다 크고 작은 숫자를 판심 위에 기록해 놓고, 자신의 이름은 판 아래에 새겨 넣었다. 혹은 1권의 전체 자수를 새기기도 했는데 순희 연간 남안군南安軍에서 간행한 《창려선생집》 권1에는 "이 권은 모두 17판으로 총 글자수는 6,704자다. 등정鄧鼎"이라고 되어 있고 제8에는 "이 권은 13지紙로 총글자수는 5,694사이며 채화蔡和가 새겼다"라는 글이 있다. 개별적으로 두 사람이 한 조가 되어 1판을 새긴 것도 있는데 유수종劉守宗·서주사徐主祠가 공동으로 《조청헌공문집趙淸獻公文集》을 판각했다. 각자공은 아명을 쓰기도 했는데 장아구張阿狗가 판각한 《촉대자본한서蜀大字本漢書》 같은 경우이다. 또 노老자를 사용한 경우도 있는데 예를 들면 장노孫老 판각 《오서吳書》, 정노鄭老 판각 《종경록宗鏡錄》, 노로盧老 판각 《국조제신주의》 등이 있다. 아마도 나이가 비교적 많아서 이렇게 썼을 것이다. 멋스러운 각자공의 자와 호도 있는데 섭춘년葉椿年의 호는 적재積齋로 《오등회원五燈會元》을 판각했다. 또 아무개 아버지라고 기록된 것도 있는데 예를 들면 여문余文은 또 여문부余文父(甫)라고 썼다. 서명은 전서로 하기도 하고 또는 음각 초서로 하기도 했으며 혹은 '某某刁'(雕의 간체자), '某某刊'이라고도 했다. 《적사장》에는 승려가 불경을 판각한 것이 나오는데 소흥 초에 호주에서 《신당서》를 판각하기도 했으며 또 여성 각자공 이십랑李十娘은 40여 명의 남성 각자공들과 함께 판각을 하기도 했다.

송대 각자공 중에서 성씨를 알 수 있는 사람은 약 160성씨인데 왕王·진陳·이李·장張·유劉씨가 가장 많고 왕씨 각자공은 88명, 진·이·장·유씨는 약 60명 좌우고 기타 성씨는 10명, 혹은 수십 명이고 희성은 한두 명에 불과하다. 그중 같은 성이 5~6명이 있는데

기타 각자공과 책 하나를 합각한 사람으로는 섭중葉中·섭전葉田·
섭용葉用·섭정葉定·섭백葉柏 5명이 《회암선생문집》을 판각했다.
소흥 초에 호주에서 《신당서》를 판각한 동명董明·동흔董昕·동휘董
暉·동훤董暄·동양董暘 등 5명이 있고 이름에 모두 '날 日'변이 들어
가는 사람들은 형제거나 사촌형제 간이다. 건도 5년(1169) 채충蔡忠·
채달蔡達·채공蔡恭·채창蔡昌·채혁蔡革·채녕蔡寧 등 6명은 천주에
서 채장원蔡狀元(襄)의 《보양거사채공문집莆陽居士蔡公文集》을 판각했
다. 고안高安·고정高定·고이례高二禮·고안녕高安寧·고문정高文定·
고우성高友成 등 6명은 소희 원년(1190)에 강서에서 소호邵浩가 편찬한
《파문수창坡門酬唱》을 판각했다. 기타 같은 성의 서너 명이 다른 사
람과 합각한 경우는 더욱 많은데 형제나 조카, 혹은 부자와 숙백부
간이다. 목판 판각하는 것이 이미 한때 유행하는 직업으로 그래서
적지 않은 가족들이 참가한 것임을 알 수 있다.

각자공의 이름은 외자가 많은데 그래서 중복되기가 쉽다. 예를 들
면 '승昇'자 이름인 경우는 張昇·王昇·李昇·方昇·陳昇·長沙陳
昇·房昇·金昇·何昇·章昇·孫昇·徐昇·黃昇·蔡昇·駱昇[1] 등
15명이 있고 그중에서 李昇·方昇처럼 동성동명인 사람은 각 2명이
있다. 혹 장소는 다르고 동명이거나 혹은 차례로 동명인 경우도 있
는데 송초 개보 6년(973)에 《개보장》《불설아유월치차경佛說阿維越致
遮經》을 판각한 육영陸永과 남송 전기에 《한서》를 판각한 육영은 다
른 사람이다. 북송 중화 원년(1118)에 온주 개원사에서 《법원주림法
苑珠林》을 판각한 임성林盛과 1백 년 후의 소정 2년(1230)에 소흥에서
《절운지장도》를 판각한 임성 역시 당연히 다른 두 사람이다. 마량馬
良은 건도 7년(1171)에 《위소주집韋蘇州集》을 간행하고, 함순 원년

(1265)에 또 조맹규趙孟奎의 《분문찬류당가시分門纂類唐歌詩》를 판각했는데 동일한 마량이라면 근 백 살이 되었을 때까지 판각을 하지는 못했을 것이다. 고숙에서 건도 8년에 양간楊侃의 《양한박문兩漢博聞》을 판각한 주문朱文과 광동 박라博羅에서 순우 3년(1243)에 왕완王阮의 《의풍문집義豊文集》을 판각한 주문朱文 역시 동일인이 아니다. 또 장명張明은 10종의 책을 간행했는데 소흥 4년(1134) 온주 주학에서 《대당육전大唐六典》을 간행했다. 순우 10년 복건로에서 소여우趙汝愚의 《국조제신주의》를 판각한 장명하고는 다른 두 사람이다. 숭녕 4년(1105)에 《대장경강목지요록大藏經綱目指要錄》을 판각한 이수李秀와 소희 연간(1190~1194)에 《주역주소周易注疏》를 간행한 이수李秀 역시 동일인이 아니다. 이충李忠은 13종의 책을 판각했는데 소흥 18년(1148)에 복주에서 《경률이상經律異相》과 후에 절강에서 여러 종의 책을 판각했고, 가태 4년(1204)에 또 신안新安에서 《신조황조문감新雕皇朝文鑑》을 판각한 이충은 마땅히 동성동명의 두 사람일 것이다. 가태 연간에 《동래여태사문집》을 판각한 양통楊通과 소흥 중엽에 《태평성혜방太平聖惠方》을 판각하여 불행을 당한 건주의 양통 역시 다른 두 사람이다. 이외에 같은 이름의 판각공으로는 정명丁明·정송년丁松年·왕창王昌·왕진王震·방중方中·방승方昇·이승李昇·이신李信·오승吳升·오지吳志·여중余中·여문余文·여인余仁·송거宋琚·송린宋琳·여공呂拱·완생阮生·하전何全·서고徐高·진원陳元·진문陳文·진수陳壽·유문劉文·유종劉宗·유소劉昭·채정蔡政·채수蔡受 등 27명으로 일일이 그들이 판각한 책은 열거하지 않겠다. 또 왕순王詢·모창毛昌·호계胡桂 등이 판각한 책으로 어떤 책은 전후 30~40년의 차이가 나는데 역시 동성동명의 각자공이 아닐까 의심해 본다.

송나라 각자공 중에는 적지 않은 사람이 출생지를 밝히고 있는데 예를 들면 '전당 이사정李師正'[2]은 《대혜보각선사보설大慧普覺禪師普

說》을 판각했다. '전당 홍선洪先'은 《상서정의尚書正義》를 판각했다. '전당 정충丁忠'은 《묘법연화경》을 판각했고, '무림 각자공 엄신嚴信'과 '무림 경생經生 왕덕명王德明'은 《사분율비구니초四分律比丘尼鈔》를 제작했다. '사명四明 진충陳忠'은 《수경주》·《상서정의》를 판각했고 '동가東嘉 장문張文'은 《보경본초절충寶慶本草折衷》을 모각摹刻했다. '섬천剡川 석혜石慧'와 '남명南明 손원孫源'은 경정 5년(1264)에 《대각선사어록》 판편을 판각했는데 일본사람이 가져가 일본종이에 인쇄했다. '영국부寧國府 반휘潘輝'와 '신안 하의夏義'는 현지에서 《황조문감皇朝文鑒》을 구별하여 판각했다. '미산眉山 문중文中'은 《회해선생한거집淮海先生閑居集》을, '파천巴川 추웅鄒雄'은 《주역왕필주周易王弼注》를, '소무昭武 추수鄒洙'는 《대방광불화엄경》을, 은주恩州 극안郤安은 《동래선생음주당감東萊先生音注唐鑒》을 판각했다. 그러나 효종 때 《집운集韻》을 판각한 각자공은 머리에 '장사長沙' 두 자를 썼는데 예를 들면 '장사왕화長沙王禾' '장사진화長沙陳禾' 등 12명에 이른다. 앞에 '성성星城'이라고 쓴 사람은 1명이고 출생지를 기록하지 않은 사람도 8명이나 된다.

송 각자공들은 출생지에서만 판각을 한 것이 아니라 솜씨가 좋은 장인들은 종종 다른 로路의 초빙을 받아서 판각을 하기도 했는데 예를 들면 유명한 각자공인 장휘蔣輝가 있다. 그는 《주자문집朱子文集》에 이름이 있는데 장휘는 즉 장염칠蔣念七로 스스로 '명주백성明州百姓'이라고 했다. 정지공丁志供은 그를 '무주인婺州人'이라고 칭했는데 동향의 태주지주 당중우唐仲友로부터 초빙을 받아 태주로 가서 《순자》·《양자》·《후전려부後典麗賦》 등을 판각했으며 또 강압으로 위조지폐도 인쇄했다. 홍매洪邁가 소흥지주로 있을 때에 《만수당인절구

2_ '전당 사람 이사정'이란 뜻으로 중국인들은 자신의 이름 앞에 보통 출신지를 기록한다. 뒤에 나오는 것도 모두 이런 형식이므로 굳이 '사람'을 넣지 않는다.

萬首唐人絶句》46권을 판각했는데 서쪽 파양鄱陽으로 돌아갈 때 사비를 들어 무주의 장인을 고용하여 계속하여 101권을 판각했으며 만수萬首의 숫자를 다 채워서 10일 만에 마쳤다. 이 일이 있기 전에 복건 영화현寧化縣에서 《군경음변群經音辨》을 판각했으며 "동양東陽에서 각자공을 불러왔는데 1개월이 지나 비로소 완성했다"고 한다. 그 중에는 황칠黃七과 황전黃戩 등이 있었다. 동양은 무주에 속하므로 그래서 무주의 장인이라고 했다. 복건 각자공은 또 절강이나 강서로 가서 판각을 했다. 예를 들면 '건안建安의 유희游熙' '건안建安의 여량余良'은 호주로 가서 《논어집설》을 판각했다. '건안의 주상周祥'은 강서에 가서 여조겸의 《여씨가숙독시기》를 판각했다. 평강平江의 장준張俊은 광동 조양潮陽에 가서 《통감총류》를 판각했다. 소흥 16년(1146)에 회남전운사에서 《태평성혜방》을 판각했는데 반을 나누어 서주舒州에서도 새겼다. 그 안에 '기주주량鄿州周亮'·'건주섭준建州葉濬'·'양통楊通'·'복주정영福州鄭英'·'노주이승盧州李勝' 등의 글자가 있다. 이들은 회남서로·복건로 등의 각자공으로 함께 공동 작업하도록 했는데 불행하게도 같은 날에 벼락을 맞아 죽었으니 당시 각자공의 유동성이 무척 컸음을 알 수 있다. 과거의 장서가나 판본학가들은 1~2명의 각자공 성명을 취하여 주관적으로 어느 책은 어느 지방의 판본이고, 어느 해의 각본이라고 평가했는데 보기에는 몹시 과학적인 것 같지만 실은 전혀 융통성이 없는 사견일 뿐이다.

송판서의 글자체는 아주 아름답고 종이와 먹도 우수하여서 책을 펼치면 사람의 관심을 끌게 되는데 어떤 책은 예술품으로 아름답고도 진기하여 일찍이 중국의 국보가 되었다. 중국 내외에 약 1천 부 정도가 현존한다.[3] 또 종종 중복[4](서명이 같지만 판본은 다른 것)되었거나 혹은 앞뒤가 빠졌거나, 후세인이 베껴 넣은 것이 있는데 역사적인 관계로 대부분은 국가도서관 선본서고에 소장되어 있다. 그중 소수는 남송황실도서관 '집희전緝熙殿' 및 송 '소흥부학관서紹興府學官書', '원국자감숭문각관서元國子監崇文閣官書', 원대의 '한림국사원관서翰林國史院官書'[5], 명대의 문연각文淵閣과 번왕부藩王府, 명・청 및 근대 유명 장서가가 소장했던 진본이다. 필자가 과거에《중국인쇄사》(1989, 상해인민출판사)를 쓰기 위하여 1959~1961년 동안 정오 낮잠시간과 일요일 여가시간을 이용하여 북경도서관에 소장된 모든 송판서 355부를 읽고 파손을 방지하기 위하여 연필로《북도송판서경안록北圖宋板書經眼錄》2책을 지었는데 모든 책의 송휘宋諱・간어刊語・패자牌子・종이・책수 및 간행자의 성명을 기록했다. 그중 219부에 각자공의 성명이 있었다. 송판서는《불장》이 권축본, 범협본인 것을 제외하고는 거의 전부가 호접장(일부 선장은 청대사람이 다시 제본한 것임)이고 각자공 성명은 모두 여러 책장을 풀로 붙인 곳에 썼는데 책장이 떨어지는 것을 방지하기 위해서 감히 자세히 검토하지는 못했고 그저 각 책의 판심에 명확히 나타난 것만 기록했으므로 겨우 688명의 이름만 얻을 수 있었다. 또 각자공의 성만 표기하고 이름이 없는 것이 있는데 순희 11년(1184)《위생가보산과비요衛生家寶産科備要》에는 모든 판에 단지 호胡・여余・변卞[3]・문文 등 성씨인 단자만 있었다.《망우청악집忘憂淸樂集》(기보棋譜)은 단지 '주조周弓' '영榮' 등자만 있다. 또 이름은 있고 성이 없는 사람도 적지 않은데 '공보功甫'는《노천사蘆川詞》를 판각했고, '백순伯順'은 불경을 판각했고, 또《용감수감》을 판각한 '국보國寶'는 성이 국國이고 이름이 보寶인지 여부를 알 수가 없다. 또 확실히 보이지 않는 이름도 있는데《회해한거집淮海閑居集》의 護仁卑같은 경우가 있는데 이런 종류는 모두 수록하지 않았다.

3_ 원서에는 余卞으로 띄어쓰기 없이 붙여 놓았는데 여기서는 한 글자의 성씨를 설명하는 것이므로 여씨와 변씨로 보아서 띄어 썼다.

1971년 북경도서관에서 퇴직한 후에 또 복건, 상해, 항주, 영파에 가서 자료를 찾았다. 천주 개원사에서는 송《복주판대장경》의 남아 있는 수백 쪽을 보았다. 상해·절강·천일각에서는 송판 약 40부와 송 각자공 약 20명(모두 글 속에 이름이 있었음)의 이름을 얻을 수 있었다. 일본《천리도서관희서목록天理圖書館稀書目錄》[6]에서 송 각자공 23명[4]의 이름을 얻었고 또 필자의 이전 글에 더해 근래 사람들의 논문[7]에서 송 각사공 9백여 명의 이름을 얻었다.

송말원초에 평강부(소주)의 진호陳湖《적사장》을 판각한 각자공은 423명이었으며 진손인陳孫仁 및 부필상傅必上·부방傅方·고계高桂·진문陳文은《법원주림》을 판각했고 장진張鎭은 소정 5년(1232)에《불설무량청정평등각경佛說無量淸淨平等覺經》을 판각한 외에 기타 어떤 사람이 송나라 사람이고, 어떤 사람이 원나라 사람인지 구별하기 어려운 것은 잠시 수록하지 않았다.

필자가 이 문장의 초고를 끝냈을 때 마침 일본 친구인 요코하마[橫濱]의 사이토[佐藤] 활자연구소의 고미야마 히로시[小宮山博史] 선생 부부 등 7명이 항주를 방문했다. 금년 3월 23, 24일 양일간 샹그릴라 호텔에서 만나고 일본 헤이세이[平成] 4년(1992)에 새로 출판된《정가당靜嘉堂문고송원판도록》을 기증받았다. 큰 책 두 권으로 하나는《도판편》으로 모두 사진이고 또 하나는《해제편》으로 정가는 엔화로 3만 엔이었다.《해제편》은 상세하게 송판서 122부, 원판서 130부를 기록했으며 전부는 거의 청나라 말기의 대장서였던 호주의 육심원陸心源 벽송루䐉宋樓의 구 소장품으로 그의 아들 육수번陸樹藩이 은화 12만원에 일본인 이와사키 야노스케[岩崎弥之助]에게 판 것이다. 이와사키는 세이가토[靜嘉堂]를 건립하여 진기한 소장품을 보관하고 있

4_ 미주에는 2~3명으로 나와 있어 어느 것이 확실한지 알 수 없다.

다. 그중 송판 부분은 국가도서관 송판과 중복되는 것이 약 30부이며, 세이가토 송판 역시 복본이 있는데 122부 가운데 각자공 성명이 있는 것은 약 57부다. 글 속에 갑류에 들어가는 사람은 247명이고 갑류甲類의 합계는 약 1,148명이며 을류乙類에 들어가는 사람은 1009명이고 그중 중복되거나 이미 갑류에 있는 사람은 모두 394명 이외에 615명의 이름을 얻을 수 있었다. 갑·을 두 부류의 합계는 중복된 것을 제거하고 또 같은 이름인 사람 34명을 더하면 송대 각자공으로 성명을 알 수 있는 자는 모두 약 1,797명으로, 이 두 부류를 서로 참고하면 각자공 활동의 정황을 이해하는 데 도움이 된다.

오랜 친구인 스웨덴의 에즈런(S. Edgren) 박사는 "각자공의 성명과 그 활동을 정리하고 명백히 밝혀내는 일은 실로 쉬운 일이 아니다. 그러나 이것은 남송 인쇄사를 연구하는 데 있어 극히 중요한 것으로 시급히 학자들이 이것을 연구토론하기를 바란다"[8]고 했다. 이는 각자공의 출생지·작업장소와 연대의 선후 및 각각의 책을 판각한 내용까지 연관이 되므로 몹시 복잡하고 두서가 엉크러져서 손을 대기가 어렵기 때문이다. 지금 비록 초보적으로 연구를 했지만 송대 각자공 활동의 진상을 알기에는 어려움이 있으니 당연히 완전하지 못하고 또한 잘못된 점을 면하기 어려울 것이다. 그저 초보적인 정리일 뿐으로 이전의 작품인《중국인쇄사》송대 부분의 부족함을 보충할 수 있었고 역시 나가사와 기쿠야 선생의《각공명표刻工名表》로 서로 보충할 수 있었다.

본문의 완성은《정가당문고송원판 도록·해제편》의 힘을 얻은 바가 아주 크다. 그래서 특별히 고미야마 히로시 선생에게 감사를 드린다.

_계유년 곡우절(1993년 4월 20일)
승현 첨산 장수민이 항주 13만항灣巷 20호 201실 객지의 임시숙소에서 나이 86세에 썼으며 고향에 돌아와 정리를 했다.
중추절 전에 다시 기록한다.

갑류甲類─각자공 1인이 판각한 책

* 정지재丁之才:《위서魏書》, 남송 전기.

* 정용丁用: 소식《동파집》, 백지白紙 10책.

* 정합丁合:《장자어록張子語錄》, 송말, 오견吳堅, 복건조치福建漕治.

* 정화丁和: 서천린徐天麟《동한회요東漢會要》, 단평端平 2년, 대자大
字 백지白紙 호접장 6대책.

* 정충丁忠(전당錢唐):《묘법연화경》.

* 정명丁明:《법원주림法苑珠林》, 중화重和 원년, 복주 개원선사開元
禪寺, '개원사판', 또는 '비로대장毗盧大藏'이라고 함. 대자 절본折本
2책.《오서吳書》남송 초. 여조겸呂祖謙《동래여태사집東萊呂太史
集》, 가태嘉泰 4년.《동래여태사외집東萊呂太史外集》.

* 정송丁松: 악가岳珂《괴담록愧郯錄》, 가정嘉定 7년.

* 정송년丁松年:《위서》,《진서陳書》, 남송 전기. 한나라[5] 허신《설
문해자》, 남송초, 항주. 한나라 양웅揚雄《태현경太玄經》, 효종 때
백지 대본 1책, 육유陸游《위남문집渭南文集》가정 13년, 아들 육
자휼陸子遹이 간행, 율양溧陽, 4책, 구양덕륭歐陽德隆《압운석제押
韻釋題》, 가희嘉熙 3년, 여천임余天任 간행, 화흥禾興, 대자 4책.

* 정량丁亮: 여조겸《동래여태사외집》. 여조겸《여택논설집록麗澤
論說集錄》.

* 정남일丁南一: 이방李昉 등《문원영화文苑英華》, 가태 원년 주필대

5_ 본문에서와 마찬가지로 이럴 경우 '나라'를 첨가한다.

周必大 판각, 중자백지대본中字白紙大本, 11책이 남아 있으며 송의 '집희전서적緝熙殿書籍' 도장이 찍혀 있음.[6] 경정景定 원년 왕윤王潤이 장정함.

* 정유丁宥: 《대방광불화엄경합론大方廣佛華嚴經合論》, 정화政和 2년, 북경대학 소장.

* 정공丁拱: 포표鮑彪 《포씨전국책鮑氏戰國策》, 소희紹熙 2년, 회계. 《춘추좌전정의春秋左傳正義》, 32책.

* 정양丁洋: 촉나라 조숭조趙崇祚 《화간집花間集》, 소흥 18년, 조겸지晁謙之 간행, 건강, 백지 4책.

* 정규丁珪: 《광운》, 효종 초.

* 정익지丁益之: 왕명청王明淸 《휘주록揮麈錄》, 경원慶元 원년.

* 정량丁諒: 임월林鉞 《한준漢雋》, 가정 4년, 조시간趙時侃이 재간행, 저양滁陽, 백지 5책.

* 정기丁琦: 《부석문호주예부운략附釋文互注禮部韻略》, 소정紹定 3년, 그중 한 권에 '소정경인紹定庚寅'이라는 글씨가 있음. 대자백지 6책, 서첨이 잘 인쇄되어 있으나 한 권에는 없음.

* 정휘丁輝: 위료옹魏了翁 《모시요의毛詩要義》.

* 정장丁璋: 《상서정의尚書正義》, 소희 3년, 황당黃唐이 간행, 소흥, 대자백지 16책, 필사본이 있음.

* 만천萬千: 《절운지장도切韻指掌圖》, 소정 3년, 소흥.

* 만중萬中: 《신간교정집주두시新刊校定集注杜詩》, 보경寶慶 원년, 광동조사廣東漕司.

* 만정萬正: 《대당육전大唐六典》소흥 4년, 온주.

* 만전萬全: 《절운지장도》.

6_ 부록에서는 본문과 구별하기 위하여 맺음을 명사형으로 표기한다.

* 만충萬忠:《구가집주두시九家集注杜詩》.

* 만금萬金:《의풍문집義豊文集》, 순우淳祐 3년, 박라博羅.

* 상관생上官生:《문선육신주文選六臣注》, 남송 전기, 공주주군贛州州郡.《신간교정집주두시》, 보경 원년, 광동조사, 또는《구가집주두시九家集注杜詩》라고도 함.《부석문호주예부운략》.

* 상관좌上宮佐: 홍매洪邁《이견지夷堅志》, 순희淳熙 7년, 건안.

* 우앙于洋:《화간집》, 소흥 18년, 건강建康.

* 광류廣劉:《사분률산보수기갈마소四分律刪補隨機羯磨疏》.《사분률산번보궐행사초四分律刪繁補闕行事鈔》, 개경開慶 원년, 절본 1책.

* 궁성弓成: 당나라 왕도王燾《외태비요방外台秘要方》, 양절동로兩浙東路, 장체長體 중자백지.

* 마정馬正: 여조겸《구양선생문수歐陽先生文粹》, 소희 4년, 송 '소흥부학관서紹興府學官書'라는 대주인大朱印이 있음.

* 마량馬良: 당나라 위응물韋應物《위소주집韋蘇州集》, 건도乾道 7년, 평강平江.《가례家禮》, 가정 9년, 여항余杭.《위남문집》, 가정 13년.《중용읍략中庸揖略》, 영종寧宗 연간. 대자《통감기사본말通鑑紀事本末》, 보우寶祐 5년, 가흥嘉興.《주자시집전朱子詩集傳》. 조맹규趙孟奎《분문찬류당가시分門纂類唐歌詩》, 함순咸淳 원년.

* 마충馬忠:《의례경전통해儀禮經傳通解》.

* 마송馬松: 감본監本《경전석문經典釋文》.《국어》.《금호기金壺記》.

* 마조馬祖:《괴담록愧郯錄》.

* 마상馬祥:《삼소선생문수三蘇先生文粹》.

* 변옥卞玉: 진상도陳祥道《예서》, 경원 간행.

* 임원壬元: 소철蘇轍《소문정공문집蘇文定公文集》, 미산眉山, 보정판이 있음, 대자백지 5책, 1책은 필사하여 채워 넣음.

* 우백금尤伯金:《휘주삼록揮麈三錄》.

* 윤보尹甫: 《삼국지》, 호관滬館.

* 문지文只: 조선료趙善璙《자경편自警編》, 단평端平 원년, 구강소재 九江邵齋.

* 문민文民: 《자경편》.

* 문중文仲: 소호邵浩《파문수창坡門酬唱》, 소희 원년, 예장豫章.

* 문백文伯: 주필대周必大《주익문충공서고周益文忠公書稿》, 경원 판각 인쇄, 모두 정교함. 대자백지, 1책 현존, 또 일부분의 동판 2책이 남아 있음.

* 문호文虎: 《자치통감資治通鑑》, 송말, 악주鄂州.

* 문기文奇, 문수文受: 모두 허숙미許叔微《보제본사방普濟本事方》.

* 문초文超, 문현文顯: 모두 《초사집주楚辭集注》.

* 문서文恕: 《자경편》.

* 방중方中: 《대당육전》, 소흥 4년, 온주, 첫 페이지에 오류가 다섯 군데나 있음. 검은 비단 호접장, 백지 2책 현존. 《설문해자》, 남송 초. 여조겸《구공본말歐公本末》, 가정 5년.

* 방문方文: 부인傅寅《행계부씨우공집해杏溪傅氏禹貢集解》, 동양東陽, 대자백지 6책. 《남화진경주소南華眞經注疏》.

* 방성方成: 《상서정의》. 《수경주水經注》.

* 방지方至: 《광운》. 《황조문감皇朝文鑑》, 가태嘉泰 4년. 양차산楊次山《역대고사歷代故事》, 가정 5년. 소철《고사古史》, 호관.

* 방견方堅: 《광운》, 임안臨安. 소자小字《통감기사본말通鑑紀事本末》.

* 방충方忠: 소자 《통감기사본말》, 순희 2년, 엄주嚴州, '인서성신印書盛新', 소자지만 실은 중자임, 백지 3책 현존. 《구공본말》.

* 방승方昇: 소자《통감기사본말》. 《함순임안지咸淳臨安志》.

* 방무方茂: 《통감기사본말》, 순희 간행, 엄주. 《구공본말》

* 방적方迪: 임월《한준》, 순희 5년, 저양.

* 방우方祐: 《논형論衡》.

* 방영方滎: 당경唐庚《미산당선생문집眉山唐先生文集》, 선화宣和 4년, 아우 당유唐庾가 간행, 중자백지 4책.

* 방득시方得時: 《통감기사본말》, 보우.

* 모선毛仙: 《화간집》, 건강.《후한서주後漢書注》, 백지대자 40책.

* 모정毛正: 대자《사서집주》, 순우 12년, 마광조馬光詛가 간행, 당도當塗, 대자백지, 판각 인쇄가 아주 좋음.

* 모용毛用: 홍준洪遵《홍씨집험방洪氏集驗方》, 건도乾道 6년, 홍준이 스스로 간행, 백지 2책, 순희 7년 공문지 뒷면에 인쇄. 이정李楎《상풍요지약방傷風要旨藥方》, 건도 7년. 양간楊侃《양한박문兩漢博聞》, 건도 8년, 원원질胡元質이 간행, 모두 고숙姑熟.《이주문선李注文選》, 순희 8년, 우무尤袤 간행, 지주池州.

* 모기毛杞: 《통감기사본말》.

* 모기毛奇: 한나라 왕충王充《논형》, 건도 3년, 소흥부紹興府.

* 모창毛昌: 《요굉주섬천전국책姚宏注剡川戰國策》, 소흥 19년, 백지 6책. 서현徐鉉《서공문집徐公文集》, 소흥 19년, 명주明州.《논형》. 당나라 원진元鎭《원씨장경집元氏長慶集》, 건도 4년.《상서정의》, 소희 3년, 위의 3종은 모두 소흥.《백씨문집白氏文集》.《경덕전등록景德傳燈錄》, 태주台州.

* 모역毛易: 당나라 백거이白居易《백씨문집》, 중자 백지.

* 모준毛俊: 한나라 양웅《유헌사자절대어석별국방언輶軒使者絶代語釋別國方言》, 경원 6년, 이맹전李孟傳 간행, 심양尋陽, 대자大字 황지黃紙 2책.《춘추좌전정의》.《맹자주소해경孟子注疏解經》. 절동다염사浙東茶鹽司, 본문은 대자 주는 중자, 백지 2책 현존.

* 모단毛袒: 《대당육전》, 소흥 4년, 온주, '국자감숭문각관서國子監

崇文閣官書' 대주인大朱印이 있음.

* 모량毛諒: 《대송중수광운大宋重修廣韻》, 효종 초. 장형章衡 《편년통
재編年通載》, 황지대본, 4책 현존, 명 '문연각인文淵閣印'이 있음.
《춘추경전집해春秋經傳集解》.

* 모간毛諫: 《대방광불화엄경소大方廣佛華嚴經疏》, 소흥 16년, 양절
전운사兩浙轉運司. 《광운》, 효종 초.

* 모삼毛森: 《통감기사본말》, 엄주.

* 우실牛實: 사마광司馬光 《자치통감資治通鑑》, 소흥 2년 7월, 양절동
로兩浙東路에 속한 여요현餘姚縣에서 간행, 3년 12월에 인쇄제작.
《오군도경吳郡圖經》, 소흥 4년, 평강平江. 요현 《당문수唐文粹》,
소흥 9년, 임안부. 《예기주禮記注》. 《삼국지주》.

* 우량牛諒: 후위後魏 역도원酈道元 《수경주水經注》.

* 왕익王益: 《자치통감》, 악주鄂州.

* 왕촉王㫤: 《주례》, 촉 대자본.

* 왕대王大: 《종경록宗鏡錄》, 대관大觀 원년, 복주 동선등각원東禪等
覺院, '동선사판' 또는 '숭녕만수대장崇寧萬壽大藏'이라고 함, 짙은
황지절본黃紙折本 1책.

* 왕자정王子正: 공전孔傳 《동가잡기東家雜記》, 순희 5년, 구주衢州,
보판補版이 있음. 중자 백지 4책, 송나라 유의경劉義慶 《세설신어
世說新語》, 순희 15년, 엄주.

* 왕중王中: 《사기》, 중자본, 집해색은集解索隱, 순희 3년, 장우張杅
간행, 광덕군재廣德郡齋, 20책. 《후한서》, 남송 전기, 양회강동전
운사兩淮江東轉運司.

* 왕개王介: 구양수 《신당서》, 소흥 3년, 호주湖州. 당나라 왕도王燾
《외태비요방》. 《맹자집주》, 효종 연간. 《국어》. 원추袁樞 《통감
기사본말》, 조여□趙與篲 간행, 가흥, 보우 5년, 대자본이라고

칭함.

* 왕원王元: 《한서》, 소흥 간행, 호북제거다염사湖北提擧茶鹽司. 《양
서梁書》.

* 왕원형王元亨: 《양서》, 남송 전기.

* 왕문王文: 《오서吳書》. 《무경칠서武經七書》, 효종 연간. 《개경사명
속지開慶四明續志》, 대자백지 6책.

* 왕문조王文詔: 《대수구다라니人隨求陀羅尼》, 태평흥국 5년.

* 왕사王仕: 《종경록宗鏡錄》, 대관 원년, 복주.

* 왕좌王左: 임포林逋 《화정선생시집和靖先生詩集》, 소희 3년, 심선沈
詵, 절서조해浙西漕廨.

* 왕필문王必文: 조선료 《자경편》, 단평 원년, 구강九江.

* 왕정王正: 구양수 《신당서》, 소흥 3년. 호주. 구양수 구본舊本 《거
사집》, 소흥 9년 초, 구주衢州, 가장 아름다움. 서근書根은 세로쓰
기로 되어 있음. 대본이 12책 현존. 《상서정의》, 소흥 15년. 《예
의소禮儀疏》, 임안.

* 왕민王民: 당나라 유우석劉禹錫 《유몽득문집劉夢得文集》.

* 왕영王永: 《후한서》, 남송 전기, 양회강동전운사兩准江東轉運司. 한
나라 왕충 《논형》, 건도 3년, 소흥부. 《통감기사본말》. 순희 2년,
엄주, 소자말小字末이라고 함. 《중용집략中庸輯略》, 영종寧宗 연
간.

* 왕생王生: 임희일林希逸 《열자권재구의列子鬳齋口義》, 경정 3년, 황지.

* 왕용王用: 임월 《한준》, 순희 5년, 위여공魏汝功이 저양에서 간행.
백지 8책.

* 왕례王禮: 소호邵浩 《파문수창》. 소희 원년, 예장. 《춘추번로春秋
繁露》, 가정 4년. 호씨 재간행, 강우계태江右計台, 대자백지 5책,
건륭의 '태상황제보太上皇帝寶'가 찍혀 있음.

* 왕화王禾(장사長沙): 이전에는 정도丁度의 《집운集韻》이라고 했음. 효종 연간.

* 왕중王仲: 양걸楊杰《무위집無爲集》. 소흥 13년, 조사반趙士彪 간행, 무위군無爲軍, 대자백지 4책. 《후한서》. 왕안석《당백가시선唐百家詩選》, 고종 연간. 섭몽득葉夢得《석림주의石林奏議》, 개희開禧 2년.

* 왕임王任: 《종경록》, 복주.

* 왕광王光: 《한서》, 남송 후기, 복당군상福唐群庠.

* 왕전王全: 《춘추공양경전해고春秋公羊經傳解詁》, 효종 연간, 백지 7책. 《후한서주》. 여조겸《황조문감皇朝文鑒》, 가태 4년, 단평 원년 보補, 신안新安.

* 왕흥종王興宗: 《통감기사본말》, 보우.

* 왕화王華: 왕안석《당백가시선》, 고종 연간.

* 왕길보王吉甫: 《자치통감》, 악주, 보각補刻.

* 왕회王回: 《경사증류비급본초經史證類備急本草》, 가정 4년, 유갑劉甲 간행, 동천潼川, 부록 그림은 백지대자.

* 왕규王圭: 《위서》.

* 왕존중王存中: 《논형》. 당나라 원진《원씨장경집》, 건도 4년, 모두 소흥부.

* 왕안王安: 주굉朱肱《중교증활인서重校證活人書》. 《외태비요방》.

* 왕성王成: 《신당서》. 요현姚鉉《당문수》, 소흥 9년, 임안부. 《위서魏書》, 감본監本. 《한서》, 보판補版임. 《외태비요방》.

* 왕순王旬: 《아비달마대비바사론阿毗達磨大毗婆沙論》, 소흥 18년, 복주.

* 왕여림王汝霖: 《춘추좌전정의春秋左傳正義》.

* 왕형王亨, 왕형조王亨祖: 모두 《통감기사본말》, 보우.

* 왕우王佑: 《한서》, 복당군상福唐郡庠.

* 왕량좌王良佐: 당나라 두우杜佑《통전通典》, 호관.
* 왕진王辰: 소식《소문충공집蘇文忠公集》, 촉간본, 대자백지 7책 현존.《남제서南齊書》, 남송 전기.
* 왕윤王聞:《개경사명속지開慶四明續志》.
* 왕아철王阿鐵: 이방李昉 등《태평어람》, 경원, 성도.
* 왕화王和:《집운》.
* 왕고王固: 요나라 승려 행균行均《용감수감龍龕手鑒》, 항주, 백지 1책.
* 왕계王季: 구종석寇宗奭《본초연의本草衍義》, 대자황지 5책.
* 왕정王定:《위서》.《순자荀子》.《양자揚子》, 순희 8년, 당중우唐仲友 간행, 태주.《회암선생주문공문집晦庵先生朱文公文集》.
* 왕보王寶:《광운》, 영종寧宗 연간.《괴담록》.
* 왕충王忠:《삼력촬요三曆撮要》. 황정견黃庭堅《예장황선생문집豫章黃先生文集》, 건도.《황조문감皇朝文鑒》.
* 왕창王昌:《신당서》, 소흥 3년. 정구程俱《북산소집北山小集》, 건도 9년, 호주. 채구봉蔡九峰《서집전書集傳》, 순우 10년, 여우룡呂遇龍 간행, 상요上饒.
* 왕명王明:《송서宋書》, 남송 전기.《북산소집》. 증종曾種《대역수언大易粹言》, 순희 3년, 서주舒州. 대자백지 20책.《당이선주문선唐李善注文選》, 순희 8년, 우무 간행, 지주 池州, 대자백지 60책, 소희 6년 재간행.
* 왕림王林:《논형》.
* 왕개王玠:《국어》.
* 왕무王茂:《구공본말》.《동래여태사문집東萊呂太史文集》.
* 왕순王詢:《대장경강목지요록大藏經綱目指要錄》, 숭녕崇寧 4년.《개원석교록약출開元釋教錄略出》소흥 18년, 복주 개원선사, 황경지黃

經紙 절본 5책.

* 왕량王亮: 《악부시집》, 고종 연간 때 구構를 피휘했음, 항주. 근자에 어떤 사람은 "북송 말에 항주의 관에서 간행했다"고 하는데 이는 틀린 말임, 중자中字.

* 왕보王保: 《대반야바라밀다경大般若波羅蜜多經》, 복주의 동선등각원, 황지 2책.

* 왕신王信: 당나라 유우석 《유몽득문집》. 《통감기사본말》, 순희 2년, 엄주, 《황조문감皇朝文鑑》. 여조겸 《구공본말》, 가정 5년.

* 왕장王㙌: 당나라 한유 《창려선생집昌黎先生集》, 요씨세채당본寥氏世綵堂本, 함순, 32책.

* 왕유王宥: 《대반야경》.

* 왕언王彦: 황정견 《예장황선생문집》, 건도.

* 왕정王政: 《논형》, 황지黃紙에 원대에 판각한 백지 24책을 끼워넣었음, 《회암선생주문공문집》.

* 왕춘王春: 《통감기사본말》, 보우.

* 왕소王昭: 누방樓昉 《우재고문편迂齋古文編》, 보경 2년, 대자백지 6책. 장구성張九成 《횡포선생문집橫浦先生文集》, 소정 2년, 대자백지 12책, 판각인쇄가 정교하고 먹색이 우수.

* 왕현王顯: 《부석문호주예부운략》. 《압운석의押韻釋疑》, 가희 3년, 화흥禾興. 《유유주집柳柳州集》, 가정 7년, 가흥. 《괴담록》, 가정 7년.

* 왕홍王洪: 《대방광불화엄경소》.

* 왕진王珍: 《논형》. 《춘추경전집해》. 곽무천郭茂倩 《악부시집樂府詩集》.

* 왕한王閈: 《경률이상經律異相》, 소흥 18년, 복주 개원선사, 절본 3책.

* 왕영王營: 감본 《한서》보판補版. 《후한서》, 남송 전기. 정구程俱

《북산소집》, 건도 9년, 호주. 《세설신어》, 엄주.

* 왕공王恭: 《이아소爾雅疏》, 남송 전기. 《무경칠서》.

* 왕계王桂: 《남제서南齊書》, 남송 전기.

* 왕호王浩: 《대장경강목지요록大藏經綱目指要錄》, 숭녕 4년, 황경지
  黃經紙 8책. 《아비달마대비바사론》, 소흥 18년, 복주 개원선사.

* 왕엽王燁: 주희 《시집전詩集傳》. 《통감기사본말》, 보우.

* 왕익王益: 《자치통감》, 악주.

* 왕통王通: 《악부시집》.

* 왕리王理: 허숙미 《보제본사방》.

* 왕식王寔: 《상서정의》.

* 왕혜王惠: 《송서宋書》.

* 왕경王景: 《무위집》, 무위군. 《당백가시선唐百家詩選》.

* 왕조王朝: 《맹자》. 《태평어람》, 모두 성도成都. 《소문정문집蘇文定
  文集》, 미산眉山. 《신간국조이백가명현문수新刊國朝二百家名賢文
  粹》, 경원 3년.

* 왕종王琮: 촉나라 조숭조 《화간집》, 소흥 18년, 건강.

* 왕우王遇: 악가 《괴담록》.

* 왕복王福: 《장자어록》.

* 왕석王錫: 《오등회원五燈會元》, 보우 원년, 무강武康.

* 왕덕명王德明: 《사분율비구니초四分律比丘尼鈔》, 개희 3년, 원래 제
  목에는 '무림경생왕덕명조武林經生王德明造'.

* 왕진王震: 《신당서》, 소흥 3년, 호주. 《문선》, 소흥 8년, 28년 중
  수, 명주明州. 《순자》 · 《양자》, 모두 태주. 섭몽득 《석림주의石林
  奏議》, 개희 2년.

* 등칠鄧七: 《예장황선생문집》.

* 등인鄧仁: 이전에는 한나라 동중서董仲舒 《춘추번로春秋繁露》라고

했음, 가정 4년, 강우계태江右計台.《주익문충공집周益文忠公集》.

* 등발鄧發:《여씨가숙독시기呂氏家塾讀詩記》, 순희 9년, 강서조대江西漕台.《구양문충공거사집》, 길안吉安.《청파잡지淸波雜志》.

* 등생鄧生:《주역본의周易本義》, 함순 원년, 주자의 고향.

* 등위鄧偉:《후한서》, 건녕 일경당一經堂.

* 등안鄧安:《춘추번로》. 가정 4년.《파문수창》.

* 등견鄧堅:《자치통감》, 남송 말기, 악주.《후한서》, 남송 후기, 복청현학福淸縣學.《국조제신주의國朝諸臣奏議》, 순우 10년.

* 등명鄧明:《주익공서고周益公書稿》.

* 등거鄧擧:《신간교정집주두시》, 보경寶慶 원년, 광동조사廣東漕司.《부석문호주예부운략》.

* 등준鄧俊:《보양거사채공문집莆陽居士蔡公文集》, 천주泉州.《창려선생집》, 순희, 남안군南安軍.

* 등신鄧信:《문선》, 명주·공주贛州.《여씨가숙독시기》,《속가훈續家訓》.

* 등진鄧振:《청파잡지》.《주익문충공집》.

* 등정鄧鼎:《여씨가숙독시기》.《초사집주楚辭集注》, 가정 8년. 홍매《용재수필》, 공주.《창려선생집》, 순희, 남안군.

* 구재丘才, 구문丘文, 구영丘永: 모두《이견지夷堅志》, 순희 7년, 건안.

* 구립丘立:《보제본사방》.

* 구명丘明:《온국문정사마공문집溫國文正司馬公文集》, 소흥 2년, 유교劉嶠 간행. 복건로, 중자 백지 32책.

* 구수丘受:《아비달마대비바사론》.

* 포정包正: 진팽년陳彭年 등《대송중수광운大宋重修廣韻》, 대자백지, 3책 현존.《춘추경전집해》.

* 포단包端: 곽무천《악부시집》.《예기소禮記疏》, 소희 2년.

* 노노盧老:《고령선생문집古靈先生文集》, 송 말.

* 사영史永: 여조겸《동래여태사외집》.

* 사조史祖:《통감기사본말》, 보우 5년.

* 섭재葉才:《주익문충공집》.

* 섭정葉正:《문선》, 지주池州.《두시집주》, 광주廣州.

* 섭용葉用:《회암선생문집》.

* 섭전葉田:《회암선생문집》.

* 섭신葉申:《회암선생문집》.

* 섭화葉禾:《율律》.

* 섭천葉遷:《제유명도諸儒鳴道》, 호관滬館.

* 섭지葉志: 정상서程尚書《경진우공론經進禹貢論》, 순희 8년, 천주泉
州.

* 섭정葉定: 주희《회암선생문집》, 순우 5년, 대자백지 1백 책.

* 섭명葉明: 왕황주王黃州《소축집小畜集》.《외태비요방》.

* 섭붕葉朋: 위료옹魏了翁《모시요의毛詩要義》.

* 섭림葉林(장사長沙):《집운集韻》.

* 섭실葉室:《절운지장도切韻指掌圖》.

* 섭백葉柏:《회암선생문집》.

* 섭우葉祐:《순자》·《양자》, 모두 태주台州.

* 섭춘葉春(장사長沙):《집운集韻》.

* 섭계葉桂: 불경, 희녕 2년, 항주.

* 섭기葉祺:《남화진경주소》.

* 섭춘년葉椿年:《오등회원五燈會元》, 보우 원년, 무강, 원제는 '적재
섭춘년積齋葉椿年', 혹은 '적재간積齋刊'임. 중자 백지 5책.

* 섭준葉濬(건주建州):《태평성혜방太平聖惠方》, 소흥 16년, 서주舒州,

각자공이었던 기주蘄州의 주량周亮·건주建州의 양통楊通·복주의 정영鄭英·노주盧州의 이승李勝 등이 같은 날에 번개 맞아 죽음.

* 영성寧聲: 미불米芾《보진산림집습유寶晉山林集拾遺》.
* 감존甘存: 조변趙忭《조청헌공문집趙淸獻公文集》, 경정 원년, 보판이 많음. 대자백지.
* 전인田仁: 진사도陳師道《후산거사문집後山居士文集》, 효종 연간, 대자황지 20책.
* 전성田成: 홍적洪適《반주문집盤洲文集》, 대자백지 32책.
* 석노石老:《대장경강목지요록》, 숭녕 4년.
* 석창石昌: 소철蘇轍《고사古史》, 호관.
* 임정任正:《집운》.
* 임흥任興: 구종석《본초연의本草衍義》, 원래는 임현任縣으로 썼음.
* 임경任慶:《개경사명속지開慶四明續志》.
* 임청任淸: 임안부 태묘 앞 윤가서적포尹家書籍鋪 각자공.
* 오성伍盛: 당나라 유종원《유주외집柳州外集》, 건도 원년, 섭재葉捏 간행, 영릉零陵.
* 광례光禮: 유극劉克《시설詩說》, 순우 6년, 아들 유단劉坦이 간행, 침주郴州, 대자백지 8책.
* 유일신劉一新: 주필대《주익문충공집》.
* 유천劉千:《신간교정집주두시》.
* 유사진劉士震:《신간교정집주두시》, 보경 원년.《부석문호주예부운략》.
* 유자화劉子和: 채구봉蔡九峰《서집전書集傳》.
* 유인劉仁:《도연명집》, 남강南康.《파문수창》.《여씨가숙독시기》.
* 유근劉僅:《예장황선생문집》.
* 유윤劉允:《대당육전》.《행계부씨우공집해》.

* 유원劉元: 육유陸游 《방옹선생검남시고放翁先生劍南詩稿》, 순희 14
  년, 엄주. 왕십붕 《회계삼부會稽三賦》, 가정 10년, 소흥부.

* 유원중劉元中: 진관秦觀 《회해집淮海集》, 건도 9년, 왕정국王定國
  간행. 고우高郵, 대자황지 10책.

* 유공달劉公達: 채양蔡襄 《보양거사채공문집》, 건도 5년, 천주.

* 유승劉升: 《한준漢雋》, 순희 5년, 저양. 《문선》, 지주. 《오조명신
  언행록五朝名臣言行錄》.

* 유문劉文: 감본 《진서陳書》, 남종 전기. 《논형》. 《문선》, 지주. 《산
  해경山海經》, 순희 7년. 《모시요의毛詩要義》. 《여씨가숙독시기》,
  항주 진댁경적포陳宅經籍鋪. 《벽운집碧雲集》. 《대혜보각선사보설
  大慧普覺禪師普說》. 《통감본말》, 악주鄂州. 《신간교정집주두시》, 광
  동.

* 유문승劉文升: 《춘추경전》, 효종 연간.

* 유정劉正: 《백씨육첩사류집白氏六帖事類集》. 《삼소선생문수三蘇先
  生文粹》, 동양東陽.

* 유정劉正(장사長沙): 《집운》.

* 유영柳永: 《예기》, 순희 4년, 무주撫州. 《여씨가숙독시기》, 순희 9
  년, 강서조대. 《춘추경전집해》, 가정 9년, 홍국군興國軍. 《오조명
  신언행록》.

* 유생劉生: 《동한회요東漢會要》. 《남화진경주소南華眞經注疏》.

* 유용劉用: 《산해경》, 3책. 《구가집주두시九家集注杜詩》.[7]

* 유신劉申, 유신발劉申發: 모두 《논어집설論語集說》, 순우 6년, 호반
  湖頖.

* 유중劉仲: 감본 《한서》보판補版. 《후한서주》. 《대역수언大易粹言》,

7_ 원서에는 '九家集注社詩'로 나와 있으나 오기인 듯하여 고쳤다.

순희 3년, 서주. 《문선》, 순희 8년. 《산해경》, 순희 7년. 모두 지주. 《황조문감皇朝文鑒》, 신안新安. 《대혜보각선사보설》.

* 유광劉光: 《군경음변群經音辨》, 소흥 12년, 영화寧化. 《왕우승문집王右丞文集》.

* 유전劉全: 《공씨육첩孔氏六帖》, 건도 2년, 천주. 《상한요지약방傷寒要旨藥方》, 건도 7년.

* 유공劉共: 《독교기讀敎記》, 보우 4년, 백지 11책.

* 유흥재劉興才: 장자張鎡 《황조사학범皇朝仕學範》, 순희 3년.

* 유수종劉守宗: 《조청헌공문집趙淸獻公文集》.

* 유우劉羽: 《부석문호주예부운략》.

* 유달민劉達民: 《보양거사채공문집莆陽居士蔡公文集》.

* 유우劉佑: 《열자권재구의列子鷹齋口義》, 경정 3년.

* 유부劉孚: 《통감기사본말》. 《독교기讀敎記》.

* 유지劉志: 《회해집》, 고우高郵. 《신정삼례도新定三禮圖》, 순희 2년, 태주.

* 유량劉良: 《후한서주》.

* 유종劉宗: 《삼소선생문수三蘇先生文粹》. 《악부시집》. 《청파잡지》. 당중우唐仲友 《제왕경세도보帝王經世圖譜》, 가태 원년, 백지白紙 육대책六大冊. 《괴담록》, 가흥. 《구양문충공거사집》, 경원 2년. 《주익문충공집周益文忠公集》, 임안 진댁서적포陳宅書籍鋪 일꾼.

* 유보劉寶: 《국어》. 《구양문충공거사집》. 《세설신어》, 엄주.

* 유상劉尚: 임안 진댁서적포 일꾼.

* 유충劉忠: 《악부시집》. 《집운》.

* 유민劉旻: 《청파잡지》. 《주익문충공집》.

* 유창劉昌: 《여씨가숙독시기》. 《파문수창》.

* 유명劉明: 《신정삼례도新定三禮圖》, 태주.

* 유송劉松:《자치통감》, 악주.

* 유청劉青:《상한요지약방傷寒要旨藥方》.

* 유신劉信:《문원영화》, 주필대 각본, 가태, 경정 원년, 왕윤王潤이
  장정함.

* 유언劉彦:《예장황선생문집》, 건도.

* 유언중劉彦中:《문선》, 순희 15년 재간행, 지주.

* 유소劉昭:《진시陳書》.《설문해자》.《문선》, 순희 8년, 지주.《광
  운》.《무경칠서》, 감본, 소희.《가태보등록嘉泰普燈錄》, 항주. 양
  차산楊次山《역대고사歷代故事》, 가정 5년.《춘추좌전정의》.《태
  현경太玄經》.《회암선생주문공문집》.《동래여태사문집》. 여조겸
  《여택논설집록麗澤論說集錄》.《괴담록》.

* 유병劉炳:《남화진경주소》.

* 유영劉盈:《이견지》.

* 유진劉秦:《창려선생집》, 남안군南安軍.

* 유인劉寅:《방옹선생검남시고》.

* 유숭劉崇:《회암선생문집》.

* 유강신劉康臣:《자치통감》, 악주.

* 유청劉清:《동파집》.

* 유장劉章:《동파집》.

* 유삼劉森:《의례경전통해儀禮經傳通解》.

* 유제劉霽:《통감기사본말》, 보우.《시집전》.

* 유총劉聰:《행계부씨우공집해杏溪傅氏禹貢集解》.《남화진경주소》.

* 화수華秀, 화수華琇: 모두 채구봉蔡九峰《서집전書集傳》.

* 위걸危杰:《신각교정집주두시》, 광동.

* 위흡危洽:《휘주록》.

* 상문정向文定,[8] 상정向定: 모두 소호邵浩의《파문수창》, 소희 원년,

예장豫章.

* 여사呂士: 《맹자집주》, 대자백지, 3책 현존, '건륭어람지보乾隆御
  覽之寶'라고 찍혀 있음.

* 여대呂大: 《대반야경大般若經》.

* 여공呂拱: 육유 《검남시고》. 《동래여태사문집》, 또 《외집》이 있
  음. 《삼소선생문수》. 《여택논설집록》.   주필대 《주익문충공집》,
  길안. 조여우趙汝愚 《국조제신주의國朝諸臣奏議》, 순우 10년.

* 손인孫仁: 《평강적사장平江磧砂藏》.

* 손일신孫日新: 《무경칠서》.

* 손우孫右: 《육갑천원기운검六甲天元氣運鈐》.

* 손한보孫漢甫: 《평강적사장》.

* 손생孫生: 《대장경강목지요록》.

* 손완孫阮: 《위서魏書》.

* 손원孫沅: 요씨세채당본廖氏世綵堂本 《한집韓集》, 32책. 《유집柳
  集》, 16책, 손원 간행. 가장 많음.

* 손아잉孫阿剩: 《태평어람》.

* 손현孫顯: 《동래여태사문집》.

* 손제孫濟: 《한준漢雋》, 순희 5년, 저양.

* 손선孫善: 《한준》, 순희 5년, 저양.

* 손춘孫春, 손빈孫斌: 모두 《무경칠서》.

* 손원孫源(남명南明): 섬천剡川의 석혜石穗와 함께 《대각선사어록大
  覺禪師語錄》판각, 경정 5년, 대송국 소흥부 남명, 즉 신창新昌.

* 안영安永: 《동래여태사문집》.

* 안례安禮: 《부석문호주예부운략》.

8_ 한국식 독법으로 向을 상으로 표기한다.

* 성신成信: 《왕우승문집王右丞文集》.
* 주운朱云: 《무경칠서》.
* 주문朱文: 《양한박문兩漢博聞》, 건도 8년, 고숙姑孰. 왕원王阮 《의
풍문집義豐文集》, 순우 3년, 아들 왕단王旦이 간행, 얇은 비단에
대자백지 1책.
* 주례朱禮: 《서공문집徐公文集》, 명주明州. 《용감수감龍龕手鑒》.
* 주광朱光: 《주서周書》. 《위서魏書》.
* 주인朱因: 《상서정의尙書正義》.
* 주명朱明: 《후한서주後漢書注》. 《악부시집》. 《북산소집北山小集》, 호
주. 《외태비요방》.
* 주명옥朱明玉: 《찬도호주주례纂圖互注周禮》, 건안.
* 주완朱玩: 《역대고사歷代故事》, 가정 5년. 《광운》.
* 주상朱詳: 《악부시집》.
* 주유朱宥: 《무경칠서》
* 주춘朱春: 《압운석의押韻釋疑》. 《괴담록》. 모두 가흥.
* 주영朱營: 《구가집주두시九家集注杜詩》, 보경 원년, 광주. 세이가
토[靜嘉堂]에서 《신간교정집주두시新刊校定集注杜詩》제작, 광동조
사. 《의풍문집義豐文集》.
* 주호朱浩: 《우재고문편汪齋古文編》, 보경 2년.
* 주량朱諒: 《수경주水經注》, 임안. 《상한요지傷寒要旨》. 《문선》, 지
주池州.
* 주재朱梓: 《위서魏書》.
* 주장朱章: 《논형》.
* 강대형江大亨: 원추袁樞 《통감기사본말》, 순희 2년, 단평·순우
연간에 수정, 엄주.
* 강재江才: 위료옹 《모시요의毛詩要義》. 《황조문감皇朝文鑒》.

* 강태江太:《삼국지》, 호관.

* 강화江華:《한서》.

* 강탄江坦:《춘추공양경전해고春秋公羊經傳解詁》재간행.

* 강량江亮: 진양陳襄《고령선생문집古靈先生文集》.

* 강준江俊:《아비달마대비바사론》, 복주.

* 강언江彦: 승려 도잠道潛《참료자시집參寥子詩集》, 중자백지.

* 강정江政:《서한문유西漢文類》, 소흥 10년, 임안부, 원제는 '소흥 10년 4월 일 임안부臨安附 조인雕印'이라고 쓰여 있음. 중자백지 1책 현존.

* 강천江泉:《국어》.

* 강통江通:《통감》.《문선》, 소흥 28년, 명주.《외태비요방》. 여조겸《여씨가숙독시기》, 순희 9년, 강서조대江西漕台.《사분율행사초자지기四分律行事鈔資持記》.

* 강릉江陵:《여씨가숙독시기》.《오조명신언행록》. 당나라 왕유王維《왕우승문집王右丞文集》. 당나라 맹교孟郊《맹동야집孟東野集》.

* 강청江清: 주굉朱肱《중교증활인서重校證活人書》.

* 양손楊孫:《삼력촬최三曆撮最》.

* 양량楊諒:《치당독사관견致堂讀史管見》.

* 양무羊茂:《개원석교록략출開元釋教錄略出》·《아비달마대비바사론》모두 소흥 18년, 복주.

* 허중許中:《논형》.

* 허화許和:《왕황주소축외집王黃州小畜外集》.

* 허종후許宗厚:《예서》, 경원.

* 허충許忠:《위서》.《설문해자》.

* 허영許泳:《포씨전국책鮑氏戰國策》.

* 허무許茂:《송서宋書》.《북제서北齊書》.

* 허귀許貴: 《맹자주소해경孟子注疏解經》, 소흥.

* 완우阮于: 《외태비요방》. 《춘추경전집해》. 《광운》, 효종 초.

* 완변阮卞: 《통감기사본말》.

* 완정阮正: 《동파집》. 《이견지》.

* 완생阮生: 《대장경강목지요록》, 숭녕 4년. 《아비달마대비바사론》, 복주. 《장자어록張子語錄》.

* 완광阮光: 《왕우승문집》.

* 완화阮和: 주희 《회암선생문집》.

* 완충阮忠: 《한서》.

* 완우阮祐: 《무경칠서》. 《가태보등록嘉泰普燈錄》.

* 엄충嚴忠: 《백씨문집白氏文集》.

* 엄성嚴誠(남창南昌): 《예기석문禮記釋文》, 무주撫州.

* 엄신嚴信(무림武林): 《사분률비구니초》, 개희 3년, 자칭 '무림조자 엄신武林雕字嚴信'이라고 함.

* 엄지嚴智: 《통전通典》.

* 하만何萬(장사長沙): 《집운》.

* 하승何升: 《설문해자》. 《국어해國語解》.

* 하개何開: 《남화진경주소》.

* 하전何全: 《당문수》, 소흥 9년. 《문원영화》, 주필대 각본, 가태, 노란 비단 호접장.

* 하승何昇: 《광운》.

* 하창何昌: 《삼소선생문수》, 동양東陽.

* 하택何澤: 《설문해자》.

* 하언何彦: 《도연명집》. 남강南康.

* 하징何澄: 《광운》. 《설문해자》.

* 여십팔余十八: 주굉 《중교중활인서》.

* 여천余千:《의례경전통해儀禮經傳通解》, 명대 어떤 감생監生의 보판補版이 있음. 백지.

* 여사余士: 임안 진댁서적포 일꾼,《벽운집碧雲集》간행.

* 여천余川: 홍매《이견지》.

* 여중余中:《대반야경》권451.《문선》, 명주.《한서》, 소흥 간행, 순희·소희 연간에 수정.《문선》, 남송 전기, 공주贛州.《예기》, 순희 4년, 무주撫州.《남화진경주南華眞經注》.《집주두시集注杜詩》, 보경 원년, 광동.

* 여재余才, 여인余仁: 모두《왕황주소축외집》. 여인은 또《장자어록》판각.

* 여태余太:《신간교정집주두시》, 보경 원년, 광동조사廣東漕司.

* 여문余文:《문선》, 공주贛州.《주역요의周易要義》대자백지 5책. 조맹규趙孟奎《분문찬류당가시分門纂類唐歌詩》, 함순 원년, 또는 여문부余文父[9]라고도 함. 대자황지 12책.

* 여영余永:《악부시집》.《광운》.

* 여중余仲:《도연명집》, 소희 3년, 남강.

* 여분余份:《춘추경전집해》, 가정 9년, 흥국군학興國軍學.

* 여조余兆:《왕우승문집》, 남송 초기.

* 여광余光: 증종曾種《대역수언》, 순희 3년, 서주舒州.《파문수창坡門酬唱》.

* 여전余全:《외태비요방》.《한준》, 저양.

* 여흥종余興宗: 미불米芾《보진산림집습유寶晉山林集拾遺》, 손자 미헌米憲이 간행, 가태嘉泰·태원泰元, 균양筠陽, 대자백지.

* 여동보余同甫: 임안 서붕본書棚本《위소주집韋蘇州集》, 백지중자

9_ 앞의 본문에서 '여문의 아버지'라고 설명되어 있다.

소본 3책.

* 여안余安:《춘추공양경전해고春秋公羊經傳解詁》, 효종 연간, 그 안에 '계축중간癸丑重刊'이 있음.

* 여형余亨:《남화진경주소》.

* 여견余堅:《동파집》.

* 여량余良(건안建安): 채절蔡節의 《논어집설論語集說》, 순우 6년, 호반湖頓, 백지 10책, 판광版框 자체字體가 모두 크지 않지만 상하좌우 네 변 공백이 가장 큼, 송판본 중에서 가장 큰 대본으로 종이와 먹이 아주 양호함.

* 여진余進:《후한서주》, 대자백지, 짙은 먹, 80책.

* 여명余明: 공전孔傳《공씨육첩孔氏六帖》, 건도 2년, 중자백지, 1책 현존.

* 여수余受:《주문공교창려선생집朱文公校昌黎先生集》.

* 여언余彦:《왕우승문집》.

* 여정余政:《사기》.《소정오군지紹定吳郡志》.

* 여제余濟:《동파집》.

* 여굉余竑: 오숙吳淑《사류부주事類賦注》, 소흥 16년, 소흥.《악부시집》.《광운》.《주례주周禮注》, 무주婺州.

* 여훈余塤:《한준》.

* 여익余益:《위서》.《왕황주소축외집王黃州小畜外集》.

* 여민余敏:《양서梁書》.《광운》.《춘추경전집해》. 임안 대묘전윤가 서적포大廟前尹家書籍鋪 일꾼.

* 여빈余斌: 장구성張九成《횡포선생문집橫浦先生文集》, 소정 2년.

* 여숭余嵩:《동한회요東漢會要》.

* 여간余簡:《공씨육첩》.

* 황천우況天祐: 미불《보진산림집습유》, 가태 원년.《갑신잡기甲申

雜記》, 효종 연간, 대자황지, 3책.

* 오일吳一:《이태백문집》, 남송 초.

* 오산吳山: 채구봉《서집전書集傳》.

* 오재吳才: 임안 진씨서적포陳氏書籍鋪 일꾼.《삼소선생문수》, 동
  양.《압운석의押韻釋疑》, 가희嘉熙 3년, 화흥禾興.

* 오축吳丑: 진상도陳祥道《예서禮書》.

* 오중吳中:《송서宋書》.《설문해자》.

* 오인吳仁:《온국문정사마공문집溫國文正司馬公文集》, 소흥 2년, 복
  건로福建路.

* 오종吳從:《동파집》, 소희.《이견지》.

* 오원吳元: 육유《방옹선생검남시고》, 대자백지 6책.《부씨우공집
  해傅氏禹貢集解》. 서천린徐天麟《동한회요》, 단평 3년.

* 오승吳升:《아비달마대비바사론》, 소흥 10년, 복주개원사.《후한
  서》, 가정 원년, 건녕의 채기일경당蔡琪一經堂, 태묘전윤가서포太
  廟前尹家書鋪 일꾼.

* 오승吳陞: 승려 적지適之《금호기金壺記》.

* 오우吳友:《공씨육첩》, 건도 2년.

* 오태吳太: 공전孔傳《공씨육첩》, 건도 2년, 천주泉州.《권재고공기
  해鬳齋考工記解》, 호관滬館.

* 오문吳文:《주역주소周易注疏》.《장자어록張子語錄》.《구가집주두
  시》, 보경 원년. 임희일林希逸《열자권재구의列子鬳齋口義》, 경정景
  定.《주역본의周易本義》, 함순 원년, 오혁吳革 간행, 주자의 고향,
  대자 노란 비단 장정, 대책.

* 오문창吳文昌: 당나라 육덕명陸德明《경전석문經典釋文》, 황지黃紙
  24책, 안에 중간한 것이 있음.

* 오문빈吳文彬:《부석문호주예부운략》.《구가집주두시》.

* 오병吳丙:《파문수창》.

* 오정吳正:《왕우승문집》, 남송 초.《고문원古文苑》, 순희 6년.《삼소선생문수》, 효종 연간, 동양東陽.

* 오정吳正(장사長沙):《집운》.

* 오옥吳玉　유극劉克《시설詩說》, 순우 6년, 아들 유탄劉坦이 간행. 침주郴州.

* 오신吳中:《춘추공양경진해고春秋公羊經傳解詁》, 보산補刊.

* 오중吳仲:《여씨가숙독시기》.《파문수창》. 여본중呂本中《동래선생시집외집東萊先生詩集外集》, 경원 5년, 황여가黃汝嘉 증간, 대자황지 2책 현존.《구양선생문수》.

* 오중명吳仲明:《사기집해史記集解》, 소흥 연간, 회남로전운사淮南路轉運司, 송·원·명 모두 초기에 편찬. 대자황지 40책.

* 오광吳光:《주역본의》.《아비달마대비바사론》.

* 오좌吳佐:《공씨육첩》.

* 오지吳志:《위서》. 왕우칭王禹偁《소축집小畜集》, 소흥 17년, 황주黃州, 백지 4책, 청나라 여무당呂無黨 필사본.《무경칠서》.《춘추좌전정의》.《여씨가숙독시기》.《삼소선생문수》.《포씨전국책鮑氏戰國策》, 소희 2년 재간행.《오지吳志》, 소희 2년.《문선》, 지주, 소희 2년 재간행.《가태보등록嘉泰普燈錄》.《역대고사》.《동래여태사문집》.

* 오량吳良:《여씨가숙독시기》.《파문수창》.

* 오량吳良(장사長沙):《집운》.

* 오진吳進:《자치통감》, 악주.

* 오종吳宗:《통감기사본말》, 엄주.《광운》, 임안.

* 오보吳寶:《삼소선생문수》.

* 오충吳忠:《공씨육첩》.

* 오명吳明:《회암선생문집》.

* 오염吳炎:《시집전詩集傳》.《통감기사본말》, 보우 5년.

* 오순吳詢:《대방광불화엄경소》.

* 오량吳亮:《북제서》.《대송중수광운大宋重修廣韻》.《춘추경전집
  해》.《순자苟子》.《양자揚子》, 태주. 장형章衡《편년통재編年通載》.

* 오유吳有:《맹자주소해경孟子注疏解經》, 소희 연간.

* 오공吳拱:《여씨가숙독시기》.《구공본말歐公本末》, 가정 5년.《오
  조명신언행록》.

* 오언吳彦, 오정吳政: 모두《구공본말》.

* 오춘吳春:《위서》.《압운석의》, 가희 3년.《여택논설집록麗澤論說
  集錄》.《동래여태사문집》.

* 오결吳潔:《구양선생문수》.

* 오우吳祐:《이아소》.《설문해자》.

* 오영이吳榮二:《무경칠서》.

* 오검吳鈐: 불경, 희녕 2년, 항주.

* 오흠吳欽:《한준》, 순희 5년.

* 오호吳浩:《고문원》, 순희 6년.

* 오공吳珙:《구공본말》.

* 오규吳珪:《상서정의》.

* 오익吳益:《광운》.

* 오빈吳彬:《괴담록》.

* 오춘吳椿: 양차산楊次山《역대고사》.《괴담록》.

* 오서吳瑞:《횡보선생문집》, 소정 2년.

* 송불宋芾:《위서》.《괴담록》.

* 송고宋杲:《고삼분古三墳》, 소흥 17년, 심배沈裵 간행, 중자백지 1
  책, 무주.《삼소선생문수》, 동양.

* 송상宋庠:《대반야바라밀다경》 권279(사계원각장思溪圓覺藏), 북경 대학 소장.

* 송통宋通:《위서》.

* 송민宋敏:《여씨가숙독시기》, 순희 9년, 구종경邱宗卿 간행, 강서 조대江兩漕台.

* 송거宋琚:《위서》.《춘추경전집해》.《율律》, 대자백지 4책, 이는 당율唐律임.《백씨문집》.《동래선생시집東萊先生詩集》, 건도 3년, 평강부平江府.《태현경太玄經》, 효종 연간.《역대고사》, 가정嘉定 5년.

* 송림宋琳: 감본《진서陳書》·《위서》. 당나라 허숭許嵩《건강실록建康實錄》, 소흥 18년.《왕황주소축외집》. 엄주 소자본《통감기사본말》.《순자》, 태주.《양자揚子》, 태주. 대은옹大隱翁《주경酒經》.《남화진경》.《구공본말》, 가정 5년.

* 송도宋道: 유창劉敞《한관의漢官儀》, 소흥 9년, 임안부, 권말에 '소흥 9년 3월 임안부 판각인'이라는 글이 있음. 백지 1책.

* 송유宋瑜:《삼소선생문수》.

* 송진宋蓁:《괴담록》.

* 송단宋端:《논형》, 건도 3년, 소흥.《사기》, 순희 3년.

* 수산壽山:《삼국지》, 호관.

* 잠우岑友:《신간교정집주두시》, 보경, 광동.

* 장소사張小四, 장소오張小五, 장소팔張小八, 장소십張小十: 이상은 모두 진사도陳師道의《후산시주後山詩注》, 효종 연간.

* 장재張才: 정대창程大昌의《정상서경진우공론도程尙書經進禹貢論圖》. 순희 8년, 천주, 중자백지中字白紙 4책, 안에 수도도水道圖 2책이 있음.

* 장인張仁: 당신미唐愼微의《경사증류비급본초經史證類備急本草》, 동

천潼川.

* 장원욱張元彧:《시집전詩集傳》.《중용집략中庸輯略》, 영종寧宗 연
  간.《가례家禮》, 가정 9년, 순의 5년 보補, 여항.
* 장육張六:《집운》.
* 장우張友:《춘추공양경전해고》.
* 장문張文:《동래여태사문집》, 가태 4년. 동가東嘉의 장문張文과 한
  사람이 아닌가 의심됨.
* 장문張文(동가東嘉): 진연陳衍의 《보경본초寶慶本草》, 절충하여 '동
  가장문모간東嘉張文募刊'이라고 칭함.
* 장세종張世宗:《한준》, 가정 4년 재간행.《동래여태사외집》.
* 장준의張俊義:《자치통감》, 악주.
* 장영張永:《외태비요방》.
* 장유張由:《서한문류西漢文類》, 소흥, 임안부.《춘추경전집해》.
* 장중張仲:《여택논설집록》.
* 장중진張仲辰:《동래여태사외집》.《여택논설집록》.
* 장중보張仲寶:《한준》, 순희 10년, 상산象山.
* 장규張圭: 감본《한서》보판補版.《주역왕필주周易王弼注》.《춘추공
  양경전해고》.《악부시집》, 항주.《동가잡기東家雜記》, 순희 5년.
* 장안張安:《후한서》.
* 장경종張慶宗:《주동파선생시注東坡先生詩》, 소희紹熙 연간.
* 장성張成:《양서梁書》. 대자《통감기사본말》.
* 장형張亨:《북제서》.《맹자주소해경》.
* 장견張堅:《주서周書》·《이아소爾雅疏》 모두 남송 전기. 당나라 두
  우杜佑《통전通典》, 중자백지 9책.
* 장자張孜:《창려선생문집》.
* 장래張來(장사長沙:《집운》.

* 장량張良:《용감수감龍龕手鑒》.《무경칠서》.《춘추공양경전해고春秋公羊經傳解詁》.

* 장아구張阿狗:《한서》, 촉대자본.

* 장화張和, 장계張季: 모두《아비달마대비바사론》, 복주.

* 장종張宗:《후한서》.《문선》, 지주.《동파집》, 효종 연간, 백지중자 30책 현존.

* 장정張定:《신간검님시고》, 순희 14년. 엄주.

* 장승張昇:《송서》.

* 장명張明:《통감》, 소흥 3년.《대당육전大唐六典》, 소흥 4년.《사기》.《송서》.《북제서北齊書》, 남송 초기.《이아소爾雅疏》.《국어》남송 초기.《춘추좌전정의》.《신조황조문감新雕皇朝文鑒》.《국조제신주의》, 순우 10년, 복건로.

* 장명철張明喆:《한준》, 순희 5년.

* 장추張樞:《가태보등록嘉泰普燈錄》.

* 장순張詢:《후한서》.

* 장준張俊(평강平江): 심추沈樞《통감총류通鑒總類》, 가정 17년. 조양潮陽.

* 장언張彦:《신간검남시고新刊劍南詩稿》, 순희 14년, 엄주.

* 장언충張彦忠:《여택논설집》.《동래여태사문집》.

* 장공張拱: 증종曾種의《대역수언大易粹言》, 서주舒州.

* 장정張挺:《왕황주소축외집》.

* 장소張昭:《대방광불화엄경소》.

* 장영張榮:《한서》.《율律》.《광운》. 영종寧宗 연간. 대자《통감기사본말》, 보우.

* 장오張放:《동래여태사문집》보판補版.

* 장규張珪:《삼소선생문수》.

* 장통張通: 《백씨문집》.
* 장곽張郭: 소철蘇轍의 《소문정공문집蘇文定公文集》.
* 장득張得: 《한서》.
* 장청張清: 《경전석문經典釋文》, 명대의 '문연각인文淵閣印'과 건륭 '태상황제지보太上皇帝之寶'가 찍혀 있음.
* 장부張富: 《춘추공양소春秋公羊疏》. 《경전석문》.
* 장빈張斌: 《시집전詩集傳》.
* 장순張舜: 《다라니잡집陀羅尼雜集》. 《경률이상經律異相》, 모두 복주 개원사.
* 장정張鼎: 《대방광불화엄경》, 회서무위로淮西無爲路, 대자백지 절 본 4책.
* 장복손張福孫: 《태평어람》. 《신간증광백족보주당류선생문집新刊增廣百家補注唐柳先生文集》, 미산眉山.
* 장근張謹: 《경전석문》.
* 장찬張撰: 《한준》, 순희 5년, 저양.
* 장진張鎭: 《불설무량청정평등각경佛說無量清淨平等覺經》, 소정 5년, 평강적사장. 또 《진승화불상陳昇畵佛像》을 판각.
* 시형時亨: 《주역요의周易要義》.
* 시명時明: 《악부시집》. 《외태비요방》.
* 이십랑李十娘: 《신당서》, 소흥 3년, 호주.
* 이의李義: 《대장경강목지요록》.
* 이억李億: 《가태보등록嘉泰普燈錄》.
* 이사통李士通: 《삼소선생문수》, 효종 연간, 동양, '무주동양호창왕댁계당간행婺州東陽胡倉王宅桂堂刊行', 소자백지 24책.
* 이사총李士聰: 《신정삼례도新定三禮圖》, 순희 2년, 진백광陳伯廣 간행, 태주, 중자 6책.

* 이재李才:《회암선생문집》.
* 이중李中: 당나라 위응물韋應物의 《위소주집韋蘇州集》, 건도 7년, 평강, 대자황지 3책. 여조겸《황조문감》, 가태 4년, 가정 15년, 신안新安.
* 이인李仁: 포표鮑彪의 《포씨전국책鮑氏戰國策》, 소희 2년, 회계군재會稽郡齋.《동한회요東漢會要》, 단평 2년.《맹동야문집孟東野文集》.《괴담록》.
* 이잉李仍:《장자어록張子語錄》.
* 이원李元:《동파응조집東坡應詔集》, 소자백지 소본, 2책.《사기》, 순희 3년.
* 이문李文:《악부시집》.《논형》. 주희《자치통감강목》, 대자, 주注는 두 줄에 소자, 백지 57책.
* 이발李發:《한서》.
* 이훈李訓: 승려 도잠道潛의 《참료자시집參寥子詩集》.
* 이중李仲:《송서》.《춘추공양소》, 중자백지 1책.《이아소》.《경전석문》.
* 이중李仲:《경전석문》.
* 이중녕李仲寧: 구강九江의 비석공, 소동파와 황산곡黃山谷의 글을 판각해줌으로써 비로소 밥을 먹을 수 있었으므로 원우당적에 이름을 새기는 일을 하려 하지 않음.
* 이광李光:《다라니잡집》, 복주 개원사, 황지절본 1책.
* 이홍李興: 허숙미許叔微의 《보제본사방普濟本事方》.
* 이규李圭:《후한서》, 가정 원년, 건녕, 채기일경당蔡琪一經堂.
* 이사정李師正(전당錢唐):《대혜보각선사보설大慧普覺禪師普說》, 중자백지 4책.
* 이경李慶:《남화진경주소》.

* 이성李成:《주서周書》.《외태비요방》.《율律》.
* 이죽李竹: 당나라 한유韓愈의《창려선생문집昌黎先生文集》, 삼송본 三宋本을 함께 배합함.
* 이자李孜: 호주 사계思溪《원각장圓覺藏》, 소흥 2년부터 경전 판각 의 책임자가 됨.《신당서》.
* 이분李汾:《동파집》, 효종 연간.
* 이수李秀:《대장경강목지요록》, 숭녕 4년.《경률이상經律異相》, 소 흥 18년, 복주 개원사.《후한서주》.《주역주소周易注疏》, 소희.
* 이신李辛:《보제본사방普濟本事方》.
* 이선李侁:《자치통감》, 악주.
* 이기李奇: 구양수의《구양문충공집歐陽文忠公集》, 소희 2년에서 경 원 2년까지 판각, 노릉盧陵.
* 이암李岩:《동래여태사외집》.《여택논설집록麗澤論説集錄》.
* 이충李忠:《경률이상》.《문선》, 명주明州.《후한서주》.《삼국지 주》.《순자》.《양자》, 태주. 육유의《신간검남시고》, 순희 14년, 육유가 스스로 간행, 엄주. 대은옹大隱翁《주경酒經》, 효종 연간, 절각浙刻 백지 2책.《외태필요방》. 여조겸《구양선생문수》, 소희 4년, 소자 백지 5책, 송 소흥부학관서紹興府學官書.《옥당류고玉堂 類稿》.《구공본말歐公本末》.《신조황조문감新雕皇朝文鑒》, 가태 4 년, 가정 15년 재간행, 신안, 백지 64책을 필사하여 채워 넣음.
* 이승李昇:《한서》.《후한서》, 남송 전기.《국조제신주의》, 순우 10년.
* 이창李昌:《포씨전국책》.《육갑천원기운검六甲天元氣運鈐》(의서).
* 이명李明: 구양수 구본舊本《거사집居士集》, 소흥 9년, 구주衢州.
* 이고李杲:《국어》.
* 이송李松:《북산소집北山小集》, 호주.《삼소선생문수》, 동양.

* 이림李林: 장구성張九成의 《횡포선생문집橫浦先生文集》, 소정 2년. 《시준詩准》, 중자황지 2책 현존.
* 이순李詢: 당나라 원진元稹의 《원씨장경집元氏長慶集》, 건도 4년, 홍적洪適이 간행. 소흥. 《무경칠서》.
* 이신李信: 《위서魏書》, 남송 초 《가태보등록》. 《한준》, 가정 4년 재간행, 저양. 《맹자주소경孟子注疏經》. 《남화진경주소》. 《동래여태사문집》. 《주문공성성문인채구봉서집전朱文公訂正門人蔡九峰書集傳》, 순우 10년, 여우룡呂遇龍 간행. 상요上饒. 백지 8책.
* 이헌李憲: 감본 《한서》보판. 《무경귀감武經龜鑒》, 임안. 《논형》. 《회해집淮海集》. 《사기집해색은史記集解索隱》, 순희 3년, 동천桐川.
* 이도李度: 오월 승려 연수延壽의 《심부주心賦注》. 소흥 30년, 항주, '전당포순서錢塘鮑洵書.' 백지 1책. 《대방광불화엄경소》, 양절전운사兩浙轉運司 간행.
* 이언李彦: 《맹자주소해경》. 《후한서주》. 《문선》. 《산해경고山海經稿》. 《황조문감皇朝文鑒》.
* 이사의李思義 : 《동래여태사외집》. 《여택논설집록》.
* 이사충李思忠: 《가태보등록嘉泰普燈錄》, 가태 4년, 항주, 이 판은 정자사淨慈寺 장생고長生庫 간행임. 현대 사람은 전당錢唐의 이사정李師正이 평강에서 간행한 것이라고도 하는데 이는 잘못임.
* 이사현李思賢: 《여택논설집록》. 《동래여태사문집》.
* 이춘李春: 사미녕史彌寧의 《우림을고友林乙稿》, 가정 5년, 사명四明 사씨史氏 간행, 대자[10]백지 1책, 글자체가 아주 아름다움.
* 이진李珍: 《사기》. 누방樓昉의 《우재고문편迂齋古文編》, 보경 2년.

___

10_ 원서에는 大學白紙라고 나와 있는데 大字白紙의 오기인 듯하여 바꾸었다.

《구공본말》.

* 이승李勝(노주盧州): 왕회은王懷隱 등의 《태평성혜방太平聖惠方》, 소
흥 16년. 서주舒州.

* 이배李倍:《광운》.

* 이기李奇:《가태보등록》.《역대고사》.《광운》.

* 이경李倞:《가태보등록》.

* 이연李涓:《괴담록》.

* 이고李皋: 하송夏竦의 《집고문운集古文韻》, 소흥 15년, 제안군학齊
安郡學, 절본 1책 현존.

* 이상李祥:《춘추공양소》.

* 이량李諒:《위서》.

* 이빈李彬:《동래여태사문집》.《여태사외집呂太史外集》.

* 이민李敏: 호주 사계 《원각장경圓覺藏經》, 이자李孜와 함께 경판
판각 책임자였음.《신당서》.

* 이석李碩:《주역주소周易注疏》.《춘추경전집해》.《외태비요방》.

* 이당李棠:《주역주소》.《국어》.《후한서주》.

* 이염李琰: 당나라 한유의 《창려선생집》. 유종원柳宗元의 《하동선
생집河東先生集》, 세채당본世綵堂本, 함순.

* 이춘李椿:《후한서주》.

* 이장李璋:《후한서주》. 효종 연간.

* 이찬李贊:《개원석교록략출開元釋教錄略出》.《아비달마대비바사
론》.

* 이휘李徽:《주역주소》.

* 두기杜奇:《행계부씨우공집해杏溪傅氏禹貢集解》, 동양.《남화진경
주소》.

* 두명杜明:《왕우승문집》.

* 양중楊中: 《경률이상》.

* 양인楊仁: 《무경칠서》.

* 양선楊先: 《한준》, 가정 4년 재간행, 저양. 《여택논설집록》. 《동
래여태사문집》.

* 양경楊慶: 《권재고공기해虧齋考工記解》, 호관. 《고령선생문집古靈
先生文集》. 《한서》.

* 양형楊亨: 《고령선생문집》.

* 양종楊宗: 《개원석교록략출》. 《대장경강목지요록大藏經綱目指要
錄》.

* 양창楊昌: 국자감본 《진서陳書》. 《후한서》, 양회강동전운사兩准江
東轉運司. 《이아소爾雅疏》, 남송 전기. 《문선》, 명주. 《논형》. 《맹
자주소해경》. 《성송문선聖宋文選》, 무주婺州. 《전등록傳燈錄》, 태
주.

* 양의楊宜, 양무楊茂: 모두 《신간교정집주두시新刊校定集注杜詩》, 보
경, 광동조사.

* 양사성楊思成: 대자본 《사서집주》, 당도當塗.

* 양영楊榮: 《양서梁書》.

* 양통楊通: 《동래여태사문집》, 가태 4년. 건주建州 양통과는 다른
사람임.

* 양통楊通(건주建州): 《태평성혜방》, 소흥 16년, 서주.

* 양부楊富: 《서주거사춘추본례西疇居士春秋本例》, 호관.

* 양경인楊景仁: 《무경칠서》.

* 양근楊謹: 《관자주管子注》. 《홍씨집험방洪氏集驗方》. 《사기집해》,
회남전운사.

* 양단楊端: 구양수 구본舊本 《거사집》. 《동가잡기東家雜記》, 모두
구주.

* 왕언汪彦:《무경칠서》.

* 왕정汪政, 왕성汪盛: 모두《상서정의》.

* 심의沈義:《주서》.《대방광불화엄경소》, 소흥 16년.

* 심인거沈仁擧: 임포林逋의《화정선생시집和靖先生詩集》, 소희 3년.
  《황조문감皇朝文鑑》, 신안.

* 심문沈文:《이아소》.

* 심안沈安:《대방광불화엄경소》.

* 심형沈亨:《한서》, 남송 전기, 양회강동전운사. 덕수전본德壽殿本
  《예운隸韻》, 남송의 황실 각자공.

* 심변沈忭, 심흔沈忻: 모두 서긍徐兢의《선화봉사고려도경宣和奉使
  高麗圖經》, 건도 3년, 강음군江陰軍.

* 심기沈杞:《통감기사본말》, 보우 5년.

* 심수沈秀: 정구程俱의《북산소집北山小集》, 건도 9년, 호주.

* 심종沈宗:《가례家禮》, 가정 9년, 조사서趙師恕 간행, 여항, 순우 5
  년 보補, 대자황지 3책, 첫 책은 필사하여 채워 넣음. 대자《통감
  기사본말》, 보우.

* 심충沈忠:《태현경太玄經》, 효종 연간.

* 심정沈定:《위서》. 육유陸游의《위남문집渭南文集》, 가정 13년, 율
  양溧陽.《춘추경전집해》.

* 심창沈昌:《주동파선생시注東坡先生詩》, 소희.《정사程史》.

* 심무沈茂:《설문해자》.

* 심사충沈思忠:《황조문감》.

* 심사공沈思恭:《율律》.

* 심사덕沈思德:《황조문감》.

* 심중沈重:《춘추좌전정의》.

* 심기종沈起宗:《불설무량청정평등각경佛說無量清淨平等覺經》, 소정

5년, '시종원서時宗源書', 평강, 적사장.

* 심자沈滋: 《묘법연화경妙法蓮華經》 속표지 판각.

* 적영狄永, 적기狄杞: 모두 《삼소선생문수》.

* 소흥蘇興: 《요굉주섬천본전국책姚宏注剡川本戰國策》, 소흥 19년.

* 소성蘇成: 《의풍문집義豐文集》, 박라博羅.

* 소형邵亨: 《위남문집》. 《위서》.

* 소덕시邵德時: 《황조문감》. 《화정선생시집》. 《분문찬류낭가시分 門纂類唐歌詩》, 함순 원년.

* 추욱鄒郁(파산巴山): 《주역왕필주周易王弼注》.

* 추수鄒洙(무소武昭): 《대방광불화엄경》.

* 민효중閔孝中: 《사기집해》, 소흥, 회남로淮南路.

* 민욱閔昱: 《왕황주소축외집》.

* 육영陸永: 《한서》, 남송 시기, 양회강동전운사. 《진서陳書》.

* 육춘陸春: 《송서》, 《진서》, 모두 절관浙館. 《위서》.

* 육영陸榮: 《선화봉사고려도경》. 혹은 육영六榮 작품이라고도 함.

* 육선陸選: 《광운》. 《역대고사》.

* 진삼陳三: 《의풍문집義豐文集》, 박라.

* 진의陳義: 《고령선생문집》.

* 진대용陳大用: 대자본 《사서집주》, 순우 12년, 당도當塗.

* 진자수陳子秀(장사長沙): 《집운》.

* 진산陳山: 《주서》.

* 진광陳廣(성성星城): 《집운》.

* 진재陳才: 《한관의漢官儀》, 소흥 9년, 임안. 《문선》, 명주. 《설문해 자》.

* 진원陳元: 《문선》, 명주. 《맹자집주》, 효종 연간. 《동한회요東漢會 要》. 조여우趙汝愚 《국조제신주의》, 순우 10년, 복건로.

* 진육陳六:《한준》, 순희 5년, 저양.

* 진승陳升(장사長沙):《집운》.

* 진승陳升(장사長沙):《집운》.

* 진문陳文:《아비달마대비바사론》, 소흥 18년, 복주.《외태비요
방》.《춘추공양경전해고》.《부석문호주예부운략附釋文互注禮部韻
略》.《남화진경주소》.《대혜보각선사보설》.《법원주림法苑珠林》,
《평강적사장》.《국조제신주의》, 순우 10년.

* 진방陳方:《대반야바라밀다경》, 복주 동선사, '소강인肅康印'이 있
음 , '정영鄭永이 인쇄 제작함.

* 진우陳右:《대장경강목지요록》,《개원석교록략출》.

* 진필달陳必達 : 대자《통감기사본말》, 보우 5년.

* 진정陳正:《대반야바라밀다경》.

* 진생陳生:《아비달마대비바사론》.

* 진화陳禾(장사長沙):《집운》.

* 진립陳立:《대장경강목지요록》.

* 진위陳偉:《석림주의石林奏議》.

* 진전陳全:《행계부씨우공집해》.《주서》.《대방광불화엄경소》, 양
절전운사.

* 진규陳圭:《동가잡기東家雜記》, 순희 5년.

* 진형陳亨, 진성陳成: 모두《석림주의》, 개희 2년.

* 진신陳伸:《후한서주》.《중교증활인서重校證活人書》.《광운》.

* 진효우陳孝友:《삼소선생문수》.

* 진수陳壽:《경전석문》.《송서》.《양서梁書》.《설문해자》. 함순《임
안지臨安志》,《임안지》에서는 '황성사진수皇城司陳壽'라고 되어 있
음.

* 진기陳杞:《한서》.

* 진량陳良: 《춘추공양소》. 《대방광불화엄경소》, 소흥 16년.

* 진언陳言: 《신당서》, 호주, 한서.

* 진윤陳閏: 당나라 맹교孟郊의 《맹동야문집孟東野文集》. 《오조명신 언행록》.

* 진악陳岳: 《순자》, 《양자揚子》, 순희 8년, 모두 태주.

* 진경陳庚(장사長沙): 《집운》.

* 진충陳忠: 《온국문정사마공문집溫國文正司馬公文集》, 소흥 2년, 복 건로.

* 진충陳忠(사명四明): 《대방광불화엄경》, 소흥 19년, 대자백지 절본 2책. 《수경주》, 임안. 《상서정의》, 소흥.

* 진명陳明: 《동한회요》. 《논형》. 《회암주선생문집》.

* 진명중陳明仲: 오숙吳淑의 《사류부事類賦》, 소흥 16년, 소흥부, 대 자본 16책.

* 진영陳英: 《오서吳書》. 《춘추공양경전해고春秋公羊經傳解詁》.

* 진모陳茅: 《자경편自警編》.

* 진순陳詢 : 《악부시집》. 《광운》.

* 진채陳采: 《한서》.

* 진거陳舉: 《북산소집北山小集》.

* 진준陳俊: 《논형》.

* 진언陳彦: 《당문수》. 《한서》, 소흥 간행, 순희·소희 연간에 수 정. 호북 제거다염사提擧茶鹽司. 《사기집해》, 회남淮南. 《후한서 주》. 《당백가시선唐百家詩選》, 고종高宗 연간.

* 진욱陳昱: 《창려선생집》, 세채당본, 함순.

* 진현陳顯: 《순자》, 《양자》 모두 태주台州.

* 진홍陳洪: 《자치통감》, 악주.

* 진우陳祐: 《당백가시선》.

* 진승陳勝:《동래여태사문집》보각補刻.

* 진황陳晃 :《무경칠서》.《광운》.

* 진호陳浩:《외태비요방》.《춘추경전집해》, 소희 보충 간행, 무주. 《이아소》.

* 진진陳眞:《한준》, 저양.

* 진통陳通:《문선》, 명주·공주贛州.《백씨육첩》.《사류집事類集》. 《한서》, 악주.

* 진빈陳彬:《양자법언주揚子法言注》, 항주.《국어해國語解》.《설문해자》.《위남문집》. 율양溧陽.

* 진장陳章:《대장경강목지요록》.《오서》.

* 진부陳富:《불설우전왕경佛說優塡王經》, 선화 6년.

* 진거陳琚:《자치통감》, 악주.

* 진석陳錫:《요굉주섬천본전국책姚宏注剡川本戰國策》.《주역주소》. 《광운》.《경전석문》. 오숙吳淑의《사류부事類賦》. 소흥.

* 진정陳靖:《동래여태사문집외집》.

* 진희陳僖:《순자》,《양자》, 순희 8년, 모두 태주.

* 진승陳僧:《온국문정사마공문집溫國文正司馬公文集》, 소흥 2년, 복건로 판각, 순희 10년 간행. 천주.

* 진덕陳德: 구양민歐陽忞《여지광기輿地廣記》, 순우 10년, '증일사曾一寫', 소자백지 5책, 첫 책에는 필사하여 채워 넣음.

* 진진陳鎭:《한준》, 가정 4년.《춘추공양소》.

* 탁구卓宠:《논형》.

* 탁면卓免:《종경록宗鏡錄》, 대관大觀 원년, 복주, 등각선원等覺禪院, '탁면조卓免刁', 임언林彦이 인쇄간행, 황후지黃厚紙 양면에 인쇄. 3절본 1책 현존.

* 탁유卓宥:《논형》.《국어》.

* 탁우卓祐: 《논형》.
* 주재周才: 섭몽득 《석림주의》, 개희 2년. 여조겸 《동래여태사문집》. 여조겸 《여택논설집록》.
* 주윤周允: 《행계부씨우공집해》.
* 주윤성周允成: 《남화진경주소》.
* 주문周文: 《동래여태사문집》. 《동래여태사외집》. 《여택논설집록》.
* 주문창周文昌: 사마광司馬光의 《절운지장도切韻指掌圖》, 소정 3년, 소흥, 대자백지 대본 1책, '가경어람지보嘉慶御覽之寶'가 있음.
* 주세선周世先: 호인胡寅 《치당독사관견致堂讀史管見》, 보우 2년, 완릉宛陵.
* 주정周正: 《한서》.
* 주영周永: 《사기집해》, 소흥 연간, 회남로, 송·원·명초에 걸쳐 찬수, 대자황지 40책.
* 주용周用: 《서한문류西漢文類》, 임안. 구본衢本 《거사집》. 《화간집》, 건강. 《한서》. 《악부시집》.
* 주례周禮: 《한서》.
* 주중周仲: 《중교증활인서》.
* 주빈周份: 《동래여태사외집》. 《여택논설집록》.
* 주성周成: 《설문해자》.
* 주화周和: 《고령선생문집》.
* 주종周宗: 《자경편》.
* 주실周實: 구양수歐陽修 《거사집》, 구주.
* 주승周昇: 《주동파선생시》, 소희 연간, 대백지 4책.
* 주창周昌: 구양수 《거사집》, 구주.
* 주명周明: 《위서》. 《북제서》. 《설문해자》.

* 주량周亮(기주蘄州): 《태평성혜방》, 서주.

* 주안周安, 주신周侁, 주신周信: 이 세 사람은 모두 《순자》, 《양자》, 순희 8년, 당중우唐仲友 간행, 태주. 주신周信은 또 《석림주의》를 판각.

* 주후周厚: 《압운석의押韻釋義》, 화흥禾興.

* 주언周彦: 《서한문류》, 소흥 10년, 임안부. 구본儁本 《거사집》, 구주. 《논형》. 《대혜보각선사보설大慧普覺禪師普說》. 《원씨장경집》. 《악부시집》.

* 주앙周昻: 《왕형공당백가시선王荊公唐百家詩選》, 호관. 《여씨가숙독시기》.

* 주영周榮: 임연任淵 《산곡시주山谷詩注》, 소정 5년, 황날黃㘵 판각, 남색 비단 서첨에 '산곡시주山谷詩注'라고 인쇄가 되어 있으며 검은 붓으로 꽉 차게 쓰여 있음. 황지에 대책 1권이 전함. 호접장, 서근書根은 세로 쓰임.

* 주호周浩: 《외태비요방》.

* 주순周珣: 《순자》, 《양자》모두 태주.

* 주상周祥(건안建安): 《여씨가숙독시기》, 순희 9년, 강서, 대자백지, 판각 인쇄가 훌륭함.

* 주통周通: 《송서》. 《대방광불화엄경소》.

* 주청周淸: 《화간집》, 건강. 《후한서주》. 《창려선생문집》.

* 주숭周崇: 《중용집략中庸輯略》, 영종 연간, 대자백지 1책. 《시집전》, 가정·소정 연간. 《통감기사본말》, 보우 5년.

* 계승季升, 계청季淸: 모두 《주역요의》.

* 관인官仁: 《후한서》, 가정 원년, 건안, 채기일경당蔡琪一經堂.

* 관태官太: 《이견지》.

* 관선官先: 《왕우승문집》, 남송 초.

* 방여승龐汝升: 《후한서》. 《송서》.

* 방여림龐汝林: 《압운석의》.

* 방지유龐知柔: 《태현경》.

* 임인林仁: 《한서》.

* 임윤林允: 《대당육전大唐六典》, 소흥 4년, 온주주학溫州州學.

* 임승林升: 《고삼분古三墳》, 소흥 17년, 무주.

* 임방林方: 《다라니잡집陀羅尼雜集》, 복주 개원사.

* 임윤지林允之: 위야魏野의 《거록동관집鉅鹿東觀集》, 소정 원년, 엄
  주, 백지 3책, 먹색이 아름다움.

* 임광조林光祖: 《주동파선생시注東坡先生詩》, 소희 연간.

* 임사林祀: 《삼소선생문수》.

* 임원林遠: 《온국문정사마공문집》, 복건로.

* 임명林明: 《온국문정사마공문집》, 소흥 2년, 복건로.

* 임무林茂: 대자 《통감기사본말》. 《자치통감》, 악주.

* 임청林靑: 《화간집》, 건강, 전서篆書로 '임청林靑' 두 자가 있음.

* 임준林俊: 《후한서》. 《대방광불화엄경소》. 《외태비요방》. 《춘추
  경전집해》. 《순자》, 《양자》, 태주.

* 임언林彦: 《구양수거사집》, 구주.

* 임도林挑 : 누방樓昉의 《우재고문편》, 보경 2년.

* 임춘林春: 《주동파선생시》.

* 임경林卿: 《대반야바라밀다경》, 복주 동선등각원.

* 임회林檜: 《순자》, 순희 8년. 《양자》, 모두 태주. 《석림주의》, 개
  희 2년.

* 임심林深: 《법원주림法苑珠林》, 중화重和 원년, 복주 개원사.

* 임성林盛: 《법원주림》. 《절운지장도》, 소정 3년, 소흥.

* 임희무林喜茂: 대자 《통감기사본말》, 대자백지 대본 22책.

* 임경林景: 《한서》.

* 임삼林森: 《경률이상經律異相》, 복주 천원사天元寺.

* 임사林賜: 《대장경강목지요록》.

* 임운林韻: 《대반야바라밀다경》, 복주 동선등각원.

* 지례知禮(월주越州 승려): 대조待詔 고문진高文進 책의 불상[11]을 판각
 했는데 몹시 아름다움. 옹희雍熙 4년, 일본에서 나옴.

* 나정羅定: 《이견지》, 건안.

* 나유羅裕, 나영羅榮: 모두 《여택논설집록》. 또 모두 《동래여태사
 문집》.

* 부언苻彦: 《무경칠서》.

* 범자영范子榮: 《용감수감龍龕手鑒》, 백지 5책, 그 안에 영송影宋[12]
 필사본이 1책 들어가 있고 또 다른 본은 백지 1책임. 《춘추공양
 경전해고》, 효종 연간.

* 범인范仁: 《이견지》.

* 범종范從: 《춘추경전집해》, 무주. 《여씨가숙독시기》.

* 범원范元: 《대당육전》, 소흥 4년, 온주溫州.

* 범문귀范文貴: 《부석문호주예부운략》.

* 범선촌范仙村: 임안 진택경적포 각자공. 《두심언시집杜審言詩集》.

* 범중실范仲實: 《통감기사본말》, 보우 5년.

* 범백재范伯材: 《두심언시집》. 《대역집의大易集義》, 순우 6년, 휘주
 徽州, 황지.

* 범견范堅: 《이아소爾雅疏》.

11_ 원서에는 像佛이라고 되어 있는데 佛像의 오기가 아닌가 하여 불상으로 고쳤다.
 고문진이 문수보살상을 그렸다고 한다.

12_ 송판宋版을 원본으로 하여 종이를 그 위에 덮고 한치의 오차도 없이 베낀 후
 다시 베낀 책을 가지고 판각하여 인쇄한 것을 말한다.

* 범의范宜: 구본舊本《거사집》.

* 범귀范貴:《신집주두시新集注杜詩》, 광동.

* 범순范順:《예서》.

* 범명보范明甫, 범용范容: 모두《맹자집주》, 효종 연간.

* 범인范寅: 주희《황간의예경전통해黃幹儀禮經傳通解》.

* 범겸范謙:《동파집》.

* 정우鄭友:《오서吳書》.《왕황주소축외집》.

* 정립鄭立:《고령선생문집》, 영종寧宗 연간, 대자백지.《한서》, 남
  송 후기.《후한서》, 남송 후기, 복청현학福淸縣學.《권재고공기해
  虜齋考工記解》, 호관滬館.

* 정전鄭全:《고령선생문집》.《한서》, 남송 후기.《국조제신주의》,
  순우 10년.

* 정홍鄭興:《의풍문집義豐文集》, 박라博羅.

* 정노鄭老:《종경록宗鏡錄》, 복주 동선등각원.

* 정구鄭求:《대반야경》.

* 정창鄭昌:《개원석교록략출》, 복주 개원사.

* 정영鄭英(복주福州):《태평성혜방》, 서주.

* 정신鄭信:《한서》.

* 정수鄭受:《경율이상經律異相》.《대장경강목지요록》.《아비달마대
  비바사론》.《오서》.

* 정춘鄭眷:《이아소》.

* 정현鄭顯:《파문수창》.

* 정통鄭統:《한서》.《고령선생문집》.《국조제신주의》.

* 정공鄭恭:《오등회원五燈會元》, 무강武康.《시집전》.

* 정야鄭埜:《한서》.《송서》.《후한서》, 복청현학福淸縣學.《고령선
  생문집》.

* 김대유金大有: 《당이선주문선唐李善注文選》, 순희 8년, 지주.

* 김승金升: 《관자管子》, 융흥隆興 2년.

* 김영金永: 대자 《통감기사본말》, 보우 5년.

* 김중金仲: 《장자莊子》, 북송.

* 김승金昇: 소자 《통감기사본말》, 순희 2년, 엄주.

* 김택金澤: 《석림주의》.

* 김선金宣: 황정견의 《예장황선생문집豫章黃先生文集》, 건도, 일본에 있음.

* 김언金彦: 소자 《통감기사본말》, 엄주.

* 김영金榮: 이계李誡의 《영조법식營造法式》, 소흥 15년, 평강, 대자 황지 1책 현존.

* 김각金桷: 《석림주의》.

* 김돈金敦: 《신간검남시고》, 순희 14년, 엄주.

* 김자金滋: 《북제서北齊書》. 《광운》. 《위남문집》. 《괴담록》, 가흥. 《황조문감》.

* 김숭金嵩: 《설문해자》.

* 승려 법조法祖: 경판 판각 일을 전반적으로 관리하는 승려 법조가 사계思溪 《원각장圓覺藏》을 판각, 소흥 2년.

* 유정兪正: 《이견지》.

* 유성兪聲: 《이아소》재간행, 이전의 소송지訴訟紙에 인쇄, 중소자 황지 5책, 명대의 '문연각인文淵閣印'이 있음.

* 유충兪忠: 《문선》, 명주. 유창劉敞의 《한관의漢官儀》, 소흥 9년, 임안부 판각 인쇄.

* 유인兪寅: 대자본 《사서집주》, 당도當塗.

* 요재姚才: 《개원석교록략출》, 복주 개원사.

* 요언姚彦: 《동래여태사외집》. 《여택논설집록》.

* 요진姚臻:《악부시집》.《광운》.《춘추경전집해》.

* 극안郤安(사주思州):《동래선생음주당감東萊先生音注唐鑒》, 중자황
지 4책.

* 시만휘施萬輝:《열자권재구의列子鬳齋口義》.

* 시창施昌:《당석한산자시唐釋寒山子詩》.《이아소》.《송서》.《사기》.

* 시택施澤:《북산소집》.

* 시순施珣:《북산소집》, 건도 9년, 호주.

* 가문柯文:《한준》, 저양.

* 홍선洪先(전당錢唐):《상서정의》.《수경주》.《사분률비구함주계본
四分律比丘含注戒本》, 대자백지 2책.

* 홍기洪其: 구본《거사집》.

* 홍진洪珎, 홍춘洪春: 모두《보경사명지寶慶四明志》, 보경 3년 수정,
소정 2년 판각, 명주, 대자백지 3책.

* 홍승洪乘:《상서정의》.

* 홍은洪恩:《신집주두시新集注杜詩》, 광동.

* 홍열洪悅:《논형》.

* 홍신洪新: 한나라 유향劉向의《신서新序》, '서창조인徐昌朝印', 중대
자 백지 5책, 아름다움. 전겸익의 제題와 관지가 있음.《논형》.
《제유명도諸儒鳴道》, 호관.《상서정의》.《수경주》.

* 축우祝友:《파문수창》.

* 축선祝先: 당신미唐慎微[13]《경사증류비급본초經史證類備急本草》, 가
정 4년, 동천潼川.

* 호윤胡允:《방옹선생검남시고放翁先生劍南詩稿》.

* 호원胡元:《여씨가숙독시기》, 순희 9년.《창려선생집》, 순희 16년

13_ 원서에는 唐愼徵으로 되어 있어 당신미로 바로 잡았다.

에 간행, 남안군南安軍.《구양문충공집歐陽文忠公集》, 소희에서 경원 2년까지, 길주, 6자백지 46책. 주필대의 《주익문충공집周益文忠公集》.

* 호천우胡天右:《대역수언》, 서주.

* 호녕胡寧:《자치통감》, 악주.

* 호흥胡興:《주문공교창려집》.

* 호인印印: 요나라 승려 행균行均의 《용감수감龍龕手鑒》.

* 호방준胡邦俊: 주필대의 《주익공서고周益公書稿》, 대자백지, 종이와 먹이 아주 좋음, 판각과 인쇄도 지극히 훌륭함.

* 호백기胡伯起: 진상도陳祥道의 《예서》.

* 호시胡時:《여씨가숙독시기》.《도연명집》.

* 호명胡明:《동한회요》.《주교창려집朱校昌黎集》.

* 호준胡俊:《춘추번로》, 가정 4년, 강서계태江西計台.《주익문충공집周益文忠公集》.

* 호창胡昌, 호언胡彦: 모두 주휘周煇의 《청파잡지淸波雜志》.《주익문충공집》.

* 호언명胡彦明: 양간楊侃의 《양한박문兩漢博聞》, 건도 8년, 고숙姑孰.

* 호계胡桂:《춘추경전집해》, 순희 3년, 임안, 대자백지 1책 현존. 《괴담록》, 가흥. 매요신梅堯臣의 《완릉집宛陵集》보판補版, 선성宣城.

* 순도민荀道民:《자경편》.

* 조중趙中: 양차산 《역대고사》. 여조겸의 《여택논설집록》.《동래여태사문집》.

* 조세창趙世昌:《유주외집柳州外集》, 영릉零陵.

* 조량趙良:《양서梁書》.《북제서》.《무경칠서》.

* 조종趙宗:《외태비요방》.《대방광불화엄경소》.

* 조종패趙宗覇(항주):《대수구다라니경大隨求陀羅尼經》, 함평 4년, 소주성 안의 서광탑瑞光塔에서 출토.

* 조통趙通:《논형》.

* 조우趙寓:《불설북두칠성경佛說北斗七星經》, 옹희 3년, 강주絳州, '조인인조우雕印人趙寓'라고 칭함, 산서山西 출토.

* 종재鍾才:《대장경강목지요록》.《아비달마대비바사론》, 소흥 18년, 복주.

* 종문鍾文:《아비달마대비바사론》.

* 종흥鍾興:《자치통감》, 악주.

* 종원鍾遠:《한관의》.

* 종계승鐘季升:《대역집의》.《통감기사본말》, 보우.

* 항인項仁:《송서》, 절관浙館.

* 항안項安:《후한서》.

* 낙원駱元:《국어》.

* 낙정駱正: 대자본《사서집주》, 순우 12년, 당도.

* 낙보駱寶:《경전석문》.

* 낙량駱良, 낙승駱昇, 낙돈駱惇: 모두《대방광불화엄경소》, 소흥 16년.

* 낙선駱善:《양한박문》.

* 예인倪仁, 예단倪端: 모두《고령선생문집》.

* 능종淩宗:《무경칠서》.

* 능장淩璋: 임안부 중안교衆安橋 남가南街 동가관인경서포東賈官人經書鋪에서《묘법연화경》속표지 판각, 소본 절장 1책. 섬천불혜剡川不穢《대각선사어록》, 경정 5년 간행, 일본 사람이 일본으로 가지고 가서 일본 종이에 인쇄함, 섬천은 즉 필자의 고향인 승현

嵊縣을 말함.

* 당재唐才:《문선》, 지주.

* 당용唐用:《예장황선생문집》.

* 당경唐慶:《후한서》, 대자백지 2책.

* 당시唐時:《예장황선생문집》.

* 당언唐彥:《양한박문》.

* 하의夏義: 주희의《회암선생문집》.

* 하의夏義(신안新安):《문선》.

* 하대혈夏大穴: 왕십붕王十朋의《회계삼부會稽三賦》, 가정 10년, 소
  흥부, 황지 2책.

* 서중徐中: 여조겸의《구공본말》.

* 서인徐仁:《한서》.《포씨전국책鮑氏戰國策》.《맹자주소해경》.《황
  조문감》.

* 서우익徐友益:《자치통감》보각補刻, 악주.

* 서문徐文:《국어》,《춘추경전집해》.《황조문감》.

* 서세통徐世通:《여택집麗澤集》.

* 서주사徐主祠:《조청헌공문집趙淸獻公文集》, 경정 원년.

* 서영徐永:《용감수감》.《서공문집徐公文集》, 명주.

* 서생徐生:《방옹검남시고》.

* 서용徐用:《신당서》.

* 서댁徐宅:《조청헌공문집》, 경정 원년.

* 서성徐成:《회암선생문집》.

* 서군徐君:《자치통감》, 악주.

* 서지徐志:《북산록北山錄》, 희녕 원년, 중자백지 2책.

* 서기徐杞:《주서》.

* 서량徐良:《석림주의》.

* 서일徐佾:《구공본말》.

* 서간徐侃:《통감기사본말》, 보우.

* 서종徐宗:《문선》, 명주.《악부시집》, 항주.《통감기사본말》.《세
  설신어世說新語》, 순희 15년, 모두 엄주.《구공본말》.

* 서악徐岳:《당백가시선唐百家詩選》.

* 서충徐忠:《사기》.《당석한산자시唐釋寒山子詩》.

* 서창徐昌: 구본衢本《거사집》.《사기》, 순희 3년.

* 서승徐昇, 서고徐杲: 모두《악부시집》, 서고는 또《광운》을 판각.

* 서무徐茂:《상서정의》.《광운》.

* 서량徐亮: 왕안석의《왕문공문집王文公文集》, 소흥 21년, 임안.
  《대역수언大易粹言》, 조명성趙明誠의《금석록金石錄》, 모두 서주.
  《상서정의》.《논형》.《여지광기輿地廣記》.

* 서언徐彦:《용감수감》.《논형》.

* 서정徐政:《설문해자》.《광운》.

* 서영徐榮:《이아소》.《사기》.

* 서호徐浩:《왕황주소축외집》.

* 서홍徐洪, 서공徐珙: 모두《통감기사본말》, 보우. 서공은 또《가례
  家禮》를 판각.

* 서익徐益:《선화봉사고려도경》.

* 서통徐通:《순자》,《양자》, 모두 태주.《주경酒經》, 효종 연간, 절
  각浙刻.《구공본말》, 가정 5년.

* 서고徐高:《한서》.《위서》.《주역정의》, 임안.《대송중수광운大宋
  重修廣韻》.《춘추경전집해》.《외태비요방》.《통감본말》, 보우.

* 서규徐逵:《문선》, 명주. 감본《한서》보판.《순자》,《양자》, 태주.
  《황조문감》.

* 서영徐瑛:《양서梁書》.

* 진휘秦暉, 진현秦顯: 모두 《광운》.

* 옹수창翁壽昌: 《창려선생집》, 세채당본, 함순.

* 옹정翁定: 구양민歐陽忞 《여지광기輿地廣記》, 가태, 순우 중수, 노릉盧陵, 진덕陳德과 함께 판각한 판본과는 다름. 소자백지 5책.

* 옹수翁遂: 《춘추번로》, 강서, 이름에 음각 초서와 양각 정해正楷를 모두 사용함.

* 막공莫公: 《초사집주楚辭集注》, 대자백지 12책.

* 막충莫冲: 《부석문호주예부운략》.

* 막연莫衍: 《신간교정집주두시》, 광동.

* 원차일袁次一: 《태평어람》, 성도成都. 《소문정공문집蘇文定公文集》, 미산眉山.

* 원장袁章: 《파문수창》.

* 가의賈義: 승려 거간居簡의 《북간문집北礀文集》, 가정 10년, '최상서댁간재崔尚書宅刊梓', 중자백지 4책.

* 가진賈眞: 《시집전》.

* 가거賈琚: 《삼국지》. 《백씨문집白氏文集》. 《동래선생시집》.

* 가단賈端: 대자 《통감기사본말》.

* 가단인賈端仁: 《시집전》.

* 곽소오郭小五, 곽소육郭小六: 모두 《참료자시집參寥子詩集》.

* 곽문郭文: 《대장경강목지요록》. 《개원석교록략출》.

* 곽문량郭文良: 《무위집無爲集》, 무위군無爲軍.

* 곽가郭可: 《중교증활인서》.

* 곽중郭仲: 《대장경강목지요록》.

* 곽실郭實: 《대당육전》 간행이 가장 많음. 대본, 검은 비단 호접장, 2책 현존.

* 곽돈郭惇: 《대방광불화엄경소》.

* 곽기郭淇: 《신간교정집주두시》.

* 곽순郭淳: 《후한서주》.

* 곽경郭敬: 《왕황주소축외집》.

* 곽홍郭興, 곽여郭璵: 모두 《중교중활인서》.

* 전실錢實: 《북산소집》, 호주.

* 전환錢桓: 사기암謝起岩 《충문왕기사보록忠文王紀事寶錄》(악왕전岳王 傳), 함순 7년, 항주, 황지 4책, 홍무 9년에서 11년 승현 소흥부 공문지에 인쇄.

* 전공錢珙: 《창려선생집》, 세채당본.

* 전유錢瑜: 《논어집설》, 순우 6년, 호반湖頒.

* 전단錢端: 《신당서》, 호주.

* 고달顧達: 《태현경太玄經》.《설문해자》.

* 고충顧忠: 오숙吳淑의 《사류부事類賦》.《주역주소周易注疏》. 장형章 衡의 《편년통재編年通載》.《광운》.

* 고방顧滂: 《왕황주소축외집》.

* 고징顧澄: 《위서》.

* 고이례高二禮: 소호邵浩의 《파문수창》, 소희 원년, 예장豫章.

* 고중高中: 《대장경강목지요록》.《아비달마대비바사론》.

* 고문高文: 《남제서南齊書》.《양서梁書》.《주서周書》.《문선》, 공주 贛州.

* 고우성高友成, 고문정高文定, 고안高安: 세 사람 모두 《파문수창》 판각.

* 고안녕高安寧: 《여씨가숙독시기》.《파문수창》.

* 고안례高安禮: 《여씨가숙독시기》.

* 고안국高安國: 《여씨가숙독시기》, 순희 9년.《예기》및 석문釋文, 순희.《주역왕필주周易王弼注》, 황지 4책, 마지막 책은 필사하여

채워 넣음.《춘추경전집해》, 소희.

* 고안부高安富:《춘추공양경전해고》.《주역왕필주》.

* 고안도高安道:《예기》.《여씨가숙독시기》.《춘추공양》.《경전해고》.《주역왕필주》, 재간행이 있음.

* 고이高異:《춘추경전집해》.《진서陳書》, 천일각天一閣.《주서》.《역대고사》.《무경칠서》.《문선》, 공주贛州.

* 고정高定:《파문수창》.

* 고준高俊:《논형》.

* 고언高彦:《악부시집》.《북산소집》, 건도 9년.《예기소禮記疏》, 소희.

* 고영高榮:《송서》.

* 고계高桂:《법원주림》. 평강《적사장》.

* 조인曹仁:《육가주문선六家注文選》, 개경開慶 신유辛酉. 즉 경정景定 2년 신유년에서 함순 10년까지, 광도廣都, '파총전수조인把總鐫手 曹仁'이라고 칭함.

* 조원덕曹元德: 유송俞松의《난정속고蘭亭續考》, 순우 2년.

* 조규曹圭: 채구봉蔡九峰의《서집전書集傳》.

* 조관종曹冠宗: 악가岳珂의《괴담록》.《유유주집柳柳州集》, 가정 7년, 모두 가흥.

* 조관영曹冠英: 악가《정사桯史》.《괴담록》.《유유주집》.《난정속고》.

* 조식曹湜:《논어집설》, 순우 6년, 호반, 첫 책의 표지에는 청나라 성친왕成親王이 제를 씀, 순우 참본槧本.

* 조정曹鼎:《압운석의》.

* 양문梁文:《한서》.

* 양공보梁貢甫: 대자《통감기사본말》, 보우 5년, 가흥.

* 양송梁松:《신조황조문감新雕皇朝文鑒》.

* 양제梁濟:《광운》.《논형》.

* 매흥梅興: 대자본《사서집주》, 순우 12년, 당도.

* 매보梅保:《자경편》.

* 장녕章寧:《무경칠서》감본.

* 장중章中, 장립章立: 모두《신당서》.

* 장우章宇:《무경칠서》감본.

* 장형章亨:《대방광불화엄경》, 회서무위로淮西無爲路.

* 장종章宗:《북산소집》, 호주.

* 장충章忠:《신당서》.《이아소》.

* 장민章旼: 국자감《한서》보판. 왕안석《왕문공문집》, 모두 임안.
《화간집》.《후한서》, 모두 건강. 곽상정郭祥正의《청산집靑山集》,
당도.

* 장창章昌: 위야魏野의《거록동관집鉅鹿東觀集》, 엄릉嚴陵.

* 장언章彦:《신당서》.《북산소집》.

* 장용章容:《북산소집》.

* 장해章楷:《외태비요방》.《춘추경전집해》.

* 소인蕭仁:《집주두시集注杜詩》, 광동.

* 황칠黃七: 가창조賈昌朝의《군경음변群經音辨》, 소흥 12년, 왕관국
王觀國 간행. 영화寧化. 황전黃戩과 함께 가장 많이 판각함.

* 황중黃中: 홍매의《이견지》, 순희 7년, 건안.《집주두시集注杜詩》,
광동.

* 황승黃昇:《한준》, 상산象山.

* 황문黃文: 홍매의《용재속필容齋續筆》.

* 황귀黃歸:《이견지》.

* 황무黃戊:《율律》.

* 황신黃申:《집주두시》.

* 황석黃石:《왕우승문집》.

* 황중黃仲:《이견지》.《집주두시》.

* 황기黃企:《삼소선생문수》, 효종 연간, 동양東陽.

* 황소黃劭:《회암선생문집》.

* 황응黃應: 조공무晁公武《군재독서지郡齋讀書志》, 순우 9년, 의춘宜春.

* 황계상黃季常:《외태비요방》, 양절동로兩浙東路.

* 황보黃寶:《문선》, 순희 8년, 지주.

* 황창黃昌:《이견지》.

* 황헌黃憲:《홍씨집험방洪氏集驗方》, 건도 6년.《상한요지약방傷寒要旨藥方》, 건도 7년, 모두 고숙姑孰.

* 황우黃祐: 대자《통감기사본말》.

* 황각黃覺:《소축외집》.

* 황휘黃暉:《통감》. 정구程俱의《북산소집》, 건도 9년, 호주,《상서정의》.

* 황야黃埜:《시집전》.

* 황상黃常:《대방광불화엄경소》, 양절전운사.

* 황강黃康:《선화봉사고려도경宣和奉使高麗圖經》.

* 황부黃富:《무경칠서》.

* 황종黃琮:《한서》.《제유명도諸儒鳴道》, 호관湖館.

* 황정黃鼎:《여씨가숙독시기》.《파문수창》. 여본중《동래선생시집》, 경원 5년.

* 황전黃戩:《군경음변群經音辨》, 영화寧化, 명나라의 당인唐寅·모진毛晉의 도장이 있으며 청나라 '건륭어감지보乾隆御鑒之寶'가 찍혀 있음.

* 공민龔旻:《한준》, 상산, 대자백지 4책.

* 부방傅方, 부필상傅必上: 모두 《법원주림》.《평강적사장平江磧砂藏》.

* 부언傅言:《대장경강목지요록》.

* 미문중帽文中: 진관秦觀의 《회해선생한거집淮海先生閑居集》, 소희 3년, 대자백지 6대책.

* 팽운彭雲:《후한서주》.

* 팽변彭卞:《파문수창》.

* 팽세녕彭世寧:《소축집》.《소축외집》.《호주예부운략互注禮部韻略》.

* 팽립彭立:《예장황선생문집》.

* 팽달彭達:《여씨가숙독시기》, 순희 9년, 강서조대.

* 팽상彭祥:《소축외집》.

* 증대중曾大中, 증대유曾大有: 모두 호인胡寅의 《치당독사관견致堂讀史管見》, 보우 2년, 유진손劉震孫 간행, 완릉宛陵, 중자백지 30책.

* 증문曾文:《보제본사방普濟本事方》.

* 증립曾立:《자치통감강목》, 건도, 온릉溫陵.

* 증무曾茂: 여본중呂本中《동래선생시집》, 경원 5년.

* 증정曾挺:《대역수언》.《보제본사방》.

* 증춘曾春:《후한서주》.

* 유원游元:《이견지》.

* 유안游安:《주역요의周易要義》.

* 유희游熙(건안建安): 채절蔡節의 《논어집설》, 호반, 건안의 여랑余良과 함께 가장 많이 판각함.《시집전》.

* 정용程用:《서주거사춘추본례西疇居士春秋本例》, 호관.

* 정중상程仲祥, 정중보程仲寶: 모두 《미산당선생문집眉山唐先生文集》.

* 정참程參:《황조문감》. 정참呈參이라고도 씀.

* 정보程寶:《한서》보판. 불경.

* 정경사程景思:《절운지장도》, 소정 3년, '월지독서당越之讀書堂'.

* 동영童泳:《통감기사본말》, 엄주, 소자본.

* 동우童遇:《경전석문》.《신조황조문감新雕皇朝文鑒》.

* 갈원葛元:《미산당선생문집》선화 4년.

* 갈문葛文: 진양陳襄의《고령선생문집》.《행계부씨우공집해》.《남화진경주소》.《자치통감》, 악주.

* 갈진葛珍:《상서정의》, 소흥 15년, 소흥.《세설신어》.

* 갈해葛楷: 채절蔡節의《논어집설》, 순우 6년, 호반.

* 동양董暘:《신당서》.

* 동명董明: 호주 사계思溪《원각장圓覺藏》, 소흥 2년.《신당서》, 소흥 3년.《한관의漢官儀》, 소흥 9년.《서한문류》, 소흥 10년.《북산소집》, 건도 9년.《한서》.《대방광불화엄경소》.

* 동흔董昕:《신당서》,《북산소집》, 모두 호주.《외태비요방》.《한서》, 남송 전기, 양회강동전운사.

* 동휘董暉:《한서》.

* 동징董澄:《위남문집》, 율양溧陽.《괴담록》.

* 장백蔣白:《여택집麗澤集》.

* 장조蔣祖:《삼소선생문수》.

* 장영蔣榮:《괴담록》.

* 장영조蔣榮祖: 이계李誠의《영조법식營造法式》, 평강.《북간문집北磵文集》, 가정 10년.《괴담록》.

* 장용蔣容:《보경사명지寶慶四明志》, 보경 3년 수찬, 소정 2년 판각.《태현경》.

* 장휘蔣暉:《수경주》.

* 장휘蔣輝(무주婺州): 《서공문집徐公文集》, 소흥 19년, 명주. 《순자》, 《양자》, 《후전려부後典麗賦》, 순희 8년, 모두 태주. 《백씨육첩사류집白氏六帖事類集》. 위조지폐를 판각인쇄한 노각자공 즉 장념칠蔣念七임. 혹은 명주백성이라고도 함.

* 사우謝友: 조선료趙善璙의 《자경편》.

* 사홍謝興: 왕안석의 《당백가시선唐百家詩選》, 고종 연간.

* 한공보韓公輔: 《여택논설집록》. 《동래여태시문집》또 외집.

* 노시魯時: 《신간교정집주두시新刊校定集注杜詩》.

* 누근樓僅: 오숙의 《사류부》, 소흥 16년, 형양滎陽 정공鄭公이 판각, 소흥부, 황지 16책. 《외태비요방》. 《남화진경주소》푸른 글자.

* 우문虞文: 《삼력촬요三曆撮要》.

* 우숭虞崇: 《군경음변》, 영화寧化, 몇 페이지만 판각했음.

* 구거裘舉: 《선화봉사고려도경》.

* 첨대전詹大全: 《회암선생문집》. 혹은 점대전占大全으로도 씀.

* 첨문詹文: 엄주본 《통감기사본말》. 《오조명신언행록》.

* 첨세영詹世榮: 《설문해자》. 《국어해國語解》. 《회암선생문집》.

* 첨주詹周: 《춘추경전》, 대자백지 대본 6책, '천록림랑天祿琳琅', '태상황제지보太上皇帝之寶'가 있음.

* 무공繆恭: 《부석문호주예부운략》. 《괴담록》.

* 채만蔡萬: 《이견지》.

* 채대蔡大: 《대반야바라밀다경》, 복주, '소강인蕭康印', '정영인조鄭永人造'가 찍혀 있음.

* 채재蔡才: 《이견지》. 《여지광기》.

* 채인蔡仁: 《후한서주》. 《중용집략中庸輯略》. 《시집전》. 《가례家禮》. 《행계부씨우공집해》. 《육덕당주의育德堂奏議》, 건구建甌.

* 채원蔡元: 《대역수언》, 서주.

* 채원로蔡元老: 《자치통감》, 악주.

* 채우蔡友: 《시집전》, 가정 · 소정 연간.

* 채녕蔡寧: 《보양거사채공문집莆陽居士蔡公文集》, 천주.

* 채경蔡慶: 《주역본의》.

* 채성蔡成: 《청파잡지》. 《주익문충공집》. 《통감기사본말》보우.

* 채권蔡權: 《청파잡지》.

* 채달蔡達: 《보양거사채공문집》, 천주.

* 채빈蔡邠: 《남제서南齊書》.

* 채화蔡和: 《창려선생집》, 순희, 남안군南安軍.

* 채암蔡岩: 《온국문정사마공문집溫國文正司馬公文集》.

* 채충蔡忠: 《보양거사채공문집》, 천주.

* 채창蔡昌: 《한준》.

* 채양蔡襄: 《보양거사채공문집》, 건도 5년, 천주. 태수太守 왕십붕
  王十朋 간행. 대자백지 16책, 그 안에 6책 필사하여 채워 넣음.

* 채명蔡明: 《시집전》.

* 채무蔡武: 《제왕경세도보帝王經世圖譜》, 가태 원년.

* 채청蔡靑: 《다라니잡집陀羅尼雜集》, 복주 개원사.

* 채정蔡政: 《문선》, 명주. 《고산경古算經》, 가정 6년, 정주汀州.

* 채혁蔡革: 《보양거사채공문집》.

* 채공蔡恭: 《한준》, 상산象山. 《속가훈續家訓》. 《보양거사채공문
  집》, 천주.

* 채통蔡通: 《신당서》. 《당문수唐文粹》.

* 채청蔡清: 《온국문정사마공문집》, 소흥 2년, 복건로. 《한준》, 저
  양. 《동파집》.

* 채장蔡章: 《주문공교창려선생집》, 소정 6년, 임강군臨江軍.

* 채휘蔡輝: 《어씨가숙독시기》, 순희 9년.

* 채즙蔡楫: 《대반야경》.

* 채석蔡錫: 《속가훈續家訓》.

* 채정蔡靖: 《주익문충공집周益文忠公集》. 《청파잡지》.

* 채무蔡懋: 《한준》, 상산. 《방옹검남시고》. 《주익문충공서고》, 경원. 《구양문충공집歐陽文忠公集》, 경원 2년, 노릉盧陵. 《청파잡지》. 《제왕경세도보帝王經世圖譜》.

* 배중裴中, 배용裴用: 모두 《동파집》.

* 반태潘太: 《자치통감강목》.

* 반중潘仲: 진덕수眞德秀의 《문장정종文章正宗》. 《삼국지》, 호관. 《논형》.

* 반형潘亨: 《논형》. 《대혜보각선사보설大慧普覺禪師普說》.

* 반량潘亮: 《한서》.

* 반준潘俊: 《한관의漢官儀》.

* 반헌潘憲: 하송夏竦 《집고문운集古文韻》, 소흥 15년, 제안齊安. 《문선》, 지주. 《춘추공양경전해고》.

* 반재潘梓: 《자치통감》, 악주.

* 반휘潘輝(영국부寧國府): 《황조문감》.

* 여우직黎友直: 《주역왕필주》.

* 여수黎壽: 《주문공교창려선생집》.

* 설림薛林: 《한서》.

* 대세영戴世榮, 대량신戴良臣: 모두 《한준》.

* 복진濮進: 《구공본말》.

* 위문魏文: 《고령선생문집》. 《자치통감》.

* 위전魏全: 《동파집》.

* 위기魏奇: 《광운》.

* 위훈魏暈: 황백사黃伯思《동관여론東觀餘論》, 4책, 그 안에 2책은
  필사하여 채워 넣음.
* 구안瞿顔:《대방광불화엄경소》, 소흥 16년.

을류乙類─30명 이상 각자공의 합간서合刊書

《춘추경전집해》(남송에서 간행하고 송·원·명대에 모두 체수遞修)[14]
각자공: 진명중陳明仲·왕영王榮·왕진王珍·완우阮于·오진吳震·
황우黃宇·주염朱琰·주실朱實·서고徐杲·서정徐正·장해章楷·장수
章樹·장유張由·진문陳文·정규丁圭·반준潘浚·포정包正·모량毛諒·
맹건孟建·여영余永·여집余集·이욱李昱·이승李昇·이석李碩·임준
林俊·(송보각宋補刻) 정지재丁之才·노개삼蘆開三·욱인郁仁·왕공王恭·
왕진王瑄·응공應拱·응덕應德·하의夏義·오익吳益·오춘吳椿·오량
吳亮·고이高異·주성周成·서고徐高·서문徐文·장명章明·장유章宥·
심정沈定·송거宋琚·진수陳壽·여옥余玉·여정余正·여민余敏·요진
姚臻·이장李章·여신呂信.

《사기》(송 순희 3년 간행)
각자공: 주문귀朱文貴·이사순李師順·유언중劉彦中·왕중王中·왕
춘王椿·구진丘臻·구문丘文·호식胡寔·오중吳仲·홍원洪源·홍신洪
新·홍단洪担·고언高彦·고수高秀·고준高俊·시창施昌·시식施寔·
시정施正·시정施政·시중施中·시진施珍·주유朱宥·주언周彦·서영
徐榮·서창徐昌·서충徐忠·서립徐立·장우章宇·장재章梓·장승章昇·

14_ 보판補板이 여러 시대에 걸쳐 이루어진 것을 말하며 이런 판본을 체수본遞修
本이라 한다. 아래서는 이를 '판각 보수'로 번역한다.

장조章操 · 장중章中 · 장진章珍 · 장춘章椿 · 장림章林 · 송창宋昌 · 송단
宋端 · 장명張明 · 진창陳昌 · 진설陳說 · 동휘董暉 · 동원董源 · 반형潘亨 ·
포언包彦 · 여원余源 · 여오余吳 · 여정余政 · 여진余珍 · 이익李益 · 이헌
李憲 · 이원李元 · 이증李證 · 이진李珍 · 이우李祐 · 이량李良 · 육춘陸椿 ·
유문劉文 · 여우呂祐 · 낭송郎松.

《한서》(남송 전기 간행. 양회상동선운사)

각자공: 왕거王舉 · 손승孫昇 · 탁유卓有 · 진유陳宥 · 진순陳詢 · 여탄
余坦 · 이경李景 · 이헌李憲 · 이준李俊 · 이순李詢 · 주원보周元輔 · 섭극
이葉克已 · 왕영王永 · 왕영王榮 · 왕은王恩 · 왕환王渙 · 왕휘王徽 · 왕성
王成 · 왕전王全 · 왕진王珍 · 허원許源 · 김화金華 · 김무金茂 · 혜도惠道 ·
홍신洪新 · 홍선洪先 · 홍무洪茂 · 최언崔彦 · 채통蔡通 · 시택施澤 · 주정
朱靜 · 수지壽之 · 주상周常 · 주용周用 · 서간徐侃 · 서안徐顔 · 서규徐逵 ·
서인徐仁 · 서정徐定 · 장우章宇 · 장취蔣就 · 심공沈恭 · 심형沈亨 · 심승
沈昇 · 임위任韋 · 손영孫楹 · 손격孫格 · 탁수卓受 · 장규張圭 · 진종陳從 ·
진상陳庠 · 진신陳伸 · 진진陳眞 · 진인陳仁 · 진열陳說 · 동휘董暉 · 동흔
董昕 · 동명董明 · 포정包政 · 모언毛彦 · 모량毛諒 · 여횡余竑 · 이숙李璹 ·
이승李昇 · 이중李仲 · 이도李度 · 이문李文 · 이무李懋 · 육영陸永 · 유원
劉源 · 유중劉仲 · 임준林俊 · 누근婁謹.

《한서》(송 소흥 간행, 호북제거다염사湖北提擧茶鹽司,[15] 순희 2년 · 소희 4
년 · 경원 4년 모두 판각 보수)

각자공: 공행성龔行成 · 채백도蔡伯道 · 추우신鄒禹臣 · 장언진張彦振 ·
진경통陳景通 · 왕원王元 · 왕항王亢 · 왕후王厚 · 위진魏眞 · 공성龔成 · 완

15_ 원서의 호북제거다감사茶監司를 호북제거다염사로 바로잡았다.

명阮明 · 호준胡遵 · 호존胡尊 · 오후吳詡 · 오진吳軫 · 황집黃執 · 황선黃善 · 황유黃有 · 사덕謝德 · 주귀周貴 · 주진周震 · 주례周禮 · 소녕蕭寧 · 심명沈明 · 송초宋超 · 담병譚柄 · 장진張振 · 장선張善 · 진근陳僅 · 진경陳慶 · 진언陳彦 · 진승陳昇 · 진조陳肇 · 진통陣通 · 진덕陳德 · 진반陳伴 · 두명杜明 · 팽내彭鼐 · 양헌楊憲 · 이격李格 · 이건李建 · 이체李棣 · 이야李埜 · 유진劉眞 · 유정劉定 · 유병劉丙 · 요안廖安 · (보각補刻) 왕세안汪世安 · 채백달蔡伯達 · 사여즙謝汝楫 · 주사귀周士貴 · 장신행張愼行 · 두량현杜良賢 · 여광조余光祖 · 이조훈李祖訓 · 오성吳成 · 상서向敍 · 채중蔡中 · 사해謝海 · 주봉周逢 · 진일秦逸 · 송굉宋宏 · 장귀張貴 · 장행張行 · 장정張政 · 진근陳瑾 · 두언杜彦 · 두림杜琳 · 여순余舜 · 여중余中 · 류균劉鈞 · 여영呂榮.

《후한서》(남송 전기 간행. 양회강동전운사, 남송 중기 · 원 · 명대에 모두 판각 보수)

각자공: 왕윤성王允成 · 왕영종王永從 · 주안명朱安明 · 방여승龐汝升 · 임지원林志遠 · 원일袁佾 · 왕영王永 · 왕영王榮 · 왕환王渙 · 왕석王石 · 왕전王全 · 왕중王中 · 왕중王仲 · 화정華定 · 곽돈郭惇 · 구전丘甸 · 고현古玄 · 오좌吳佐 · 오사吳仕 · 채인蔡仁 · 주명朱明 · 주청周淸 · 주무周茂 · 장영章英 · 장구章駒 · 장민章旼 · 전산全山 · 손언孫彦 · 탁수卓受 · 장종張宗 · 진언陳彦 · 진흥陳興 · 진지陳至 · 진종陳從 · 진신陳伸 · 진진陳振 · 진진陳震 · 진중陳仲 · 진민陳敏 · 정용程用 · 동우童遇 · 모선毛仙 · 여중余中 · 양해楊垓 · 양창楊昌 · 이연李硯 · 이언李彦 · 이수李秀 · 이순李恂 · 이승李昇 · 이장李璋 · 이춘李椿 · 이당李棠 · 이방李芳 · 유중劉仲 · 능종淩宗 · 임경林庚 · 임준林俊 · 임인林仁 · 임방林芳.

《오서吳書》(진晉나라 진수陳壽 지음. 송나라 배송지裴松之 주, 남송 초기 간

행, 남송 전기 판각 보수)

각자공: 왕일王溢·왕순王洵·왕순王珣·왕진王稹·왕민王敏·왕문
王問·곽희郭喜·곽강郭康·감정甘正·한통韓通·구적丘迪·허원許元·
원중元仲·완청阮青·오용吳聳·오포吳浦·강수江受·고경高庚·고선
高宣·장어蔣馭·장심蔣深·장달蔣達·제창齊昌·송귀宋貴·손수孫受·
손로孫老·장비張棐·진일陳逸·진윤陳贇·진귀陳歸·진장陳章·진총
陳聰·진장陳長·진득陳得·진무陳武·진병陳兵·정보丁保·정명丁明·
정근鄭勤·정수鄭受·정통鄭通·범량范亮·반원潘元·양순楊順·이욱
李昱·이보李保·임준林俊·임족林足·임무林茂·(보각補刻) 왕인王仁·
왕태王太·왕춘王椿·왕문王文·하생何生·주사周泗·주중周中·주문周
文·주림周琳·종재鍾才·장좌張佐·장수張邃·진영陳英·진흔陳忻·진
경陳慶·진도陳徒·진중陳中·정영鄭榮·정보鄭寶·정우鄭友·이걸李
杰·임신林申.

《**진서陳書**》(남송 전기 간행, 송·원 판각 보수)

각자공: 왕재王才·왕태王太·왕정王廷·오명吳明·시충史忠·주언
朱言·장우張禹·진립陳立·전영田永·전시田時·(송보각宋補刻) 심사
충沈思忠·심인거沈仁舉·정송년丁松年·이사충李思忠·왕완王玩·왕
공王恭·왕춘王春·왕신王信·왕정王政·왕춘王椿·왕능王能·왕부王
敷·하승何昇·가조賈祚·허충許忠·허우許友·김영金榮·김자金滋·
김진金震·김조金祖·오지吳志·오춘吳春·오종吳宗·고이高異·고인
高寅·고문高文·고량高諒·항인項仁·채빈蔡邠·시식施寔·시진施珍·
주광朱光·주재朱梓·주춘朱春·주명周明·서기徐杞·서공徐珙·서고
徐高·서릉徐凌·장영蔣榮·심창沈昌·심충沈忠·심진沈珍·심민沈旻·
심문沈文·심무沈茂·송거宋琚·송창宋昌·송불宋芾·송림宋琳·손춘
孫春·장영張榮·장형張亨·진호陳浩·진수陳壽·진인陳仁·정춘鄭春·

동우童遇 · 방지方至 · 방중方中 · 모단毛端 · 여민余敏 · 양창楊昌 · 이헌
李憲 · 이순李詢 · 이정李正 · 이충李忠 · 이량李良 · 육수陸水 · 육춘陸春 ·
유지劉志 · 유소劉昭 · 유문劉文.

구양수 등의 《당서唐書》(송 소흥 간행, 남송 전기 판각 보수)

각자공: 동삼육董三六 · 동사삼董四三 · 이십랑李十娘 · 위상韋祥 · 왕
익王益 · 왕개王介 · 왕개王芥 · 왕창王昌 · 왕진王眞 · 왕진王震 · 왕성王
成 · 왕조王祖 · 왕단王端 · 왕빈王賓 · 화원華元 · 우집虞集 · 오해吳諧 ·
오소吳邵 · 오소吳紹 · 채거蔡擧 · 사복史復 · 사씨謝氏 · 주지周志 · 주상
周祥 · 주필周畢 · 주역周燡 · 주부周富 · 서씨徐氏 · 장언章彥 · 장중章中 ·
장충章忠 · 장립章立 · 장제蔣濟 · 장선蔣先 · 심장沈章 · 동안董安 · 동이
董易 · 동훤董暄 · 막중莫中 · 막충莫忠 · 모역毛易 · 여준余俊 · 이자李孜 ·
이민李敏 · 이모李謀 · 이유李攸 · (보각補刻) 왕승王升 · 왕조王祚 · 엄선
嚴詵 · 호식胡寔 · 고인顧諲 · 채통蔡通 · 시순施珣 · 시택施澤 · 주명朱明 ·
서용徐用 · 장우章宇 · 장수章受 · 장용章容 · 전단錢端 · 손용孫容 · 대전
戴全 · 장통張通 · 진설陳說 · 동휘董暉 · 동흔董昕 · 막윤莫允 · 막중莫中 ·
이숭李崧 · 여흔呂昕.

원추袁樞의 《통감기사본말》(송 순희 간행[엄주군상嚴州郡庠] 단평 · 순우
모두 판각 보수)

각자공: 모원형毛元亨 · 왕영王永 · 왕신王信 · 옹진翁晉 · 옹진翁眞 ·
옹우翁祐 · 계대季大 · 김언金彥 · 김승金昇 · 완변阮卞 · 오옥吳玉 · 정종
呈琮 · 오중吳中 · 오중吳仲 · 강한江漢 · 강고江郜 · 강회江淮 · 주명朱明 ·
섭송葉松 · 송규宋圭 · 송창宋昌 · 진진陳震 · 진전陳全 · 진통陳通 · 방순
方淳 · 방승方昇 · 방선方先 · 방충方忠 · 방통方通 · 방범方范 · 방무方茂 ·
모기毛杞 · 모삼毛森 · 여원余元 · 여창余昌 · 양영楊永 · 양섬楊暹 · 노홍

노홍盧洪・노적盧適・(보각補刻)　강대형江大亨・방문호方文虎・이덕정李德正・유사영劉士永・옹진翁珍・옹녕翁寧・우문虞文・강영江榮・강즙江楫・채방蔡方・서인徐仁・장송蔣松・동영童泳・범석范石・방견方堅・방신方申・여빈余斌・옹림翁林・서유徐宥・마생馬生・방화方華・방재方哉・임창林昌.

조여우趙汝愚의 《국조제신주의國朝諸臣奏議》(송 순우 10년 간행 복주로)

　각자공: 진원무陳元茂・정자정丁子正・유위문劉魏文・왕소王昭・왕진王辰・왕신王宸・왕생王生・왕덕王德・하야何埜・갈문葛文・관안官安・우중虞仲・예인倪仁・예단倪端・호인胡仁・호정胡正・오재吳才・오생吳生・강재江才・강량江亮・황도黃道・채청蔡靑・채청蔡淸・주화周禾・주화周和・서자徐自・장순章淳・섭안葉安・섭재葉才・섭빈葉賓・장사張泗・장사張賜・장득張得・장명張明・진원陳元・진홍陳洪・진채陳采・진문陳文・정정丁正・정영鄭榮・정견鄭堅・정신鄭信・정전鄭全・정통鄭統・정례鄭禮・등안鄧安・등각鄧覺・등견鄧堅・등지鄧志・범현范賢・유정俞正・유부俞富・양경楊慶・양형楊亨・이정李定・임부林富・임문林文・여공呂拱・노로盧老.

잠설우潛說友 《**함순임안지**咸淳臨安志》(송 함순 간행)

　각자공: 황성사진수皇城司陳壽・옹문호翁文虎・곽세창郭世昌・오문환吳文煥・황문빈黃文彬・채광대蔡光大・서경숙徐璟叔・종계이鍾桂異・성윤건盛允巾・조필귀曹必貴・장흥조張興祖・조영조趙榮祖・진영창陳永昌・진일승陳日升・진덕달陳德達・마사룡馬士龍・범중실范仲實・반필창潘必昌・우유명尤有明・이두문李鬥文・양공보梁貢甫・왕희王喜・왕춘王春・왕진王眞・왕서王瑞・옹문翁文・하홍何洪・한옥韓玉・김규金珪・강휘江輝・혈경頁卿・심조沈祖・성중盛中・첨주詹週・첨주詹周・

첨천詹泉 · 장중張中 · 진송陳松 · 진정陳政 · 진무陳茂 · 방승方昇 · 모재
毛梓 · 우명尤明 · 양경梁卿 · 양건梁建.

당나라 왕도王燾의 《외태비요방外台備要方》(남송 간행)

각자공: 황수상黃秀常 · 방언성方彦成 · 왕안王安 · 왕개王介 · 왕성王
成 · 응권應權 · 궁성弓成 · 완우阮于 · 오강吳江 · 오소吳邵 · 강통江通 ·
시온施蘊 · 시명時明 · 주명朱明 · 주호周浩 · 주호周皓 · 서간徐侃 · 서안
徐顔 · 서언徐彦 · 서태徐呆 · 서고徐高 · 서승徐昇 · 서정徐政 · 장해章楷 ·
섭방葉邦 · 섭명葉明 · 장영張永 · 조종趙宗 · 진호陳浩 · 진문陳文 · 진무
陳茂 · 정규丁圭 · 정규丁珪 · 정영鄭英 · 동흔董昕 · 동명董明 · 유창俞昌 ·
여청余青 · 여전余全 · 여정余珵 · 양광楊廣 · 이욱李昱 · 이승李昇 · 이성
李成 · 이석李碩 · 이충李忠 · 임준林俊 · 누근婁謹 · 누근樓謹.

주필대周必大의 《주익문충공집周益文忠公集》(남송 간행)

각자공: 오문백吳文伯 · 축사정祝士正 · 정만전丁萬全 · 유일신劉一新 ·
유영지劉永之 · 유극명劉克明 · 경생景生 · 경년景年 · 호현胡顯 · 호원胡
元 · 호언胡彦 · 호준胡俊 · 호창胡昌 · 호례胡禮 · 강전江全 · 강도江度 · 채
사蔡思 · 채조蔡詔 · 채성蔡成 · 채정蔡靖 · 채춘蔡椿 · 채동蔡東 · 채무蔡
懋 · 주현周顯 · 섭재葉才 · 종성鍾成 · 진우陳友 · 정만丁萬 · 등수鄧授 ·
등진鄧振 · 등인鄧仁 · 등정鄧挺 · 모과母過 · 나충羅忠 · 유인劉寅 · 유진
劉進 · 유종劉宗 · 유민劉旻.

《문선文選》(양나라 소명태자昭明太子 소통蕭統 편, 당나라 이선李善 등 육신
六臣 주注, 남송 전기 간행, 공주주군贛州州軍, 송 · 원 · 명대에 모두 판각 보수)

각자공: 응세창應世昌 · 관치원管致遠 · 채여성蔡如聲 · 소정강蕭廷崗 ·
소정강蕭廷綱 · 상관기上官奇 · 상관생上官生 · 상관령上官玲 · 담언재譚

彦才 · 진경창陳景昌 · 유정장劉廷章 · 왕언王彦 · 옹준翁俊 · 응창應昌 ·
관지官至 · 관치管致 · 구재丘才 · 강문姜文 · 공습龔襲 · 공우龔友 · 완명
阮明 · 호윤胡允 · 호량胡亮 · 오중吳中 · 오충吳忠 · 오립吳立 · 황언黃彦 ·
황정黃正 · 채영蔡榮 · 채재蔡才 · 채창蔡昌 · 채승蔡昇 · 채달蔡達 · 채녕蔡
寧 · 섭화葉華 · 섭송葉松 · 섭정葉正 · 소강蕭崗 · 소상蕭祥 · 소중蕭中 ·
증첨曾添 · 담언譚彦 · 장명張明 · 진재陳才 · 진충陳充 · 진신陳信 · 진수
陳叟 · 진통陳通 · 진보陳補 · 등안鄧安 · 등감鄧感 · 등신鄧信 · 등정鄧正 ·
등전鄧全 · 등총鄧聰 · 방기方琦 · 방혜方惠 · 방지方志 · 방정方政 · 방탁
方琢 · 방중方仲 · 방진方珍 · 웅해熊海 · 여가余可 · 여거余擧 · 여규余圭 ·
여언余彦 · 여종余從 · 여태余太 · 여중余中 · 여문余文 · 남윤藍允 · 이습
李習 · 이신李新 · 이승李昇 · 이단李端 · 이량李亮 · 유훈劉訓 · 유진劉臻 ·
유성劉成 · 유천劉川 · 유선劉璿 · 유전劉全 · 유종劉宗 · 유달劉達 · 유지
劉智 · 유정劉廷 · (송보각宋補刻) 오문창吳文昌 · 진덕신陳德新 · 정송년丁
松年 · 방여승龐汝升 · 왕희王禧 · 왕거王擧 · 왕시王時 · 왕신王信 · 왕진
王進 · 왕진王瑾 · 왕정王政 · 왕명王明 · 하택何澤 · 궁우弓友 · 구문丘文 ·
김영金榮 · 김숭金嵩 · 김조金祖 · 엄지嚴智 · 호권胡券 · 오지吳志 · 오우
吳祐 · 고이高異 · 고인高寅 · 고문高文 · 채빈蔡邠 · 주언周彦 · 서기徐杞 ·
서공徐珙 · 서문徐文 · 장우章宇 · 장충章忠 · 섭운葉雲 · 심기沈杞 · 심수沈
秀 · 심창沈昌 · 성지成之 · 송통宋通 · 조정曹鼎 · 손하孫何 · 손춘孫春 ·
장윤張允 · 장승張昇 · 장부張富 · 진현陳顯 · 진호陳浩 · 진수陳壽 · 진윤
陳閏 · 진신陳新 · 진정陳政 · 진달陳達 · 진진陳鎮 · 진우陳祐 · 진량陳良 ·
정춘鄭春 · 정창鄭昌 · 동징董澄 · 등성鄧成 · 동우童遇 · 마송馬松 · 방중
方中 · 방무方茂 · 무공繆恭 · 모조毛祖 · 양영楊榮 · 이윤李允 · 이윤李閏 ·
이승李升 · 이중李仲 · 이충李忠 · 이보李寶 · 유지劉志 · 유송劉松 · 유소
劉昭 · 유문劉文 · 능종凌宗.

여조겸呂祖謙의 《황조문감皇朝文鑑》(남송 영종대에 간행, 단평端平 원년·
원·명대 모두 판각 보수)

각자공: 완성지阮成之·오영이吳榮二·심사충沈思忠·심사덕沈思德·심
인거沈仁舉·양집중湯執中·여원중余元中·욱인郁仁·왕영王榮·왕수王
秀·왕신王信·왕전王全·왕충王忠·응덕應德·하의夏義·김자金滋·김무
金茂·호문胡文·강한江漢·강재江才·곡중谷仲·채연蔡延·채자蔡子·주
명周明·서규徐逵·서인徐仁·서문徐文·섭인葉仁·심을沈乙·점경占慶·
장병張炳·장명張明·진일陳一·진사陳祀·진신陳辛·진선陳先·정참程
參·정신程侁·동우童遇·동포童浦·원견苑堅·범자范子·방지方至·방명
方明·복선濮宣·양명楊明·이언李彥·이중李中·이충李忠·유달劉達·탕
안중湯安中·탕원환湯元奐·선충宣忠.

이상 을류乙類 15부는 모두 《정가당문고송원판도록해제편靜嘉堂文
庫宋元版圖錄解題篇》의 송판 부분에 의거했고, 수록된 송대 각자공은
모두 1,009명으로 중복되거나 이미 갑류에 있는 394명을 제외하면
615명이다.

부록 2

_중국인쇄사 연대별 주요사건

연 도	중 국		외 국	
	목 판	활자판	목 판	활자판
618~907 당				
약 636 정관貞觀 10년	당 태종이 《여칙女則》판 각 인쇄(세계 목판 인쇄 의 시작).			
약 645~664 정관 19년~ 인덕麟德 원년	당 현장법사가 보현보살 상을 인쇄하여 보시(세 계 최초의 판화).			
664년 이전 정관 23년 이전	엽자격葉子格(세계최초 의 지패紙牌).			
약 704~751 장안 4년~천보 10년	무후자武后字가 있는 《무 구정광대다라니경》(한국 에서 발견. 당인본으로 여 김). 무후자가 있는 《묘법 연화경》, 투루판에서 출 토. 일본인 소장.			
713~741 개원 원년~29년	《개원잡보》(세계최초의 신문).			

연 도	중 국		외 국	
	목 판	활자판	목 판	활자판
762 보응원년	상도上都(장안) 동시대 조가東市大刁家에서 책 력 인쇄.			
770 대력 5년			일본 보귀 원 년판《무구정 광경근본다라 니》등 4종 불 경 (즉《백만 탑다라니경》	
783 건중 4년	당 시장에 '인지印紙'(세 지稅紙) 출현.			
825 보력 원년	양주 월주(소흥)《백거 이·원진시》간행.			
835 대화 9년	동천절도사 풍숙이 시헌 서時憲書 인쇄를 금함			
847~849 대중 원년~3년	흘간천진강우紇干泉鎮江 右(지금의 강서)《유굉전 劉宏傳》수천본을 목판 인 쇄(최초의 도가 수련서).			
861 전 함통 2년	서울의 동시 이가에서 《신집비급구경新集備急 灸經》간행(최초의 인본 의서).			
865 전 함통 6년 전	당서천唐西川에서《옥 편》·《당운》인쇄.			
868 함통 9년	왕개王玠가《금강반야바 라밀다경》보시, 함풍 9 년의 간기가 있음. 현재 런던 소장.			
약 869	동도(낙양) 경애사敬愛			

연 도	중 국		외 국	
	목 판	활자판	목 판	활자판
함통 10년	寺 승려 혜확惠確이 탁발로 보시를 받아 《율소律疏》중각.			
877 건부 4년	당 희종 《건부4년역서乾符四年曆書》.			
883 중화 3년	유빈柳玭이 성도에서 인본서를 보았는데 주로 음양잡기, 꿈해몽과 집터잡기, 구궁 오위五緯 등의 종류와 자서소학字書小學이었음. 당말에 성도 서적상에 번상가樊賞家에서 인쇄한 역서曆書가 있었고, 용지방龍池坊 변가卞家에서 주본咒本을 인쇄 판매함(최초의 중국어, 산스크리트어 합각본).			
907~960 오대				
909~913 무성 2년~영평 3년	전촉前蜀 임지원任知遠이 두광정의 《도덕경광성의道德經廣聖義》를 판각함 (《노자》 최초의 인본).			
921 전 용덕 원년 전	민국閩國 《서인부徐寅賦》가 서인徐寅 생전에 이미 인쇄되어 판매됨.			
923 건덕 5년	전촉 승려 담역曇域이 그의 스승 관휴貫休의 《선월시집禪月詩集》을 판각.			
932~953	후당後唐에서 후주後周			

연 도	중 국		외 국	
	목 판	활자판	목 판	활자판
장흥 3년~광순 3년	까지 재상을 지낸 풍도馮道가 국자감에 명하여 《구경》을 판각(감본의 시초).			
935 후 명덕 2년 후	후촉의 재상 무소예毋昭裔가 양나라 소통의 《문선》, 당나라 서견徐堅의 《초학기》, 백거이의 《백씨육첩》을 판각.			
937~942전 천복 2년~7년 전	청주青州(지금의 산동)에서 《왕공판사王公判事》를 인쇄 판매.			
937~975 승원 원년~송 개보 8년	남당에서 당나라 유지기劉知幾의 《사통史通》, 진나라 서릉徐陵의 《옥대신영》 판각.			
939 전후 천복 4년 전후	오월吳越의 승려 연수延壽가 《미타경彌陀經》 등을 간행하고 손수 미타탑도彌陀塔圖 14만 본을 인쇄.			
940 천복 5년	후진後晉 석경당石敬瑭이 노자 《도덕경道德經》을 판각하여 반포.			
943~957 보대 원년~15년	남당南唐 보대본保大本 《한집韓集》.			
947~950 개운 4년~건우 3년	조원충曹元忠이 과瓜·사주沙州(지금의 돈황)에서 《금강경》 및 단편 불상을 판각.			

연 도	중 국		외 국	
	목 판	활자판	목 판	활자판
953 광순 3년	후주에서 개인적인 책력 엄금			
953 광정 16년	후촉 무소예가 사재를 들여《구경九經》과 여러 역사서를 판각.			
955년 전 현덕 2년 전	화응和凝이 자신의《문집文集》을 판각, 판은 친구에게 선물.			
956 현덕 3년	오월국왕 전홍숙錢弘俶(錢俶이라고도 함)이《보협인경寶篋印經》8만 4천 권을 간행.			
960~1279 송				
963 건륭 4년	송 대리시大理寺에서《건륭형통建隆刑統》을 판각하고 인쇄(법률서 인본의 시작)			
965 건덕 3년	오월 전숙錢俶이《보협인경》8만 4천권을 인쇄(소흥 출토, 정교함).			
964 요遼 응력 14년	요 목종과 여러 신하들이 엽격희葉格戱를 함.			
969 개보 2년	송나라가 처음으로 전답 토지 주택 전매에 수인 계輸印契를 명함.			
971~983 송 개보 4년~태평흥국 8년	송 태조가 고품高品과 장종신張從信에게 익주(성도)에 가서《대장경》을 판각하도록 칙령을 내리			

연 도	중 국		외 국	
	목 판	활자판	목 판	활자판
	고 판각이 완성되어 13만 장, 5,048권을 진상하니 이를 《개보장》이라 칭함 (불경대장 인본의 시초).			
973~974 개보 6년~7년	송 감본 《개보신상정본 초開寶新詳定本草》. 다음 해에 《개보중정본초開寶重定本草》라 명명함.			
974 개보 7년	오월왕 전숙이 흰 비단 에 24종의 응현관음상應現觀音像 2만 본을 인쇄.			
975 개보 8년	전숙이 《보협인경》 8만 4 천권 인쇄. 서호 뇌봉탑雷峰塔 출토. 또한 아름 다운 탑도塔圖도 출토. 오월의 승려 연수와 오 월왕 전숙은 불경 · 주어 呪語 · 탑도 · 불상을 인 쇄하여 보시. 고증할 수 있는 글자수는 68만 2천 권(혹은 본本).			
983 태평흥국 8년	송 태종 인경원 설치			
985 옹희 2년	송 감본 《오경정의》			
994 순화 5년	송은 국자감인서전물소 國子監印書錢物所를 국자 감서고관國子監書庫官으 로 바꾸고, 경사군서經史群書의 인쇄를 담당하여, 책을 인쇄한 물품을 갖 추어 하사하거나 책을			

연 도	중 국		외 국	
	목 판	활자판	목 판	활자판
	팔아 돈을 받았음. 《사기》·《전·후한서》 교정이 끝나자 내시에게 판본을 가지고 항주로 가서 판각하도록 함.			
997 요 통화 15년	요나라 승려 행균行均 《용감수경》			
1003~1038 통화 21년~중희 7년	요 《거란장[契丹藏]》579질帙, 5,048권, 대자권축본. 근년에 12권이 발견됨. 요대에 또 한 부의 소자小字로 정교하게 인쇄하여 1천 책이 안되는 《대장경》, 판각한 연도는 미상. 인쇄된 서첩에 대자《요장遼藏》이라 적혀 있음.			
1005 송 경덕 2년	송은 국자감에서 10만여 권을 판각했는데 이는 송나라 초기에 비해 수십배가 늘어난 것임(북송의 감본은 약 110여 종). 사천의 민간에서 '교자交子'(지폐)가 사용됨.			
1006 경덕 3년	송은 변경의 각장権場에서 서적을 교역하는 자에게 조서를 내려《구경九經》의 주와 소가 아니면 모두 판매 금지함.			
1011 대중상부 4년	《상부주현도경祥符州縣圖經》1,566권 반포.			
1011~1082			고려 현종에서	

연 도	중 국		외 국	
	목 판	활자판	목 판	활자판
			문종까지《대장경》을 번각, '고려의 큰 보물'이라고 칭함.	
1014 대중상부 7년	감본《맹자》14권.			
1016 대중상부 9년	무극근毋克勤이 그의 조부 무소예毋昭裔가 판각한 《문선》의 여러 판을 헌상하고 관직을 얻음.			
1023 천성 원년	익주교자무益州交子務 설치(민간경영에서 관경영으로 바뀜).			
1025 천성 3년	감본《무경칠서》.			
1027 천성 5년	국자감에서《황제내경소문黃帝內經素問》·《난경難經》·《동인침구도경銅人針灸圖經》을 교정하여 인쇄 반포.			
1038~1048 하천수례법연조 夏天授禮法延祚 원년~11년	서하西夏의 조원호趙元昊가 황제를 칭하고《효경》·《이아》·《사언잡자四言雜字》의 번역을 명하여 번학番學용으로 제공함.			
1040 보원 3년	송은 변경의 사정을 기록한 글의 인쇄 판매를 금하는 조서를 내림.			
1041~1048 경력 원년~8년		송의 평민 필승畢昇이 교니활자판을 발명(세		

연 도	중 국		외 국	
	목 판	활자판	목 판	활자판
		계최초의 활자인쇄술)		
1042~1045년			고려 정종靖宗이 《양한서》·《당서》를 새롭게 간행, 비서성에서 《예기》·《모시》정의 간행	
1044 요 중희 13년	요 거란의 귀족 지지志智 화상이 3백만을 탁발로 보시를 받아 연도燕都 (지금의 북경)에서 《장경藏經》인쇄 제작.			
1059 가우 4년	송나라는 별도로 황지黃紙를 이용하여 정본을 인쇄하니 이는 좀을 방지하기 위한 것임. 송나라 왕기王琪가 소주에서 두보의 《두공부집杜工部集》1만 본 간행.			
1061 가우 6년	개봉부에 어서御書를 모방 판각하여 판매하는 것을 금지하는 조서를 내림			
1064 치평 원년	치평治平 이전과 마찬가지로 무분별한 판각을 금지했으며 반드시 국자감에 신청해야 함. 희녕 이후 이 금지가 느슨해짐.			
1064	요 도종道宗이 중경中京			

연 도	중 국		외 국	
	목 판	활자판	목 판	활자판
요 청우 10년	(지금의 요녕 영성寧城 서대명성西大名城에 주 둔할 때, 민간이 사적으 로 문자를 간행하는 것 을 금지.			
1065 송 치평 2년	송 감본 한나라 장중경張 仲景의 《상한론傷寒論》.			
1071 희녕 4년	사천감에 책력을 인쇄판 매하도록 조서를 내림. 민간의 사적 인쇄는 금 지. 《대장경》판을 현성 사顯聖寺 성수선원聖壽 禪院에 하사하여 인쇄하 도록 함.			
1072 희녕 5년	송 신종이 화공에게 명 하여 오도자吳道子가 그 린 종규鍾馗를 판각하도 록 하여 섣달 그믐밤에 동·서부에 하사.			
1080~1103 원풍 3년~숭녕 2년	복주 동선등각원에서 《숭녕만수대장崇寧萬壽 大藏》6,434권 간행.			
1082 원풍 5년	안지지晏知止가 소주에 서 당 이백의 《이한림집 李翰林集》간행.			
1084 원풍 7년	비서성에서 《산경십서算 經十書》를 교정하고 판각			
1084~1085 원풍 7년~8년	고려 의천義天대사가 교장 教藏 7,500여권을 사서 자 신이 거처하고 있던 항주 남산 혜인원慧因院(고려사			

연 도	중 국		외 국	
	목 판	활자판	목 판	활자판
	高麗寺)에 시주.			
1986 원우 원년	어지를 받들어 항주로 내려가 《자치통감》을 판각.			
1087 원우 2년	상인 서전徐戩 등이 고려로 가서 항주 《신주화엄경新注華嚴經》판을 헌상함.			
1088 원우 3년	편칙 및 춘추로 공문을 시달하여 인쇄판매 금지토록 하는 조서를 내림.		일본 간지[寬治]2년 《성유식론成唯識論》간행	
1089 원우 4년	소식이 항주 시역무소에서 간행한 서판을 주학에 보내도록 청해 인쇄하여 돈을 받아 학교운영의 경비에 보조함.			
1090 원우 5년	회요會要·실록 이외에 다른 서적을 판각인쇄하려면 관에서 평가심사를 하여 공부에 유익한 경우 비로소 목판을 허가하는 조서를 내림. 경박한 글은 판각인쇄할 수 없고 위반하는 자에게는 곤장 1백대에 처함(남송도 이와 비슷한 금령이 있음.).			
1094 소성 원년	송 경성에서 납판을 이용하여 인쇄한 새로운 장원급제자 명단을 소리치며 판매함.			

연 도	중 국		외 국	
	목 판	활자판	목 판	활자판
1101 전			고려 대각국사 大覺國師(의천) 가 송·요·일 본에서 구매한 4천 권을 모두 간행, 이를《의 천속장義天續 藏》이라 함. 또 송에서 《청량 소淸涼疏》판을 가지고 귀국	
1102~1106 숭녕 원년~5년	양절兩浙·성도부와 각 로路에서 민간인이 판각 한 기서奇書를 취하여 비 서성에 올리도록 조서를 내림.			
1104 숭녕 3년	여러 현에 가축매매계약 서를 쓰고 세금도 받도록 칙령을 내림. 전답 주택 매매계약서를 인쇄하여 판매하는데 종이·붓· 먹·공임 외에 양에 따른 이자를 받아 학교경비에 보태도록 함.			
1105 숭녕 4년	각 로路에서 전인錢引을 다시 쓰도록 명령하고 새로운 인쇄를 허용하나 사천은 여전히 구법을 이용.			
1107 대관 원년	전인무동판錢引務銅版, 청대인이 소장.			
1111	채경蔡京이 다인茶引을			

연 도	중 국		외 국	
	목 판	활자판	목 판	활자판
정화 원년	만들고 이자 4백여 만 민緡을 세수로 징수 .			
1112~1151 정화 2년~소흥 21년	복주 개원사開元寺《비로대장毗盧大欵》6,132권을 판각.			
1114 정화 4년	민현閩縣(복주) 보은광효관報恩光孝觀에서《정화만수도장政和萬壽道藏》5,481권을 판각하여 그 판을 서울로 올려 보냄.			
1123 선화 5년	《소식 · 사마광문집》을 인쇄판매하면 죄가 됨. 후에 동파의 글은 10편에 황금 1근으로 비싸짐.			
1126 정강 원년 · 금 천회 4년	금나라가 송의 동경 개봉부를 멸하고 3번三番이 5차례에 걸쳐 국자감 · 비각 · 삼관비서문적三館秘書文籍 및 국자감인본 · 석도경판釋道經版을 요구해 감. 송나라 사람들은 도서 인판과 관館의 서적을 금나라 진영까지 갖다 주었으며 또 병사 8천명을 차출하여 도서를 군대 앞까지 운반해줌.			
1130 천회 8년	금나라가 경적소를 평양平陽에 설립하고 경적을 간행함.			
1132	송의 왕영종王永從이 가			

연 도	중 국		외 국	
	목 판	활자판	목 판	활자판
남송 소흥 2년	산을 희사하여 호주 사계 思溪 원각선원圓覺祥院에 서 《대장경》 판 5,480권 을 판각하니 이를 《사계 원각장思溪圓覺藏》 이라 함. 송은 여러 주와 현에 이미 간행된 서판을 각 3 질씩 인쇄하여 보냄. 민 간에게는 관이 종이· 먹·공임을 지급함.			
1135 소흥 5년	송나라는 여러 주 통판 에게 전답 주택매매 계 약서를 인쇄하고 천자문 으로 번호를 매겨서 여 러 번 인쇄를 방지하도 록 명함.			
1137 위제 8년	위제僞齊 예주醴州(지금 의 섬서 건현) 건명원乾 明院의 도부道溥가 시주 를 하여 《성유식론료의 등초과문成唯識論了義燈 鈔科文》을 다시 판각, 근 년에 그 한 축이 발견됨.			
1138~1173 금 천권 원년~대정 13년	금나라 《조성장趙城藏》 의 각자공은 대부분 승려로 몽골국에서 보충판각, 약 중통 3년에 인쇄됨. 국가도 서관에 4천여 권이 보존됨.			
1139 소흥 9년	송나라는 여러 주학의 구감본서를 취해 판각한 후 반포시행하도록 함.			
1144	제군諸軍은 응당 판각서적			

연 도	중 국		외 국	
	목 판	활자판	목 판	활자판
소흥 14년	이 있어야만 하며 황지에 한 질을 인쇄해 비서성으로 보내도록 조서를 내림(황지는 좀먹는 것을 방지함).			
1151 소흥 21년	송 고종이 국자감에 결여된 책을 간행하도록 명령.			
1151 후 금 천덕 3년 후	금나라 국자감에서《육경》·《논어》·《맹자》·《효경》·《십칠사》를 인쇄 확정해 북송 구판으로 여김. 후에《소동파주의蘇東坡奏議》간행.			
1153 전 소흥 23년 전	송나라 풍즙馮檝이 녹봉받은 것으로 불경《대장》 48장,《소장小藏》 841권, 또한 48장을 인쇄하여 보시함			
1154 금 정원 2년	금나라가 1관貫에서 10관까지의 대초와 1백에서 7백까지의 소초를 인쇄하고 기한은 7년으로 하여 옛날 돈을 새 돈으로 바꾸어주었음. 서하국 인종이 사신을 금나라에 보내 유교와 불교 서적을 구매해 감.			
1160~1161 소흥 30년~31년	송나라는 현찰을 비축하여 회자會子를 만들고 다음해에 회자무會子務를 설치. 후에 도다장都茶場에 예속됨. 유통되던 회자고동판은 현존. 소흥 때에 또 관자關子·공거			

연 도	중 국		외 국	
	목 판	활자판	목 판	활자판
	公據 · 회교淮交 등의 지폐가 있었음.			
1162 소흥 32년	송나라는 다인초茶引鈔 270만여 관貫을 거둠.			
1164~1166 금 대정 4년~6년	금나라가 여진의 대 · 소 자로 《상서》를 번역하고 또 《사기》 · 《한서》를 번역하여 모두 반포하여 유통시킴.			
1180 송 순희 7년	송나라는 서방에서 금서를 멋대로 판각하는 것을 경고함.			
1181 순희 8년	송나라 국자감에서 경 · 사 · 자서를 각 1질씩 인쇄하여 오왕과 익왕 두 왕부에 하사함(남송 감본 역시 1백여 종).			
1183 금 대정 23년	금나라는 《여진자효경女眞字孝經》 1천부를 호위친군에게 하사(여진자의 번역본은 약 15종이 있음).			
1183~1190 하 건우 14년~21년	서하에서 서하문의 《성립의해聖立義海》 · 《번番 · 한합시장중주漢合時掌中珠》 등을 간행. 인종이 번 · 한문의 《관미륵상생도솔천경觀彌勒上生兜率天經》 10만권, 한문 《금강보현행원경金剛普賢行願經》 · 《관음경》 등			

연 도	중 국		외 국	
	목 판	활자판	목 판	활자판
	각 5만권을 널리 보시함. 황후 나씨羅氏 역시 불경을 간행하여 보시. 서하문으로 《십이국十二國》·《유림類林》·《손자병법》등 간본 여러 종을 번역, 현재 러시아 소장.			
1188 금 대정 28년	금 세종이 도사 구처기丘處機를 접견하고 남경(지금의 개봉)의 도장경판을 중도中都(지금의 북경)천장관天長觀으로 보내도록 함. 관중의 손명도孫明道는 또 전해 내려오는 경전 1천여 권을 구하여 1장藏 6,455권을 만들어 제목을 《대금현도보장大金玄都寶藏》이라 함.			
1189~1195 금 대정 29년~명창 6년	금나라 제주濟州 보조사普照寺 승려 지조知照가 서울(지금의 북경) 홍법사弘法寺에 불장판이 있다는 말을 듣고 특별히 이 절에 가서 2백만전錢을 들여 양장兩藏을 인쇄 제본하여 돌아옴.			
1190 송 소희 원년 · 금 명창 원년	송나라 주희朱熹가 《사서주四書注》를 장주漳州에서 판각. 금나라에서는 《도장》1장을 인쇄하고 후에 또 2장을 인쇄함.			

연 도	중 국		외 국	
	목 판	활자판	목 판	활자판
1193 소희 4년		송나라 주필대가 교니 동판을 이용하여 저서 《옥당잡기玉堂雜記》 를 옮겨 모사인쇄하니 세계 최초의 활자인본 임.		
1197 금 승안 2년	금 장종章宗의 아들이 급 병에 걸렸다가 치유되자 《무량수경無量壽經》1만 권을 인쇄.			
1200 하 천경 7년	서하에서 《밀주원인왕생 집密咒圓因往生集》한문, 산스크리트어 대조본 간 행			
1201 송 가태 원년	송의 염초 세입이 약 2천 만여 민緡.			
1213~1217 금 정우 원년~7년	금나라 정우보권貞祐寶 券 5관동판五貫銅版이 근 년에 발견됨.			
1214 금 정우 2년	금 선종宣宗이 몽골군을 피하여 연경에서 남으로 도피할 때 많은 도서와 귀중품을 포기하고 왔는 데도 서적이 3만 수레, 서옥犀玉·마노 등의 기 물을 낙타 3천두에 싣고 왔음.			
1223 원광 2년	금나라는 능인綾印으로 '원광진보元光珍寶'(금나 라 말에 지폐를 남발하 여 초鈔 2만관으로 겨우 떡 하나를 살 수 있었음)			

연 도	중 국		외 국	
	목 판	활자판	목 판	활자판
	를 제작함.			
1230 송 소정 3년	송이 인쇄한 서첩은 소정본紹定本 《산곡시주山谷詩注》에서 볼 수 있음. 남색견인감藍色絹印鑒.			
1231~1322 송 소정 4년~ 원 지치 2년	송 평강부平江府(지금의 소주) 진호중陳湖中이 적사연성원에서 탁발로 보시를 받아 《대장경》 6,360권을 처음 새기고 《적사장磧砂藏》이라 칭함. 원 지치至治 2년에 완성.			
1234 금나라 멸망	금나라 말에는 경성에 《도장》경판이 있었음은 물론이고, 보정保定·진정眞定·태원·하중부河中府의 왕조사암王祖師庵·관서 등에 모두 《도장》경판이 있었음. 도교사에 있어 전례없이 성행하던 시기임.			고려 고종 때에 최이崔怡가 주자鑄字를 이용하여 《상정예문詳定禮文》 28본을 인쇄(세계 최초의 금속활자)
1236 몽골 태종 8년	몽골이 야율초재耶律楚材의 건의를 받아들여 평양平陽에 경적소를 설립하고 경사經史를 편집함.			
1237~1244 태종 9년~ 마진황후 3년	몽골 도사 송덕방宋德方 및 그 문인 진지안秦志安이 평양에서 각자공 5백 명을 고용하여 원 《현도보장玄都寶藏》 7,800권의 판각 완성.		고려의 고종이 《대장경》 8만여 판을 판각, 현재 한국 해인사에 보존	
1239	송 안길주安吉州(지금의			고려 주자본

연 도	중 국		외 국	
	목 판	활자판	목 판	활자판
송 가희 3년	호주) 사계의 법보 자복 선사資福禪寺에서 5,740 권의 경전을 간행하니 이를 《자복장資福藏》이 라 함. 현재 북경도서관 소장.			《남명증도가 南明證道歌》가 이 해 전에 있 었음.
1241 전 몽골 태종 13년 전	야율초재가 그의 스승인 승려 행수行秀의 《석씨 신문釋氏新聞》 등 다수를 간행하고 또 탁발로 보 시를 받아 《대장》판을 보수 간행			
1241~1251 태종 13년~헌종 원년		몽골의 양고가 니활자 를 이용하여 주자의 《소학》·《근사록》 등 을 인쇄.		
1246~1247 송 순우 6년~7년	송 회자 액수가 6억 5천 만 관까지 달하고 다음 해는 더욱 제한이 없었 으니 신구 화폐가 동시 에 병용되었고 쌀 1되에 1관이었음.		일본 호지[寶 治] 원년에 송 무본夒本 《논 어집주》를 번 각 (일본에서 간행된 첫 번 째 유교서적)	
1253 전 천정 2년 전	대리국에서 《불설장수명 경佛說長壽命經》 간행.			
1260 몽골 중통 원년	몽골에서 '중통보초中統 寶鈔' 통용. 현재 중통원 보교초 동판이 있음.			
1264			일본 승려가 송에서 《대각 선사어록》판	

연 도	중 국		외 국	
	목 판	활자판	목 판	활자판
			을 가지고 귀국	
1269~1324 송 함순 5년~원 태정 원년	송 항주 부근 여항현 백운산白雲山 대보녕사大普寧寺에서 《보녕장普寧裁》5,931권을 간행			
1271~1368 원				
1271 지원 8년		원나라 초에 어떤 사람이 주석을 주조해 글자를 만들고, 철사로 그것을 묶었으며, 계행을 두어 인쇄했으나 먹을 사용하기 어려움.		
1273 지원 10년	원나라는 관에서 편찬한 《농상집요農桑輯要》를 백성에게 교부함(연우연간에 또 1만부 인쇄함)			
1277 지원 14년	평양에 있던 경적소를 서울로 이전. 원 세조는 불경 36장을 인쇄하도록 명하고 귀화한 외국인에게 하사함.			
1278 지원 15년	세조가 사신을 파견해 항주 등으로 가서 관에 있던 서적판각을 서울로 가져옴. 또 강서 여러 군의 관서판도 포함.			
1281 지원 18년	세조가 서울과 여러 로에 있는 《도장道藏》경문과 인판을 모두 태우도			

연 도	중 국		외 국	
	목 판	활자판	목 판	활자판
	록 명함.			
1287 지원 24년	세조가 '지원초至元鈔'와 '중통초中統鈔'를 만들어 유통시킴. 인조염印造鹽·차등인국茶等引局 설치			
1289			일본 쇼오[正應] 2년 영파 각자공 서여주 徐汝周·홍거 洪擧가 일본에 서 불서를 판 각(원·명의 중국 각자공 50여 명이 일 본에서 도서 간행)	
1290 지원 27년	홍문서興文署에서 《통감》판각. 세조가 사신을 고려에 보내 《장경》을 보수토록 함.			
1294 지원 31년	복건 건안서당에서 《신전상삼국지고사新全相三國志故事》간행(최초로 표지에 그림이 수록됨).		페르시아(지금의 이란)의 수도 타브리즈 (Tabriz)에서 원나라를 모방 해 화폐 인쇄 함.	
1295			안남의 진영종 陳英宗이 원에 서 《대장경》을 구해 유천장	

연 도	중 국		외 국	
	목 판	활자판	목 판	활자판
			부留天長府(지금의 남정南定 Nam ₫inh)에서 부본 간행.	
1296 정원 2년	보인화상普仁和尚이 불경 20장을 구매하여 정주 일대의 사원에 나누어 비치함.			
1298 대덕 2년		왕정王禎이 목활자 3만여자를 만들어 자신이 편찬한 대덕《정덕현지旌德縣志》1백부를 인쇄		고려《청량답순종심요법문淸涼答順宗心要法門》은 현존하는 세계에서 가장 오래된 금속활자본이라 함.
약 1300 대덕 4년		위구르문의 목활자가 돈황에서 발견됨.		
1305 대덕 9년	대덕구로본大德九路本《십칠사》를 처음으로 간행(미완간으로 의심됨)			
1306 대덕 10년	송강부 승록 광복대사廣福大師 관주팔管主八이 항주에서 비밀경·율律·논論 수백 권을 수정 보충함.《적사장》1천여 권을 간행해 보시함. 항주로 대만수사大萬壽寺《하서자河西字(서하문) 대장》3,620여권을 인쇄 제작, 30여장을 영하 영			

연 도	중 국		외 국	
	목 판	활자판	목 판	활자판
	창 등의 사원에 인쇄하여 보시. 또 한문《대장경》50여장을 인쇄하여 보시. 복주 개원 장엄선사莊嚴禪寺에서《비로대장》경판 1부를 보충간행.			
1307~1332 대덕 11년 ~ 지순 3년	몽골 번역본《도상효경圖象孝經》·《도상열녀전》·《대학연의》·《정관정요》를 간행. 또 몽골문《통감절요通鑑節要》를 각 로路에 반포하여 행함.			
1308 지대 원년	천주성泉州城 호국수륙선사護國水陸禪寺 주지가 탁발보시하여《비로대장》경문 간행			
1308~1311 지대 원년~4년	몽골문《대장》간행			
1310			페르시아 유명 사학자 *라시드 앗 딘의《세계사》에 중국의 목판 인쇄법이 소개됨.	*라시드 앗 딘이 저술한 세계사로《집사集史》라고 함. 한국에는 1부《부족지》, 부《칭기즈칸기》(모두 김호동 역)가 나와 있음: 역주

연 도	중 국		외 국	
	목 판	활자판	목 판	활자판
1312 황경 원년	원의 부마 고려국왕 왕장王璋이 원 인종 축수를 위해 불경 50장(《보녕장(普寧藏)》)을 간행하여 사방의 사찰에 보시함. 왕장은 북경에 오래도록 거주함.			
1312~1320 황경 원년~ 연우 7년	티베트의 가목양嘉木樣이 후장後藏 내당사奈塘寺에서 티베트어 《대장》을 판각하니 이를 내당고판奈塘古版이라 함.			
1315 연우 2년	건양建陽의 후산보은만수당後山報恩萬壽堂의 진각림陳覺琳이 탁발 보시를 받아 《비로대장경》판을 판각함(미간행으로 보임)			
1321~1323 지치 원년~3년	비구니 조의祖意가 탁발 보시를 받아 복주 동선사 경판 1만판을 판각하여 바꿈.		일본 겐코[元亨] 원년 히라가나가 첨가된 《구로다쇼닌어록黑谷上人語錄》(일본 간본刊本의 시초)	
1322 지치 2년		마칭덕馬稱德이 봉화에서 활서판 10만자를 새겨 《대학연의》등 도서 간행.		
1328 천력 원년	천력天曆 원년에 총 312만 3,185본의 역서를 대력·소력·회회력回回曆			

연 도	중 국		외 국	
	목 판	활자판	목 판	활자판
	3종으로 구분			
1328~1330 천력 원년~지순 원년	총 256만 4천여 염인鹽引에 염과초鹽課鈔는 총 766만 1천여 정錠을 부과함			
1328~1331 천력 원년~ 지순 2년	문종 불경 36장을 인쇄하도록 칙령을 내리고 강남에 역시 하사함.			
1329 천력 2년	광성국廣成局을 처음으로 설치하고 경적經籍의 판각 인쇄를 관장함.			
1336 지원 2년	다인茶引 1백만 장, 발효차 세수액의 표권을 매년 1,308만 5,289근을 인쇄제조함.			
1341 지정 원년	중흥로(지금의 호북 강릉) 자복사資福寺에서 주·묵 2색의 투인본 《금강경주》.			
1347 지정 7년	하항주로下杭州路《대원대일통지大元大一統志》 1,300권을 간행. '우주의 기관奇觀'이라고 하나 애석하게 잔결되었음.			
약 1350 전			이집트 목판 인쇄	
1350 지정 10년	매일 인쇄하는 초鈔가 셀 수 없이 많아 초 10정錠으로 보리 한말도 바꿀 수 없음.			

연 도	중 국		외 국	
	목 판	활자판	목 판	활자판
1361~1362 지정 21년~22년	항주 서호서원에서 송의 국자감서판을 수정보충하여 다시 판각하니 필사공과 인쇄공이 92명이었음. 누락되고 빠진 7,893판을 다시 새기고 손상된 1,670판을 수리했음.			
1364 지정 24년	주원장이 오왕 원년에 《율령직해》간행			
1368~1644 명				
1368 홍무 원년	명 태조(주원장)가 서적·붓·먹·농기구에 대해 세금을 걷지 못하도록 명령.			
1369 홍무 2년	《사서》·《오경》·《강목》·제자諸子를 부주현학에 내림.			
1370~1395			일본 오안[應安]3년~오에[應永]2년에 유양보俞良甫가 《문선》·《한·유집》 등 10종을 판각. 유양보는 복건 보전 사람.	
1372~1403 홍무 5년~ 영락 원년	남경에서 《홍무남장》 6,311권을 간행			

연 도	중 국		외 국	
	목 판	활자판	목 판	활자판
1375 홍무 8년	원나라 항주 서호서원의 송·원 구판을 모두 취하여 남경 국자감으로 보냄 (명 남감본은 약 271종).			
1376				조선에서 목활자를 사용하여 《통감강목通鑑綱目》인쇄. 조선 목활자는 1895년까지 모두 28차례 제조됨.
1378 홍무 11년	친왕이 봉지에 도달하면 반드시 사곡詞曲 1,700본을 하사함.			
1383 홍무 16년	남경 보초국寶鈔局에 초장인鈔匠人 580명이 있었는데 매년 694만 6,599정綻을 인쇄했고 구용현句容縣의 은 세공장이 은 석판으로 위조 지폐를 만들었는데 문양이 분명했음.			
1385~1386 홍무 18년~ 19년	홍무어제《대고大誥》·《속편續編》·《삼편三編》을 모든 신하들이 집에 두고 암송하도록 함. 《대고》를 가진 자가 죄를 지었을 때는 치죄가 감소됨.			
1390	주번周藩에서 이항李恒			

연 도	중 국		외 국	
	목 판	활자판	목 판	활자판
홍무 23년	의 《수진방袖珍方》(명 번부 각본은 432종이 있으며 명본의 특색임)을 판각함.			
1392				고려에서 서적원을 설치해 주자鑄字를 관장하고 서적 인쇄. 이 해에 고려 멸망.
1395			유럽 14세기 말 시작, 목판으로 성상聖像과 지패 인쇄.	조선에서 목활자로 《공신도감功臣都監》 인쇄, 현존.
1403 영락 원년 계미				조선 이태종이 구리로 계미자 10만자 주조. 조선은 이후 1863년까지 모두 34차례 주조했는데 연활자 2번, 철활자 6번, 나머지는 모두 동활자임.
1404 영락 2년	국자감 경적판 보충 수정. 《열녀전》 1만본을 인쇄하여 각 국에 보냄.			
1410 영락 8년	성조가 《번장番藏》(티베트어 《대장》)을 번경창番經廠에서 간행하도록 칙령을 내리고 먼저 인쇄된 것을 오대산으로 보냄.			

연 도	중 국		외 국	
	목 판	활자판	목 판	활자판
1419 영락 17년	조선 사신에게 《위선음즐爲善陰騭》 6백본을 보냄.			
1420 영락 18년 경자	불교신자인 태감 정화鄭和가 불경 10장을 인쇄하여 남북의 각 사찰에 보시함.			조선에서 동銅경자자庚子字로 《진문충공문장정종眞文忠公文章正宗》인쇄. 현존.
1420~1440 영락 18년~정통 5년	북경에서 《영락북장永樂北藏》 6,361권 간행.			
1423			유럽의 현존 최고의 목판화 〈성 크리스토퍼상〉 인쇄.	
1434 선덕 9년 갑인				조선 동활자 갑인자甲寅字가 가장 아름다워 조선의 '만세지보萬世之寶'로 불림
1436 정통 원년 병진				조선에서 연鉛활자 병진자丙辰字로 《통감강목》인쇄. 세계 최초의 연활자본.
1440~1450			유럽 최초의 목판서	
1443			안남 여조黎朝	

연 도	중 국		외 국	
	목 판	활자판	목 판	활자판
			의 양여곡梁如鵠이 두 차례 명나라에 사신으로 왔다가 판각법을 보고 귀국하여 가르침. 후에 해양가록이 월남 전역에서 유명한 각자공이 됨.	
1444~1447 정통 9년~12년	북경에서 《정통도장正統道藏》 5,305권 간행.			
약 1450				독일 구텐베르크가 활자를 사용해 인쇄함.
1456 전후 (혹은 1452, 혹은 1455)				구텐베르크 《42행본 성경》 인쇄.
1457~1487				독일 《메인츠 성시편》 인본, 책 안에 처음으로 인쇄공, 출판연도, 출판지역이 기록되고 홍남색의 대자자모가 이용됨. 이후 인쇄술은 독일에서 유럽 각국으로 전파됨. 1465년에 이탈리아, 1470

연 도	중 국		외 국	
	목 판	활자판	목 판	활자판
				년에 프랑스, 1473년에 네덜란드와 벨기에, 1474년 폴란드와 스페인, 1476년에 영국, 1483년에 스웨덴과 노르웨이, 1487년에 헝가리로 전파됨.
1462 천순 6년				명나라 전부錢溥가 안남 사신으로 가 그곳의 정승 등과 창화하고 그 다음날 활자로 시집 간행.
1488~1505 홍치 원년~18년		벽운관 활자 《갈관자鶡冠子》		
1490 홍치 3년		무석의 화수華燧가 회통관 동활자로 처음 《송제신주의宋諸臣奏議》인쇄.		
1505 전 홍치 18년 전		상주에서 연활자 사용.		
1506~1521 정덕 원년~16년	정덕 원년 《성적도聖跡圖》채색 인쇄.		유구국(일본 오키나와) 상진왕尚真王이 《사서》판각.	
1516				아프리카 모로

연 도	중 국		외 국	
	목 판	활자판	목 판	활자판
				코 페즈에 인쇄소 설립.
1517 정덕 12년	북경 무정후武定侯 곽훈郭勳이 당《원·백문집》등 여러 종류를 판각하고 '무정판'이라 칭함.	한습방韓襲芳이 절강 경원慶元에서 동활자로《제갈공명심서諸葛孔明心書》간행.		
1521 전 정덕 16년 전		광주에서 활자로 도서 간행.		
1521 정덕 16년		무석의 안국安国이 처음으로 동활자를 이용해 정덕正德《동광현지東光縣志》인쇄.		
1539				유럽의 인쇄술이 신대륙 멕시코로 전파.
1551~1552 가정 30년~31년		지성芝成(복건 건구建甌)에서 동판활자로《통서류취극택대전通書類聚尅擇大全》인쇄, 다음 해에 남인《묵자》.		
1561				유럽 인쇄술이 인도 고아(Goa)에 전래
1563				러시아의 표도로프가 모스크바에서 도서 인쇄 시작
1567~1619 융경 원년~만력 47년	인쇄체(송체자) 출현			

연 도	중 국		외 국	
	목 판	활자판	목 판	활자판
1573				조선 철鐵활자 계유자癸酉字
1579~1677 만력 7년~청 강희 16년	《경산장徑山藏》혹은 《방책장方冊藏》, 또는 《가흥장嘉興藏》이라고 도 함. 12,600여 권.			
1581~1644 만력 9년~숭정 17년	호주의 능凌·민閔 두 집 안에서 투인 144종 간행.			
1584 만력 12년	만력제의 모후가 《속입 장경續入藏經》410권을 판각. 광주에서 이탈리 아 Michele Ruggieri[羅明堅]의 《천학실록天學實錄》을 판각. 조경肇慶에 서 마테오 리치의 《기인 십규畸人十規》(최초의 천주교서적) 판각.			
1586~1593 만력 14년~21년	북경 국자감에서 《13경 주소》(명 북감본 약 43 종) 판각.			
1590 만력 18년		유럽 선교사가 광동 마 카오에서 서양활자로 라틴어로 된 《일본이 로마로 파견한 사절》 인쇄		유럽 인쇄술이 일본에 전래되 니 기리시단본 [切支丹本: 크 리스챤의 음 역)이라 함.
1593		중국 천주교도 요한 베 라(세례명)가 필리핀 마닐라에서 《무극천주 정교진전실록無極天主 正敎眞傳實錄》을 한문		

연 도	중 국		외 국	
	목 판	활자판	목 판	활자판
		본과 따갈로그어본으로 판각.		
1596~1606 만력 24년~34년	북경 국자감이 남감본에 의거해 《이십일사二十一史》를 재간행. 이시진李時珍의 《본초강목》간행.			
1597				일본 목활자 《권학문》은 조선식으로 간행했다 함.
1599 만력 27년	운남 여강麗江 목증토사 木增土司가 은분으로 《대승관세음보살보문경大乘觀世音菩薩普門經》 인쇄.			
1607 만력 35년	만력 《속도장續道藏》 간행. 북경에서 마테오 리치·서광계徐光啟 《기하원본幾何原本》 전 6권을 출판.			
1616~1626 만력 44년~ 천계 6년	후금 누르하치(청태조)의 《격명만력황제문檄明萬曆皇帝文》, 현존.			일본이 조선 동자를 이용해 《군서치요》인쇄, 부족한 활자는 중국인 임오관林五官이 다시 주자함.
1625 천계 5년	서안에서 프랑스인 니콜라이, 명 장갱張賡이 번역한 《황의況義》(이솝우화,			

연 도	중 국		외 국	
	목 판	활자판	목 판	활자판
	최초의 번역본) 인쇄.			
1626 천계 6년	강녕江寧의 오발상吳發祥이 《몽헌변고전보夢軒變古箋譜》채색인쇄.			
1627 천계 7년	호정언胡正言이 남경에서 《십죽재화보十竹齋畫譜》채색인쇄.			
1637 숭정 10년	송응성宋應星 《천공개물天工開物》판각인쇄.			
1638 숭정 11년~청 숭덕 3년	청 홍타이지(태종)가 《몽문팔기계규蒙文八旗戒規》판각, 현존.			미국(당시 영국 식민지) 이 첫 번째 인쇄소 설립.
1642 숭정 15년	색인이 출현, 북경판 《성경직해聖經直解》참조.			
1644 전 숭정 17년 전	《이문태상감응편彝文太上感應篇》, 명 운남 무정式定 출판, 간행된 해는 미상			
1644~1911 청				
1646 순치 3년	내부內府에서 《만문홍무요훈滿文洪武要訓》간행, 최초의 만주어 인본, 현존.			
1661 전 순치 18년 전	왕대여王岱興 《정교진전正教眞詮》진강鎭江 간행, 초기의 회교서적 인본.			
1671 강희 10년	소주서방에서 숭덕공소崇德公所 설립			

연 도	중 국		외 국	
	목 판	활자판	목 판	활자판
1680 강희 19년	무영전 좌우 낭하에 수 서처修書處를 처음 설립 하고 도서를 간행, 서적 의 제본을 관장하니 무 영전판의 시초가 됨.			
1680 후 강희 19년 후	강희 전판 몽문《대장》 간행			
1683 강희 22년	강희 티베트문《대장》판 각,《감주이甘珠爾》만 남 아 있음.			
1686 강희 25년		강소 취려각吹黎閣에 서 동활자로《문원영 화율부선文苑英華律賦 選》인쇄.		
1713 강희 52년		내부동활자로《성력고 원星曆考原》인쇄. 진몽 뢰陳夢雷가 내부동활 자를 빌려 그의《송학 산방시집松鶴山房詩 集》을 인쇄.		
1718~1719 강희 57년~58년	서양동판(요판凹版)으로 《강희황여전람도康熙皇 興全覽圖》판각 인쇄.	태안泰安 서지정徐志 定이 신합재자판 眞合 齋瓷版(태산자판)으로 장이기張爾岐의《주역 설략周易說略》·《호암 한화蒿庵閑話》인쇄.		
1723~1735 옹정 원년~13년	옹정 티베트문《단주이 丹珠爾》속각			
1725~1726 옹정 3년~4년		내부동활자로 진몽뢰 《흠정고금도서집성欽 定古今圖書集成》1만		

연 도	중 국		외 국	
	목 판	활자판	목 판	활자판
		권, 5천책을 인쇄, 《송학산방시집》 글자체와는 다름.		
1729				조선 철활자로 《서파집西坡集》인쇄.
1730 옹정 8년	강녕서방 동판으로 《사서체주四書體注》 판각 인쇄.			
1731 옹정 9년	납판蠟版으로 《제주전록題奏全錄》인쇄. 비엔나 국가도서관 소장.			
1735~1738 옹정 13년~건륭 3년	옹정이 한문 《대장》 간행, 속칭 《용장龍藏》. 양면을 이용한 배나무판 79,000판을 판각. 현재 북경도서관 소장.			
1736 전 건륭 원년 전	티베트 목록사木鹿寺 경원장經園藏 라싸의 구판 티베트문 《대장》			
1739 건륭 4년	무영전에서 《십삼경》·《이십일사》 간행, 황제가 파격적으로 왕대신을 임용하여 그 일을 총괄하게 하니 전판殿版의 이름이 유명해짐(청 전본은 약 380종). 소주 각자행刻字行에서 기궐공소剞劂公所 설립.			
1739 후 건륭 4년 후	사천 덕격관德格版 티베트문 《감주이》·《단주이》.			

연 도	중 국		외 국	
	목 판	활자판	목 판	활자판
1752 건륭 17년	18세기 중엽 후장後藏 내 당柰塘에서 신판 티베트 문 《대장》판각.			캐나다 처음으 로 도서인쇄
1763 건륭 28년	《흠정서역동문지欽定西 域同文志》는 만주문·한 문·티베트문·회문回 文·몽골문·탁특托忒문 이 있음.			
1765 건륭 30년	공신당公慎堂에서 납판 으로 《제주사건題奏事 件》인쇄. 국가도서관 소 장.		일본 스즈키 하루노부[鈴木 春信]가 중국 의 채색인쇄를 모방한 '니시 키에[錦繪]'제 작.	
1770 건륭 35년	《건륭십삼배지도乾隆十 三排地圖》 프랑스 선교자 Michel Benoist(중국명: 蔣友仁)이 동판에 104편 을 판각하여 1백 세트를 인쇄함.			
1772				조선에서 도활 자陶活字로 명 나라 유인劉寅의 《삼략직해三略 直解》인쇄.
1773~1790 건륭 38년~55년	건륭이 만주문 《대장》을 판각하니 《국어대장國語 大藏》이라 함.			
1774 건륭 39년	이탈리아 사람 Giuseppe Castiglione(중국명: 郎世 寧)이 《건륭평정회부득	무영전에서 대·소 대 추나무 활자 25만 3,500개를 깎아 만들		

연 도	중 국		외 국	
	목 판	활자판	목 판	활자판
	승도乾隆平定回部得勝圖》16폭을 그리고, 프랑스인 리파[중국명: 利巴] 등 8명이 이를 동판에 새겨 중국으로 보내니 쥬세페에게 이를 인쇄하도록 명함.	이 차례로 《무영전취진판총서武英殿聚珍版叢書》134종을 인쇄. 이후에 남방에서 목활자 성행함.		
1783 건륭 48년	《원명원동판화圓明園銅版畵》20장은 중국인이 동판 음각하여 성공한 것임.			
1796 .				오스트리아 헝가리제국(지금의 체코슬로바키아)에서 석인술 발명.
약 청 중엽			광동 무명茂名의 임씨 성을 가진 자가 태국에서 책을 판각간행.	
1802				호주 시드니에서 첫 번째 책 인쇄
1804				영국인 스탠호프stanhope 백작이 흙판 발명
1807 가경 12년		대만진총병관臺灣鎭總兵官 무륭아武隆阿가 동활자로 《성유광훈주聖諭廣訓注》인쇄.		
1810	영국 신교 선교사 Robert			

연 도	중 국		외 국	
	목 판	활자판	목 판	활자판
가경 15년	Morrison이 광주에서 목판으로《사도행전》1천 부를 인쇄.			
1815~1822 가경 20년~도광 2년		영국인 인쇄공 Thomas가 수공으로 금속활자를 깎아 제작하여 마카오에서《모리슨자전字典》을 인쇄.	광동의 각자공 양아발梁阿發이 말라카(말레이시아)도서를 간행.	
1825~1846 도광 5년~26년		복주의 임춘기林春祺가 20여만량 은으로 해서체 대·소 동활자 40여만자를 깎아서《음학오서音學五書》등을 인쇄.		
1829				프랑스인 사라가 지판紙版(지형)을 발명(중국명은 謝羅, 원명은 알 수 없음: 역주)
1830~1832 도광 10년~12년		소주 사람 이요李瑤가 항주에 살면서 송대의 교니판을 모방하여《남강역사감본南疆繹史勘本》·《교보금석례4종校補金石例四種》을 인쇄.		
약 1832		중국 첫 번째 석인공 굴아앙屈亞昂.		
1833 도광 13년	광주에서 납판으로《원문초轅門鈔》인쇄. 광주에서 목각《동서양고매			

연 도	중 국		외 국	
	목 판	활자판	목 판	활자판
	월통계전東西洋考每月統 計傳》을 간행하니 중국내 에서 출판한 첫 번째의 중국어 정기 간행물임.			
1838 도광 18년		석인石印《각국소식》 이 영국 Medhurst 편집 으로 광주에서 출판.		
1843 도광 23년		Medhurst가 상해 묵해 서관에서 소를 이용해 연인鉛印선반을 돌리 니 보는 사람마다 기이 하게 여김.		
1843~1851 도광 23년~함풍 원년		영국목사 Samuel Dyer 가 홍콩에서 대·소자 의 모형을 만들고 미국 인쇄공 Richard Cole가 홍콩에서 Dyer의 소자 모형 4,700개를 완성하 니 이를 '홍콩자'(연활 자)라 함.		
1844 도광 24년	도광제道光帝가 탕쿠트 에《감주이》·《단주이丹 珠爾》경 (즉 티베트어 《대장》)을 증정함.	안휘 경현의 수재 적금 생이 30년의 심혈을 기울여 니활자 10만여 개를 만듦. 5호자로 나 누어 자신의 시문집 《니판시인초편泥版試 印初編》인쇄.		
1846		적씨翟氏 등이 니활자 로《모란창화시牡丹倡 和詩》조판인쇄.		
1848		정씨程氏 등이 니활자 로《선병서옥초집仙屛		

연 도	중 국		외 국	
	목 판	활자판	목 판	활자판
		書屋初集》·《시인속편 試印續編》·《수업당초 집修業堂初集》인쇄.		
1850~1852 도광 30년~함풍 2년		광동 불산진의 인쇄공 등씨가 대·소 석錫활 자 3세트 20만여 개를 제조하여 《문헌통고》 등을 인쇄.		
1851~1864 태평천국 원년~14년	태평천국 신개辛開(亥) 원년에 《유학시幼學詩》 를, 2년에 《천조서天條 書》를 판각. 태평천국 관 서는 약 40여 종. 수백 명이 《성경》을 판각하여 간행. 태평천국 10년에 천국보초 이백문을 발 행.			
1852~1853 함풍 2년~3년		항주에서 《묘향각시문 고妙香閣詩文稿》인쇄. 《수륙공수전략칠서》, 두 책 동활자와 임춘기 가 판각한 것은 모두 동일함.		
1853 함풍 3년	청나라가 호부관표를 발 행. 또 대청보초 발행.			
1855				프랑스인 M. Gllot가 사진 아연판을 발 명.
1857		적금생이 니활자로 《수동적씨종보水東翟		

연 도	중 국		외 국	
	목 판	활자판	목 판	활자판
	氏宗譜》를 인쇄.			
1858 함풍 8년		상주에서 동활자로 《구수비릉서씨가보九修毗陵徐氏家譜》 인쇄. 미국 인쇄공 W.Gamble이 중국에 와서 영파장로회의 인쇄소 미화서관 사무를 주재하면서 전도법電鍍法을 이용해 한자 대·소 연자鉛字 7종을 만들어 미화에서 판매하니 이를 '미화자美華字'라고 함. 2년 후에 미화는 영파에서 상해로 이전함.		
1859				John.Osborne이 사진 석인 石印을 발명
1862 동치 원년	두문수杜文秀가 운남에서 아랍어 《보명진경寶命真經》(《코란경》)을 새롭게 판각함.	《상해신보》는 영국상 《자림서보字林西報》의 중문판으로 상해 최초의 현대 중국어신문임.		
1863 동치 2년	증국번曾國藩이 금릉서국을 창립하니 각 성 관 서국官書局의 국각본局刻本의 시초임.			
1865 동치 4년		상해 강남제조국이 설립되고 차례로 서방과학기술서 178종을 번역하고 연인함.		
1869	동치제가 미국에 서적과			독일인 알베르

연 도	중 국		외 국	
	목 판	활자판	목 판	활자판
동치 8년	곡식 종자를 보냄.			트(Albert) collotype printing 발명.
1872 동치 11년		영국상인 Ernest Major 가 상해《신보申報》를 창립, 후에 중국인이 인수하여 전국으로 유명한 첫 번째 큰 신문을 만들었으며 77년간 출판을 계속했음. 처음으로 니활판을 사용함.		미국 에디슨이 유인油印을 발명
1874 동치 13년		상해 점석재點石齋 석인서국·도서집성 연인서국 역시 메이저가 창립함.		
1875 후 광서 원년 후		상해 서가휘徐家彙 토산만土山灣 인쇄소에서 처음으로 collotype printing 이용함.		
1881 광서 7년		상해 동문서국에 석인기와 직공 5백명이 있었는데 광동사람 서유자徐裕子가 창립.		
광서 중엽		일본상인이 상해 수문인서국修文印書局에서 지판을 이용함.		
1895 광서 21년		상해 남양공학南洋公學에서《몽학과본蒙學課本》을 인쇄(초기 교과서)함.		

연 도	중 국		외 국	
	목 판	활자판	목 판	활자판
1897 광서 23년		상해 상무인서관 성립, 미화서관 생도인 영파 사람 포함은鮑咸恩 3 형제 등이 4천원을 합 자출자하여 창립함. 외국의 선진기술과 기 계를 들여와 외국상인 들의 독점을 타파하고 중국인쇄업의 선두지 위를 점하며 85년간 2 만여 종의 책을 출판.		
1908 광서 34년	북경 재정부에 인쇄국을 설립하고 미국의 요판凹 版 기술자를 초빙함. 이 인쇄국이 중국에서 유일 하게 지폐와 우표를 인 쇄하는 인쇄국임.			
1909 선통 원년		상무인서관이 미국인 기술자 Stafford를 초 빙하여 사진아연판을 제작하고 또 채색동판 을 제작함.		

이전의 책《중국 인쇄술의 발명과 그 영향》의 초판·재판의 말미
에는 모두〈세계 인쇄술 발전연표〉라는 부록이 있었지만 너무 간략
했다. 새로 펴내는《중국인쇄사》의 원고를 작년에 마쳤을 때 책속의

자료에 근거하여 다시 〈중국인쇄사 연대별 주요사건〉을 편집하여 부록의 하나로 첨가함으로써 각 방면에서 참고할 수 있도록 했다.

_장수민 1985년 여름 항주에서

_북송에서 청대까지의 연호표

북송北宋(960~1127)

송 태조太祖 조광윤趙匡胤	건륭建隆 원년 경신庚申 960-963	4년
	건덕乾德 원년 계해癸亥 963-968	6년
	개보開寶 원년 무진戊辰 968-976	9년
송 태종太宗 조경趙炅	태평흥국太平興國 원년 병자丙子 976-984	9년
	옹희雍熙 원년 갑신甲申 984-987	4년
	단공端拱 원년 무자戊子 988-989	2년
	순화淳化 원년 경인庚寅 990-994	5년
	지도至道 원년 을미乙未 995-997	3년
송 진종眞宗 조항趙恒	함평咸平 원년 무술戊戌 998-1003	6년
	경덕景德 원년 갑진甲辰 1004-1007	4년
	대중상부大中祥符 원년 무신戊申 1008-1016	9년
	천희天禧 원년 정사丁巳 1017-1021	5년
	건흥乾興 원년 임술壬戌 1022	1년
송 인종仁宗 조정趙禎	천성天聖 원년 계해癸亥 1023-1032	10년
	명도明道 원년 임신壬申 1032-1033	2년

	경우景祐 원년 갑술甲戌 1034-1038	5년
	보원寶元 원년 무인戊寅 1038-1040	3년
	강정康定 원년 경진庚辰 1040-1041	2년
	경력慶曆 원년 신사辛巳 1041-1048	8년
	황우皇祐 원년 기축己丑 1049-1054	6년
	지화至和 원년 갑오甲午 1054-1056	3년
	가우嘉祐 원년 병신丙申 1056-1063	8년
송 영종英宗 조서趙曙	치평治平 원년 갑진甲辰 1064-1067	4년
송 신종神宗 조욱趙頊	희녕熙寧 원년 무신戊申 1068-1077	10년
	원풍元豐 원년 무오戊午 1078-1085	8년
송 철종哲宗 조후趙煦	원우元祐 원년 병인丙寅 1086-1094	9년
	소성紹聖 원년 갑술甲戌 1094-1098	5년
	원부元符 원년 무인戊寅 1098-1100	3년
송 휘종徽宗 조길趙佶	건중정국建中靖國 원년 신사辛巳 1101	1년
	숭녕崇寧 원년 임오壬午 1102-1106	5년
	대관大觀 원년 정해丁亥 1107-1110	4년
	정화政和 원년 신묘辛卯 1111-1118	8년
	중화重和 원년 무술戊戌 1118-1119	2년
	선화宣和 원년 기해己亥 1119-1125	7년
송 흠종欽宗 조환趙桓	정강靖康 원년 병오丙午 1126-1127	2년

남송南宋(1127-1279)

송 고종高宗 조구趙構	건염建炎 원년 정미丁未 1127-1130	4년
	소흥紹興 원년 신해辛亥 1131-1162	32년
송 효종孝宗 조신趙昚	융흥隆興 원년 계미癸未 1163-1164	2년
	건도乾道 원년 을유乙酉 1165-1173	9년

	순희淳熙 원년 갑오甲午 1174-1189	16년
송 광종光宗 조돈趙惇	소희紹熙 원년 경술庚戌 1190-1194	5년
송 영종寧宗 조확趙擴	경원慶元 원년 을묘乙卯 1195-1200	6년
	가태嘉泰 원년 신유辛酉 1201-1204	4년
	개희開禧 원년 을축乙丑 1205-1207	3년
	가정嘉定 원년 무진戊辰 1208-1224	17년
송 이종理宗 조윤趙昀	보경寶慶 원년 을유乙酉 1225-1227	3년
	소정紹定 원년 무자戊子 1228-1233	6년
	단평端平 원년 갑오甲午 1234-1236	3년
	가희嘉熙 원년 정유丁酉 1237-1240	4년
	순우淳祐 원년 신축辛丑 1241-1252	12년
	보우寶祐 원년 계축癸丑 1253-1258	6년
	개경開慶 원년 기미己未 1259	1년
	경정景定 원년 경신庚申 1260-1264	5년
송 도종度宗 조기趙禥	함순咸淳 원년 을축乙丑 1265-1274	10년
송 공종恭宗 조현趙㬎	덕우德祐 원년 을해乙亥 1275-1276	2년
송 단종端宗 조시趙昰16	경염景炎 원년 병자丙子 1276-1278	3년
송 조병趙昺	상흥祥興 원년 무인戊寅 1278-1279	2년

금金(1115-1234)

금 태조 완안아골타完顔阿骨打	수국收國 원년 을미乙未 1115-1116	2년
	천보天輔 원년 정유丁酉 1117-1123	7년

16_ 昰의 발음을 확실히 알 수 없어 '시'로 표기한다. 이름일 경우는 '이하응李昰應'(흥선 대원군의 아버지)처럼 표기도 하는데 중국발음으로는 'shi'를 많이 사용하기에 우선 '시'로 표기한다. 중국자료에도 趙昰를 Zhao Shi로 표시하고 있다. '夏'의 고자古字이기도 하다.

금 태종 완안성完顔晟	천회天會 원년 계묘癸卯 1123-1135	13년
금 희종熙宗 완안단完顔亶	천회 14년 병진丙辰 1136-1137	2년
	천권天眷 원년 무오戊午 1138-1140	3년
	황통皇統 원년 신유辛酉 1141-1149	9년
금 완완량完顔亮	천덕天德 원년 기사己巳 1149-1153	5년
	정원貞元 원년 계유癸酉 1153-1156	4년
	정륭正隆 원닌 병사丙子 1156-1161	6년
금 세종 완안옹完顔雍	대정大定 원년 신사辛巳 1161-1189	29년
금 장종章宗 완안경完顔璟	명창明昌 원년 경술庚戌 1190-1196	7년
	승안承安 원년 병진丙辰 1196-1200	5년
	태화泰和 원년 신유辛酉 1201-1208	8년
금 위소왕衛紹王 완안영제完顔永濟	대안大安 원년 기사己巳 1209-1211	3년
	숭경崇慶 원년 임신壬申 1212-1213	2년
	지녕至寧 원년 계유癸酉 1213	1년
금 선종宣宗 완안순完顔珣	정우貞祐 원년 계유 1213-1217	5년
	홍정興定 원년 정축丁丑 1217-1222	6년
	원광元光 원년 임오壬午 1222-1223	2년
금 애종哀宗 완안수서完顔守緒	정대正大 원년 갑신甲申 1224-1231	8년
	개흥開興 원년 임진壬辰 1232	1년
	천흥天興 원년 임진 1232-1234	3년

원元(1271-1368)

원 세조世祖 쿠빌라이[忽必烈][17]	지원至元 8년 신미辛未 1271-1294	24년
원 성종成宗 테무진[鐵穆耳]	원정元貞 원년 을미乙未 1295-1297	3년

17_ 우리가 습관적으로 쓰는 발음대로 했다.

	대덕大德 원년 정유丁酉	1297-1307	11년
원 무종武宗 카이산[海山]	지대至大 원년 무신戊申	1308-1311	4년
원 인종 애육려발력팔달愛育黎拔力八達[18]	황경皇慶 원년 임자壬子	1312-1313 2년

	연우延祐 원년 갑인甲寅	1314-1320	7년
원 영종英宗 석덕팔랄碩德八刺	지치至治 원년 신유辛酉	1321-1323	3년
원 태정제泰定帝 야손철목아也孫鐵木兒	태정泰定 원년 갑자甲子	1324-1328	5년
	치화致和 원년 무진戊辰	1328	1년
원 유주幼主 아속길팔阿速吉八	천순天順 원년 무진戊辰	1328	1년
원 문종 도첩목이圖帖睦爾	천력天曆 원년 무진戊辰	1328-1330	3년
	지순至順 원년 경오庚午	1330-1331	2년
원 영종寧宗 의린질반懿璘質班	지순至順 3年 임신壬申	1332	1년
원 혜종惠宗 타환첩목이妥歡帖睦爾	원통元統 원년 계유癸酉	1333-1335	3년
	지원至元 원년 을해乙亥	1335-1340	6년
	지정至正 원년 신사辛巳	1341-1368	28년

명明(1368-1644)

명 태조 주원장朱元璋	홍무洪武 원년 무신戊申	1368-1398	31년
명 혜제惠帝 주윤朱允	건문建文 원년 기묘己卯	1399-1402	4년
명 성조成祖 주체朱棣	영락永樂 원년 계미癸未	1403-1424	22년
명 인종仁宗 주고치朱高熾	홍희洪熙 원년 을사乙巳	1425	1년
명 선종宣宗 주첨기朱瞻基	선덕宣德 원년 병오丙午	1426-1435	10년
명 영종英宗 주기진朱祁鎭	정통正統 원년 병진丙辰	1436-1449	14년
명 대종代宗 주기옥朱祁鈺	경태景泰 원년 경오庚午	1450-1456	7년

18_ 우리가 자주 쓰지 않는 발음이라서 한자음대로 했다.

명 영종英宗 주기진朱祁鎭　　천순天順 원년 정축丁丑 1457-1464　8년
명 헌종憲宗 주견심朱見深　　성화成化 원년 을유乙酉 1465-1487 23년
명 효종孝宗 주우당朱祐樘　　홍치弘治 원년 무신戊申 1488-1505 18년
명 무종武宗 주후조朱厚照　　정덕正德 원년 병인丙寅 1506-1521 16년
명 세종世宗 주후총朱厚熜　　가정嘉靖 원년 임오壬午 1522-1566 45년
명 목종穆宗 주재후朱載垕　　융경隆慶 원년 정묘丁卯 1567-1572　6년
명 신종神宗 주익균朱翊鈞　　만력萬曆 원년 계유癸酉 1573-162　48년
명 광종光宗 주상락朱常洛　　태창泰昌 원년 경신庚申 1620　　　1년
명 희종熹宗 주유교朱由校　　천계天啟 원년 신유辛酉 1621-1627　7년
명 의종毅宗 주유검朱由檢　　숭정崇禎 원년 무진戊辰 1628-1644 17년

청淸(1644-1911)

청 세조 복림福臨　　　　　순치順治 원년 갑신甲申 1644-1661 18년
청 성조聖祖 현엽玄燁　　　강희康熙 원년 임인壬寅 1662-1722 61년
청 세종世宗 윤진胤禛　　　옹정雍正 원년 계묘癸卯 1723-1735 13년
청 고종高宗 홍력弘曆　　　건륭乾隆 원년 병진丙辰 1736-1795 60년
청 인종仁宗 옹염顒琰　　　가경嘉慶 원년 병진丙辰 1796-1820 25년
청 선종宣宗 민영旻寧　　　도광道光 원년 신사辛巳 1821-1850 30년
청 문종文宗 혁저奕詝　　　함풍咸豐 원년 신해辛亥 1851-1861 11년
청 목종穆宗 재순載淳　　　동치同治 원년 임술壬戌 1862-1874 13년
청 덕종德宗 재첨載湉　　　광서光緒 원년 을해乙亥 1875-190　34년
청 부의溥儀　　　　　　　　선통宣統 원년 기유己酉 1909-1911　3년

부록 4

_참고도서

* 중요한 것을 선별 기록하며 판본과 권수는 모두 생략하고 논문은 수록하지 않음.

* 당 현종《당육전唐六典》

* 당 이조李肇《국사보國史補》

* 진晉 유구劉昫《구당서舊唐書》

* 송 구양수歐陽修·송기宋祁《신당서》

* 송 왕부王溥《오대회요五代會要》

* 송 이도李燾《속통감장편續通鑑長編》

* 송판《중흥양조편년강목中興兩朝編年綱目》

* 《송회요집고宋會要輯稿》

* 송 이유李攸《송조사실宋朝事實》

* 송 고승高承《만물기원萬物紀原》

* 송판 원조중元照重 편집《영명지각선사어록永明知覺禪師語錄》

* 송 왕응린王應麟《옥해玉海》

* 순희淳熙《삼산지三山志》

* 가태嘉泰《회계지會稽志》

* 송 고사손高似孫 가정嘉定《섬록剡錄》·《사략史略》

* 송판 소정紹定《오군지吳郡志》

* 경정景定《건강지建康志》

* 함순咸淳《임안지臨安志》

* 송 곽약허郭若虛《도화견문지圖畫見聞志》

* 송 사마광司馬光《속수기문涑水紀聞》

* 송 심괄沈括《몽계필담夢溪筆談》·《보필담補筆談》

* 송 소식蘇軾《동파지림東坡志林》

* 송 왕벽지王闢之《승수연담록澠水燕談錄》

* 송 하원何薳《춘저기문春渚紀聞》

* 송 홍호洪皓《송막기문松漠紀聞·보유補遺》

* 송 요관姚寬《서계총어西溪叢語》

* 송 섭몽득葉夢得《피서녹화避暑錄話》

* 송 장방기張邦基《묵장만록墨莊漫錄》

* 송 홍매洪邁《용재수필容齋隨筆》·《이견지夷堅志》

* 송 조언위趙彥衛《운록만초雲麓漫抄》

* 송 주욱朱彧《평주가담萍洲可談》

* 송 왕명청王明淸《휘주록揮麈錄》

* 송 장단의張端義《귀이집貴耳集》

* 송판 주휘周煇《청파잡지淸波雜志》

* 송 주밀周密《제동야어齊東野語》·《무림구사武林舊事》·《계신잡식
　癸辛雜識》

* 송판 채양蔡襄《보양거사채공문집莆陽居士蔡公文集》

* 송 구양수歐陽修《구양문충공집歐陽文忠公集》

* 송 소철蘇轍《혁성집奕城集》

* 송 범준范浚《범향계문집范香溪文集》

* 송 육유陸游《위남문집渭南文集》

* 송 주필대周必大《문충집文忠集》

* 송 주희朱熹《주자대전집朱子大全集》

* 송 위료옹魏了翁《학산선생대전집鶴山先生大全集》

* 송 조공무晁公武《군재독서지郡齋讀書志》

* 송 진진손陳振孫《직재서록해제直齋書錄解題》

* 송 이효미李孝美《묵보墨譜》

* 송 《조씨묵경晁氏墨經》

* 원 마단림馬端臨《문헌통고文獻通考》

* 금 왕철王嚞《중양교화집重陽教化集》

* 금 왕약허王若虛《호남유로집滹南遺老集》

* 금 이준민李俊民《장정집莊靖集》

* 금 유기劉祈《귀잠지歸潛志》

* 금 원호문元好問《중주집中州集》

* 원 탁극탁托克托 등《송사宋史》·《요사遼史》·《금사金史》

* 《원전장元典章》

* 《원통제조격元通制條格》

* 원 《비서감지秘書監志》

* 원 이도겸李道謙《칠진연보七眞年譜》

* 원 야율초재耶律楚材《서유록西游錄》·《담연거사집湛然居士集》

* 원 승려 염상念常《불조역대통재佛祖歷代通載》

* 연우延祐《사명지四明志》

* 원 도종의陶宗儀《철경록輟耕錄》

* 원 이유李有《고항잡기古杭雜記》

* 원 왕운王惲《추윤선생대전문집秋潤先生大全文集》

* 원 우집虞集《도원학고록道園學古錄》

* 원 유관柳貫 《대제문집待制文集》

* 원 소천작蘇天爵 《자계문고滋溪文稿》

* 원 사응방謝應芳 《귀소고龜巢稿》

* 원 진기陳基 《이백재서고夷白齋書稿》

* 원 비저費著 《촉전보蜀箋譜》

* 명 홍무洪武 《어제대고御製大誥》

* 명 송렴宋濂 등 《원사元史》

* 《대명회전大明會典》

* 《정통실록正統實錄》

* 명판明版 《예부주의종번사의禮部奏議宗藩事宜》

* 명판 《대리시지大理寺志》

* 성화成化 《국자감지國子監志》

* 홍치弘治 《국자감지》

* 명 황좌黃佐 《남옹지南雍志》

* 명 소경방邵經邦 《홍간록弘簡錄》

* 명 양순길楊循吉 《금소사金小史》

* 명 주모위朱謀㙔 《번헌기藩獻記》·《이림異林》

* 명 유약우劉若愚 《작중지酌中志》(또 다른 제목은 《무사소초蕪史小草》)

* 연평왕호관延平王戶官 《양영종정실록楊英從征實錄》

* 명 화저華渚 《구오화씨본서勾吳華氏本書》

* 《정통도장正統道藏·궁관비지宮觀碑志》

* 경태景泰 《건양현지속집建陽縣志續集》

* 가정嘉靖 《건양현지建陽縣志》

* 홍치弘治 《영하신지寧夏新志》

* 정덕正德 《건창부지建昌府志》

* 가정嘉靖 《청주부지青州府志》

* 만력萬曆《항주부지杭州府志》

* 명 조학전曹學佺《촉중광기蜀中廣記》

* 명 육용陸容《숙원잡기菽園雜記》

* 명 당금唐錦《용강몽여록龍江夢餘錄》

* 명 낭영郎瑛《칠수류고七修類稿》

* 명 초횡焦竑《초씨필승焦氏筆乘》

* 명 사조제謝肇淛《오잡조五雜組》

* 명 호응린胡應麟《소실산방필총少室山房筆叢》 갑부甲部《경적회통
   經籍會通》

* 명 고기원顧起元《객좌췌어客座贅語》

* 명 이후李詡《계암만필戒庵漫筆》

* 명 주국정朱國禎《용당소품湧幢小品》

* 명 심덕부沈德符《야획편野獲編》

* 명 동기창董其昌《균헌청비록筠軒淸閟錄》

* 명 하량준何良俊《사우재총설四友齋叢說》

* 명 고렴高濂《준생팔전遵生八箋》

* 명 방이지方以智《통아通雅》·《물리소식物理小識》

* 명 해진解縉《해문의공집解文毅公集》

* 명 문징명文徵明《보전집甫田集》

* 명《서광계수적徐光啓手跡》영인본

* 명 강성强晟《여남시화汝南詩話》

* 명 서사증徐師曾《문체명변文體明辯》

* 명 양교梁橋《황명성제책요皇明聖制策要》

* 명 주홍조周弘祖《고금서각古今書刻》

* 명 조율晁瑮《보문당서목寶文堂書目》

* 명 고유高儒《백천서지百川書志》

* 《경산방책본각장연기徑山方冊本刻藏緣起》

* 녕 정군방程君房 《묵원墨苑》

* 명 방서생方瑞生 《묵해墨海》

* 《대청회전사례大淸會典事例》

* 청 장연옥張延玉 등 《명사明史》

* 청 《흠정국자감지欽定國子監志》

* 《청대문자옥당淸代文字獄檔》

* 청 부의례傅以禮 《장씨사안본말莊氏史案本末》

《아편전쟁자료鴉片戰爭資料》 제1책

* 도광 10년 《중수규천황씨종보重修虯川黃氏宗譜》

* 청 안선安璿 《안씨가승습유安氏家乘拾遺》 원본

* 《교산안황씨종보膠山安黃氏宗譜》

* 광서 병신丙申 《중수건양여씨신보重修建陽余氏新譜》

* 강희康熙 《무석현지無錫縣志》

* 강희 《청량산지淸凉山志》

* 강희 《회강지回疆志》

* 건륭乾隆 《흠정일하구문고欽定日下舊聞考》

* 건륭 《선화부지宣化府志》

* 청 화녕和寧 《서장부주西藏賦注》

* 도광道光 《흡현지歙縣志》

* 도광 《영도직례주지寧都直隷州志》

* 함풍咸豊 《순덕현지順德縣志》

* 동치同治 《소주부지蘇州府志》

* 청 왕창王昶 《금석췌편金石萃編》

* 청 고정림顧亭林 《일지록日知錄》

* 청 장이기張爾岐 《호암한어蒿庵閑語》

* 청 양청원梁清遠《조구잡록雕丘雜錄》

* 청 왕사진王士禛《거이록居易錄》

* 청 포송령蒲松齡《요재필기聊齋筆記》

* 청 원동袁棟《서은총설書隱叢說》

* 청 전대흔錢大昕《십가재양신록十駕齋養新錄》

* 청 조익趙翼《입이사찰기廿二史劄記》·《해여총고陔餘叢考》

* 청 양장거梁章巨《귀전쇄기歸田瑣記》

* 청 완규생阮葵生《다여객화茶餘客話》

* 청 전영錢泳《이원총화履園叢話》

* 청 채징蔡澄《계창총화雞窗叢話》

* 청 관연분管延芬《지상필승芷湘筆乘》원본

* 청 위숭魏崧《일시기시壹是紀始》

* 청 서강徐康《전진몽영록前塵夢影錄》

* 청 김무상金武祥《속향삼필粟香三筆》

* 청 문정식文廷式《순상자지어純常子枝語》

* 청 예홍倪鴻《동음청화桐陰淸話》

* 청 왕인준王仁俊《격치정화록格致精華錄》

* 청 전겸익錢謙益《유학집有學集》

* 청 진몽뢰陳夢雷《송학산방문집松鶴山房文集》

* 청 항세준杭世駿《도고당문집道古堂文集》

* 청 《원매가서수고진적袁枚家書手稿眞跡》

* 청 오건吳騫《여당어내蠡塘漁乃》수고본手稿木

* 청 성복초盛復初《춘곡소초春谷小草》

* 청 노구고魯九皋《노산목선생문집魯山木先生文集·외집外集》

* 청 뇌림雷琳 등 편집 《어기시초漁磯詩抄》

* 청 진수기陳壽祺《좌해문집左海文集》

* 청 적금생翟金生《니판시인초편泥版試印初編》

* 청 장금오張金吾《금문최金文最》

* 청 왕인준王仁俊《서하문철西夏文綴》

* 청 주이존朱彝尊《명시종明詩綜》

* 청 장중광蔣重光《소대사선昭代詞選》

* 청 손종첨孫從添《장서기요藏書紀要》

* 청 정신丁申《무림장서록武林藏書錄》

* 《대청중각룡장휘기大淸重刻龍藏彙記》

* 《무영전수서처보소당안원본武英殿修書處報銷檔案原本》

* 《흠정무영전취진판정식欽定武英殿聚珍版程式》

* 청 기윤紀昀 등《사고전서총목제요四庫全書總目提要》

* 청 우민중于敏中 등《사고전서간명목록四庫全書簡明目錄》·《천록 임랑서목天祿琳琅書目》

* 청 황우직黃虞稷《천경당서목千頃堂書目》

* 청 막우지莫友芝《여정지견전본서목郘亭知見傳本書目》

* 청 광서 11년《상해동문서국석인서목上海同文書局石印書目》

* 청 광서 31년《절강관서국서목浙江官書局書目》

* 양계초梁啟超《청대학술개론淸代學術槪論》

* 조이손趙爾巽 등《청사고淸史稿》

* 백수이白壽彝 주편《중국통사강요中國通史綱要》·《중국 이슬람교 사략史略》

* 채미표蔡美彪 등《중국통사》제5책, 제7책

* 과공진戈公振《중국보학사中國報學史》

* 정진탁鄭振鐸《중국속문학사中國俗文學史》

* 왕용王庸《중국지도사강의中國地圖史講義》

* 왕백민王伯敏《중국회화사中國繪畫史》

* 아영阿英《중국연화발전사략中國年畫發展史略》

* 곽미거郭味蕖《중국판화사략中國板畫史略》

* 장성랑張星烺《중서교통사료휘편中西交通史料彙編》

* 사국정謝國楨《명대사회경제사료선편明代社會經濟史科選編》상책

* 오함吳晗《독사찰기讀史劄記》

* 진술陳述《요문휘遼文彙》

* 오천지吳天墀《서하사고西夏史稿》

* 무명씨《몽골조사보고서[蒙古調查報告書]》필사본

* 진록陳籙《몽사수필蒙事隨筆》제2종《주찰고륜일기駐紮庫倫日記》

* 중국과학원 자연과학사 연구실 편집《중국고대과학가》

* 두석연杜石然 등《중국과학기술사고中國科學技術史稿》

* 민국民國《중수태안현지重修泰安縣志》

* 민국《불산충의향지佛山忠義鄉志》

* 서가徐珂《청패류초青稗類鈔》

* 등지성鄧之誠《골동쇄기骨董瑣記》

* 손육수孫毓修《중국목판원류고[中國雕板源流考]》

* 사매잠史梅岑《중국인쇄발전사》

* 위은유魏隱儒《고서목판 인쇄발전간략사[古書雕印發展簡史]》[19] (후에
《중국고적인쇄사中國古籍印刷史》로 바꿈)

* 유국균劉國鈞·정여사鄭如斯《중국서사간편中國書史簡編》

* 이서화李書華《중국인쇄술기원中國印刷術起源》

* 왕국유王國維《오대양송감본고五代兩宋監本考》·《양절고간본고兩
浙古刊本考》

* 섭덕휘葉德輝《서림청화書林清話》

19_ 번역한 제목 옆에 원제목은 [ ] 속에 넣었다.

* 전기박錢基博 《판본통의板本通義》
* 모춘상毛春翔 《고서판본상담古書板本常談》
* 진국경陳國慶 《고적판본잔설古籍板本淺說》
* 굴만리屈萬里 · 창피득昌彼得 《도서판본학요략圖書板本學要略》
* 하성내賀聖鼐 · 뇌언우賴彦于 《근대인쇄술近代印刷術》
* 장국감張國淦 《중국고방지고中國古方志考》
* 진국부陳國符 《도장원류고道藏源流考》
* 서종택徐宗澤 《명 · 청 시대 예수회 선교사 번역서 제요[明淸間耶穌
  會士譯著提要]》
* 유복劉復 · 이가서李家瑞 《중국속곡총목中國俗曲總目》
* 시정용施廷鏞 주편 《문사철공구서간개文史哲工具書簡介》·《중국고
  적판본학개론》원본
* 이희필李希泌 《중국고대장서藏書와 근대도서관사료》
* 북경도서관 편집 《중국판각도록中國版刻圖錄》
* 북경도서관 1952년 《중국인본서적전람목록中國印本書籍展覽目錄》
* 도상陶湘 《고궁전본서고현존목故宮殿本書庫現存目》·《민판서목閔
  板書目》
* 풍정군馮貞群 《천일각서목天一閣書目》
* 주사가朱士嘉 《관서국서목휘편官書局書目彙編》
* 동강董應 《서박용담書舶庸談》
* 왕문진王文進 《문록당방서기文祿堂訪書記》
* 손전기孫殿起 《판서우기販書偶記》
* 전존훈錢存訓 《중국고대서사中國古代書史》
* 손해제孫楷第 《중국통속소설서목》
* 왕중민王重民 《중국선본서제요中國善本書提要》
* 양전순楊殿珣 《중국역대연보총록中國歷代年譜總錄》

* 이덕계李德啓《만주문서목滿洲文書目》

* 1957년《내몽고 사범학원 몽문도서蒙文圖書 목록》

* 장수민張秀民・왕회암王會庵 공동편집《태평천국자료목록》

* 장수민《중국인쇄술의 발명과 그 영향》・《활자인쇄사화活字印刷史話》

* 조선 한치윤韓致奫《해동역사海東繹史》

* 조선 노사신盧思愼[20]《동문선東文選》

* 조선 안정복[21]《성호사설류선星湖僿說類選》

* 간다 기이치로[神田喜一郎]《동양학문헌총설東洋學文獻叢說》

* 나카야마 규시로[中山久四郎]《세계인쇄통사世界印刷通史》

* 나가사와 기쿠야[長沢規矩也]《도해 일・한 인쇄사[図解和漢印刷史]・도록편》

* 《쇼와[昭和] 법보총목록法寶總目錄》

* 니이다 노보루[仁井田陞]《중국법제사연구中國法制史研究》

* 타가 아키고로[多賀秋五郎]《종보의 연구[宗譜の研究]・자료편》

* McNeur G. H.[22] 저, 호잠운胡簪雲 역・광학회중역廣學會重譯《양

20_ 장수민이 어떤 판본을 보았는지 알 수가 없다.《동문선》은 주지하는 바와 같이 중국의《문선》을 본떠서 서거정徐居正(1422~1492)이 1478년(성종 9)에 편찬했고, 1518년(중종 13)에 신용개申用漑(1463~1519) 등에 의해서《속동문선續東文選》이 다시 편찬되었다. 세번째로는 1713년(숙종 39)에 송상기宋相琦(1657~1722) 등에 의해 개편되었다. 이것은 청 강희제康熙帝가 우리나라의 시문을 보고 싶다고 하여 만든 것이다. 이 책은 이전 것들과 구별하기 위하여《신찬동문선新纂東文選》이라고도 부른다.
  원서에 저자로 나와 있는 노사신盧思愼(1427~1498)은《경국대전》・《동국여지승람》・《동국통감》・《삼국사절요》 등의 편찬과《향약집성방》의 국역에 참가했다.

21_ 원서에는 미상으로 나와 있으나 분명히 안정복安鼎福(1712~1791)이 스승 이익李瀷의 저술인《성호사설星湖僿說》에서 중복되고 번잡한 것은 삭제하고 다시 유별類別로 편차를 엮은 책이므로 저자를 바로잡아 넣었다.

22_ 중국어 표기는 麥沾恩이다.

1756 부록

발梁發》

* 영국 Herbert Allen Giles[23] 《흠정고금도서집성색인欽定古今圖書集成索引》

* 영국 David MacDonald[24] 《티베트 사진》 (원제목은 《라마국喇嘛國》) ·
《티베트 여행 20년》(모두 중역본).

* Carter, T. F. 卡特 *The Invention of Printing in China and its Spread Westward*. Revised by L. C. Goodrich 富路特, New York, 1955.

* Davis J. F. *China*. London. 1857.

* *Encyclopedia Britannica*. New Edition.

* Edgren S. 艾思仁 *Chinese Rare Books in American Collections*. New York, 1984.

* Medhurst W. H. 麥都思 *China, its State and Prospects*. London, 1838.

* Tsien Tsuen-Hsuin 錢存訓 *Paper and Printing,* see Joseph Needham *Science and Civilization in China*, Vol. V. Part I, Cambridge University Press, 1985.

* Verhaeren H. 惠澤霖 *Catalogue of the Pei-tang Library*. Peiping, 1949.

* Williams S. Wells. 衛三畏 *The Middle Kingdom*.

* *The Cause of the Riots in the Yangtse Valley, A Complete Picture Gallery*. Hankow, 1891.

23_ 중국어 표기는 翟理斯이다.
24_ 중국어 표기는 麥克唐納이다.

부록 5

_중국인쇄사 논저목록

一. 논 저
1. 중국어
2. 일어 · 한국어

二. 논 문
1. 총론
2. 목판 인쇄
  (1) 기원 · 당나라 · 오대 인쇄
  (2) 송 · 요 · 금 · 원 인쇄
  (3) 명 · 청 인쇄
  (4) 투인套印
3. 활자인쇄
4. 동판인쇄 · 석인 · 납인蠟印 등
5. 교류와 영향
6. 장정

三. 서양문헌

설 명

 이 논저 목록은 2006년 9월까지의 중국인쇄사 연구 문헌을 수록한 것이다. 중국어 제1차 자료는 본서 부록 4를 참고하기 바란다. 활자인쇄 문헌은 장수민과 한기의 《중국활자인쇄사》(중국서적출판사, 1998년)를 참고했으나 많이 증보했다. 서양문헌은 중·서인쇄술 교류(저자순), 특히 19세기 서양 활자 인쇄의 전래에 대해 상세히 다루었다. 전존훈의 《중국 종이와 인쇄문화사》(광서사범대학출판사, 2004년)에 홍콩과 대만·서양언어·일어·한국어 문헌이 상세하게 되어 있어 서로 보충했다. 모든 수록한 서적의 논문은 A·B·C·D로 나누어볼 수 있다.

 A. 《중국인쇄사료선집》제1집 《목판 인쇄 원류》, 북경, 인쇄공업출판사, 1990년.

 B. 《중국인쇄사료선집》제2집 《활자인쇄 원류》, 북경, 인쇄공업출판사, 1990년.

 C. 《중국인쇄사료선집》제3집 《역대 도서간행 개황》, 북경, 인쇄공업출판사, 1991년.

 D. 《중국인쇄사료선집》제4집 《장정의 원류와 보유補遺》, 북경, 중국서적출판사, 1993년.

一. 논 저

1. 중국어

* 섭덕휘葉德輝:《서림청화書林淸話》, 북경: 중화서국, 1957년, 1987년 재판.

* 유암留菴 편찬(손육수孫毓修):《중국목판원류고[中國雕板源流考]》, 상해: 상무인서관, 1918년.

* 섭창치葉昌熾 저, 왕흔부王欣夫 교정:《장서기사시부보정藏書記事詩附補正》, 상해: 상해고적출판사, 1989년.

* 황비열黃丕烈·왕국유王國維 등:《송판서고록宋版書考錄》,[9] 북경:

북경도서관출판사, 2003년.

* 왕국유王國維 등 저:《민축절월각서총고閩蜀浙粵刻書叢考》,[10] 북경: 북경도서관출판사, 2003년.

* 카터Carter 저, 유린생劉麟生 역:《중국인쇄술원류사中國印刷術源流史》, 장사: 상무인서관, 1938년.

* 카터 저, 오택염吳澤炎 역:《중국인쇄술의 발명과 서방 전파[中國印刷術的發明和它的西傳]》, 북경: 상무인서관, 1957년, 1991년 재판.

* 카터 저, 호지위胡志偉 역:《중국인쇄술의 발명과 서방 전파[中國印刷術的發明及其西傳]》, 대북: 상무인서관, 1968년.

* 장수민張秀民:《중국 인쇄술의 발명과 그 영향[中國印刷術的發明及其影響]》, 북경: 인민출판사, 1958년 제1판, 1978년 재판. 대북: 문사철출판사, 1980년(서명: 장민張民), 1988년.

* 장수민·용순의龍順宜:《활자인쇄사화活字印刷史話》, 북경: 중화서국, 1963년 초판, 1979년 제2판 제3차 인쇄.

* 장수민:《장수민 인쇄사 논문집張秀民印刷史論文集》, 북경: 인쇄공업출판사, 1988년.

* 장수민:《중국인쇄사中國印刷史》, 상해: 상해인민출판사, 1989년.

* 장수민, 한기韓琦:《중국활자인쇄사中國活字印刷史》, 북경: 중국서적출판사, 1998년.

* 장수민:《중국인쇄사논총中國印刷史論叢》, 대북: 중국인쇄학회, 1997년.

* 전존훈錢存訓 저, 유조위劉祖慰 역:《중국과학기술사中國科學技術史》(종이와 인쇄), 과학출판사, 상해고적출판사, 1990년. 같은 책 다른 이름《중국 종이와 인쇄문화사[中國紙和印刷文化史]》, 계림: 광서사범대학출판사, 2004년.

* 반길성潘吉星:《중국과학기술사中國科學技術史》제지인쇄 편, 북

경: 과학출판사, 1998년.

* 반길성:《중국 고대 4대 발명 — 기원과 전파 그리고 세계적 영향 [中國古代四大發明 —— 源流, 外傳及世界影響]》, 합비: 중국과학기술대학 출판사, 2002년.

* 장수동張樹棟, 방다익龐多益, 정여사鄭如斯:《간명중화인쇄통사簡 明中華印刷通史》, 계림: 광서사범대학출판사, 2004년.

* 장병륜張秉倫 · 방효양方曉陽 · 번가록樊嘉祿:《중국 전통공예 진집 中國傳統工藝全集》제지와 인쇄 편, 정주: 대상출판사, 2005년.

* 위은유魏隱儒:《중국고적인쇄사中國古籍印刷史》, 북경: 인쇄공업출 판사, 1984년.

* 나수보羅樹寶:《중국고대인쇄사中國古代印刷史》, 북경: 인쇄공업출 판사, 1993년.

* 유국균劉國鈞:《중국의 인쇄[中國的印刷]》, 상해: 상해인민출판사, 1960년.

* 이서화李書華:《중국인쇄술기원中國印刷術起源》, 홍콩: 신아연구 소, 1962년.

* 조지曹之:《중국 고대인쇄술의 기원[中國古代印刷術的起源]》, 무한: 무한대학출판사, 1994년.

* 전기박錢基博:《판본통의版本通義》, 상해: 상무인서관, 1933년.

* 굴만리屈萬里 · 창피득昌彼得:《도서판본학요략圖書板本學要略》, 대 북: 중화문화출판사업위원회, 1953년.

* 진국경陳國慶:《고적판본천설古籍版本淺說》, 심양: 요녕인민출판 사, 1957년.

* 모춘상毛春翔:《고서판본상담古書版本常談》, 북경: 중화서국, 1962 년; 상해: 상해고적출판사, 2003년.

* 위은유, 왕금우王金雨:《고적판본감정총담古籍版本鑑定叢談》, 북경:

인쇄공업출판사, 1984년.

* 이청지李淸志:《고서판본감정연구古書版本鑑定研究》, 대북: 문사철
출판사, 1986년.

* 시연용施延鏞 저, 장수민 교정:《중국고적판본개요中國古籍版本槪
要》, 천진: 천진고적출판사, 1987년.

* 이치충李致忠:《고대판본감정古代版本鑑定》, 북경: 문물출판사,
1990년.

* 이치충:《고서판본학개론古書版本學槪論》, 북경: 북경도서관출판
사, 1990년.

* 황영년黃永年:《고적판본학古籍版本學》, 남경: 봉황출판미디어그
룹, 강소교육출판사, 2005년.

* 구면량瞿冕良:《판각질의版刻質疑》, 제남: 제노서사, 1987년.

* 북경도서관北京圖書館 편집:《중국판각도록中國版刻圖錄》, 북경: 문
물출판사, 1961년.

* 왕조문王肇文 편집:《고적 송·원 각자공 성명색인[古籍宋元刊工姓
名索引]》, 상해: 상해고적출판사, 1990년.

* 임신청林申淸 편저:《송원서각패기도록宋元書刻牌記圖錄》, 북경: 북
경도서관출판사, 1999년.

* 이치충:《송판서서록宋版書敍錄》, 북경: 서목문헌출판사, 1994년.

* 양승신楊繩信:《중국판각종록中國版刻綜錄》, 서안: 섬서인민출판
사, 1987년.

* 두신부杜信孚:《명대판각종록明代版刻綜錄》, 양주: 강소광릉고적각
인사, 1983년.

* 두신부·두동서杜同書:《명대 각 성·현별 각서고[全明分省分縣刻書
考]》, 북경: 선장서국, 2001년.

* 두신부:《청대판각종록淸代版刻綜錄》, 양주: 강소광릉고적각인사,

1983년.

* 이치충:《고대판인통론古代版印通論》, 북경: 자금성출판사, 2000
년.

* 이치충:《역대각서고술歷代刻書考述》, 성도: 파촉서사, 1990년.

* 초동발肖東發:《중국고대각서세가中國古代刻書世家》, 북경: 중국대
외번역출판공사, 1996년.

* 전존훈:《중국고대시사中國古代書史》, 홍콩: 홍콩중문대학, 1975
년.

* 이치충:《중국고대서적사中國古代書籍史》, 북경: 문물출판사, 1985
년.

* 정여사 · 초동발 편저:《중국서사中國書史》, 북경: 북경도서관출
판사, 1987년.

* 전존훈:《중국의 서적과 종이, 먹 및 인쇄사 논문집[中國書籍, 紙墨
及印刷史論文集]》, 홍콩: 중문대학출판사, 1992년. 같은 책 다른 이
름《중국 고대 서적과 종이, 먹 및 인쇄술[中國書籍紙墨及印刷術]》,
북경: 북경도서관출판사, 2002년.

* 초동발:《중국도서출판인쇄사론中國圖書出版印刷史論》, 북경: 북경
대학출판사, 2001년.

* 위력韋力:《고서수장古書收藏》, 심양: 요녕화보출판사, 2004년.

* 고지흥顧志興:《절강출판사연구-중당 · 오대 · 양송 시기[浙江出版
史研究 —— 中唐五代兩宋時期]》, 항주: 절강인민출판사, 1991년.

* 강징파江澄波 · 두신부 · 두영강杜永康:《강소각서江蘇刻書》, 남경:
강소인민출판사, 1993년.

* 장지강張志强:《강소도서인쇄사江蘇圖書印刷史》, 남경: 강소인민출
판사. 1995년.

* 심유경沈瑜慶 · 진연陳衍 편집:《복건판본지福建版本志》, 복주:

1922년 각본.

* 방품광方品光 편집:《복건판본자료휘편福建版本資料彙編》, 복건사
범대학도서관, 1979년.

* 사수순謝水順 · 이정李珽:《복건고대각서福建古代刻書》, 복주: 복건
인민출판사, 1997년.

* 방언수方彦壽:《건양각서사建陽刻書史》, 북경: 중국사회출판사,
2003년.

* 방언수:《복건고서지최福建古書之最》, 북경: 중국사회출판사, 2004
년.

* 두신부 · 칠신기漆身起 편집:《강서역대각서江西歷代刻書》, 남창:
강서인민출판사, 1994년.

* 이진림李晉林 · 창인정暢引婷:《산서고적인쇄출판사지山西古籍印刷
出版史志》, 북경: 중앙편역출판사, 2000년.

* 두신부:《명 · 청의 직례 서적재행록 — 하북출판사지자료전집[明
清兩朝直隸書籍梓行錄 —— 河北出版史志資料專輯]》, 석가장: 하북인민출
판사, 1991년.

* 섭수성葉樹聲 · 여민휘餘敏輝:《명 · 청 강남 사인 각서 사략明淸江
南私人刻書史略》, 합비: 안휘대학출판사, 2000년.

* 왕징王澄 편저:《양주각서고揚州刻書考》, 양주: 광릉서사, 2003년.

* 유상항劉尚恒:《휘주각서와 장서[徽州刻書與藏書]》, 양주: 광릉서사,
2003년.

* 숙백宿白:《당 · 송 시기의 목판 인쇄[唐宋時期的雕版印刷]》, 북경: 문
물출판사, 1999년.

* 주보영周寶榮:《송대출판사연구宋代出版史研究》, 정주: 중주고적출
판사, 2003년.

* 장려연張麗娟 · 정유경程有慶:《송본宋本》, 남경: 강소고적출판사,

2002년.

* 진홍언陳紅彦:《원본元本》, 남경: 강소고적출판사, 2002년.

* 전건평田建平:《원대출판사元代出版史》, 석가장: 하북인민출판사, 2003년.

* 무영화繆詠禾:《명대출판사고明代出版史稿》, 남경: 강소인민출판사, 2000년.

* 왕 영국王榮國·왕소문王筱雯·왕정원王淸原 주편:《명대 민씨와 능씨가 간행한 투인본 도록[明代閔凌刻套印本圖錄]》, 양주: 광릉서사, 2006년.

* 황상黃裳:《청각본淸刻本》, 남경: 강소고적출판사, 2002년.

* 왕계평王桂平:《가각본家刻本》, 남경: 강소고적출판사, 2002년.

* 이제녕李際寧:《불경판본佛經版本》, 남경: 강소고적출판사, 2002년.

* 황윤화黃潤華·사금파史金波:《소수민족고적판본—민족문자고적少數民族古籍版本 —— 民族文字古籍》, 남경: 강소고적출판사, 2002년.

* 천진시 인민도서관天津市人民圖書館 편집:《천진시 인민도서관 소장 활자본 서목天津市人民圖書館藏活字本書目》, 1981년 각본.

* 조형진曹炯鎭:《중·한 양국의 고활자 인쇄기술 비교연구[中韓兩國古活字印刷技術之比較研究]》, 대북: 학해출판사, 1986년.

* 반길성:《중국·한국·유럽의 초기 인쇄술 비교[中國, 韓國與歐洲早期印刷術的比較]》, 북경: 과학출판사, 1997년.

* 반길성:《중국금속활자인쇄기술사中國金屬活字印刷技術史》, 심양: 요녕과학기술출판사, 2001년.

* 사금파·아삼雅森·오수이吾守爾:《중국활자인쇄술의 발명과 초기 전파[中國活字印刷術的發明和早期傳播]》, 북경: 사회과학문헌출판사, 2000년.

* 서억농徐憶農:《활자본活字本》, 남경: 강소고적출판사, 2002년.

* 강징파 편저:《강소활자인서江蘇活字印書》, 남경: 강소인민출판사, 1997년.

* 배근裵芹:《〈고금도서집성古今圖書集成〉연구研究》, 북경: 북경도서관출판사, 2001년.

* 안휘성 화폐학회[安徽省錢幣學會] 편집:《동지현의 관자초판 및 양송 지폐[東至關子鈔版暨兩宋紙幣]》, 합비: 황산서사, 2005년.

* 조강화曹剛華:《송대불교사적연구宋代佛教史籍研究》, 상해: 화동사범대학출판사, 2006년.

* 채운진蔡運辰:《25종 장경목록 대조 고석二十五種藏經目錄對照考釋》, 대북: 신문풍출판공사, 1983년.

* 방광창方廣錩:《불교대장경사: 8~10세기佛教大藏經史: 八~十世紀》, 북경: 중국사회과학출판사, 1991년.

* 이부화李富華 · 하매何梅:《한문불교대장경연구漢文佛教大藏經研究》, 북경: 종교문화출판사, 2003년.

* 옹련계翁連溪:《청대궁정판화清代宮廷版畫》, 북경: 문물출판사, 2001년.

* 옹련계:《청대궁정각서清代宮廷刻書》, 북경: 자금성출판사, 2001년.

* 옹련계:《청대내부각서목록清代內府刻書目錄》, 북경: 북경출판사, 2004년.

* 상사向斯:《중국궁정어람도서中國宮廷御覽圖書》, 북경: 자금성출판사, 2005년.

* 제수매齊秀梅 · 양옥량楊玉良 등:《청궁장서清宮藏書》, 북경: 자금성출판사, 2005년.

* 고궁박물원故宮博物院 편집:《성세문치—청궁전적문화盛世文治 —

清宮典籍文化》, 북경: 자금성출판사, 2005년.

* 고궁박물원도서관, 요녕성도서관遼寧省圖書館 편저:《청대내부각서목록해제淸代內府刻書目錄解題》, 북경: 자금성출판사, 1995년.

* 북경도서관北京圖書館 편집:《중국인본서적전람목록中國印本書籍展覽目錄》, 1952년 10월.

* 국가도서관國家圖書館 편집:《문명의 파수—고적보호의 역사와 탐색[文明的守望 —— 古籍保護的歷史與探索]》, 북경: 북경도서관출판사, 2006년.

* 유가벽劉家璧 편집:《중국도서사자료집中國圖書史資料集》, 홍콩: 용문서점, 1974년.

* 교연관喬衍琯・장금랑張錦郎 편집:《도서인쇄발전사논문집圖書印刷發展史論文集》, 대북: 문사철출판사, 1975년; 속편, 1977년.

*《중국도서판본학논문선집中國圖書版本學論文選輯》, 대북: 학해출판사, 1981년.

*《중국인쇄사료선집中國印刷史料選輯》제1-3집, 북경: 인쇄공업출판사, 1990년~1991년; 제4집, 북경: 중국서적출판사, 1993년.

* 정환문程煥文 편집《중국도서논집中國圖書論集》, 북경: 상무인서관, 1994년

*《중국도서문사논집: 전존훈 선생 팔순기념[中國圖書文史論集: 錢存訓先生八十生日紀念]》, 북경: 현대출판사, 1992년.

* 서안徐雁・왕연균王燕均 편집:《중국역사장서논저독본中國歷史藏書論著讀本》, 성도: 사천인민출판사, 1990년.

* 정진탁鄭振鐸:《중국판화사도록中國版畫史圖錄》, 상해: 중국판화사사, 1942년.

* 정진탁 편집:《중국고대판화총간中國古代版畫叢刊》, 상해: 상해고적출판사, 1988년.

* 정진탁 편저:《중국고대목각화사략中國古代木刻畫史略》, 상해: 상

해서점출판사, 2006년.

* 주천周蕪:《중국판화사도록中國版畫史圖錄》, 상해: 상해인민미술출판사, 1988년.

* 주심혜周心慧:《신편중국판각사도록新編中國版刻史圖錄》, 북경: 학원출판사, 2000년.

* 주천:《휘파판화사론집徽派版畫史論集》, 합비: 안회인민출판사, 1983년.

* 이지강 등 편집:《중국양류청목판연화집中國楊柳靑木版年畫集》, 천진: 양류청화사, 1992년.

* 임계유任繼愈 주편:《중국 국가도서관 고적 진품도록中國國家圖書館古籍珍品圖錄》, 북경: 북경도서관출판사, 1999년.

*《응현목탑요대비장應縣木塔遼代秘藏》, 북경: 문물출판사, 1993년.

* 사금파:《서하출판연구西夏出版研究》, 은천: 영하인민출판사, 2004년.

* 우달생牛達生:《서하활자인쇄연구西夏活字印刷研究》, 은천: 영하인민출판사, 2004년.

* 영하문물고고연구소寧夏文物考古研究所 편저:《배사구서하방탑拜寺溝西夏方塔》, 북경: 문물출판사, 2005년.

* 사금파:《서하문화西夏文化》,장춘: 길림교육출판사, 1986년.

* 사금파 · 백빈白濱 · 오봉운吳峰雲 등 편집:《서하문물西夏文物》, 북경: 문물출판사, 1988년.

* 사금파:《서하불교사략西夏佛教史略》, 은천: 영하인민출판사, 1988년.

* [러] 테렌티프 카탄스키(Terentiev-Katansky) 저, 왕극효王克孝 등 역:《서하서적업西夏書籍業》, 영하: 영하인민출판사, 2000년.

* 뇌윤택雷潤澤 · 우존해于存海 · 하계영何繼英:《서하불탑西夏佛塔》,

북경: 문물출판사, 1995년.

* 손백군孫伯君 편집:《해외 초기 서하학 논집[國外早期西夏學論集]》 (2), 북경: 민족출판사, 2005년.

* 황관중黃寬重:《남송사연구집南宋史硏究集》, 대북: 신문풍출판공사, 1985년.

* 고궁박물원 편집:《청궁장전불교문물淸宮藏傳佛敎文物》, 자금성출판사 · 양목출판사, 1992년.

* 황호黃顥:《북경의 장족문물[在北京的藏族文物]》, 북경: 민족출판사. 1999년.

* 양가명楊嘉銘:《덕격인경원德格印經院》, 성도: 사천인민출판사. 2000년.

* 장정려張靜廬 편집:《중국 근대출판 사료 초편中國近代出版史料初編》,《중국 근대출판 사료 2편中國近代出版史料二編》, 북경: 중화서국, 1957년.

* 하성내賀聖鼐:《근대인쇄술近代印刷術》, 상해: 상무인서관. 1933년.

* 소정蘇精:《로버트 모리슨(Robert Morrison)과 중문인쇄출판[馬禮遜與中文印刷出版]》, 대북: 학생서국. 2000년.

* 섭재생葉再生:《중국근대현대출판통사中國近代現代出版通史》제1-4책, 북경: 화문출판사, 2002년.

* 손육당孫毓棠 편집:《중국근대공업사자료中國近代工業史資料》제1집, 북경: 과학출판사, 1957년.

* 과공진戈公振:《중국보학사中國報學史》, 삼련서점, 1955년.

*《북경도서관동인문선北京圖書館同人文選》(1), 북경: 서목문헌출판사, 1987년.

*《북경도서관동인문선》(2), 북경: 서목문헌출판사, 1990년.

*《북경도서관동인문선》(3), 북경: 북경도서관출판사, 1997년.

* 한기:《중국인쇄술中國印刷術》,《중국문화백과中國文化百科》수록, 장춘: 길림인민출판사, 1991년.

* 한기:《인쇄술印刷術》, 문규門歸 주편《중국 역대문헌 정수대전中國歷代文献精粹大典》수록, 학원출판사, 1990년.

* 한기:《중국과학기술사사전中國科學技術史事典》(기술편) 인쇄사 조목, 심양: 요녕교육출판사, 1995년.

* 내신하來新夏 등:《중국고대도서사업사中國古代圖書事業史》, 상해: 상해인민출판사, 1990년.

* 이서량李瑞良:《중국고대도서유통사中國古代圖書流通史》, 상해: 상해인민출판사, 2000년.

* 이서량 편저:《중국출판편년사中國出版編年史》, 복주: 복건인민출판사, 2004년.

* 고정룡顧廷龍:《고정룡문집顧廷龍文集》, 상해: 상해과학기술문헌출판사, 2002년.

* 반천정潘天禎:《반천정문집潘天禎文集》, 상해: 상해과학기술문헌출판사, 2002년.

* 기숙영冀淑英:《기숙영문집冀淑英文集》, 북경: 북경도서관출판사, 2004년.

* 중국인쇄술협회中國印刷術協會・북경인쇄학원北京印刷學院・중국인쇄박물관中國印刷博物館:《제1회 북경인쇄과학기술 및 교육심포지엄・제5회 중국인쇄사 학술심포지엄 논문집[第一屆"北京印刷科學技術與教育研討會", 第5屆"中國印刷史學術研討會論文集"]》, 북경: 북경인쇄학원, 1999년.

* 나수보羅樹寶 주편:《인쇄의 빛: 동방에서 비춘 광명[印刷之光: 光明來自東方]》, 항주: 절강인민미술출판사, 2000년.

* 나수보 주편, 진선위陳善偉 역:《중국 고대인쇄사 도책中國古代印

刷史圖冊》, 문물출판사 · 홍콩성시대학출판사, 1998년.

* 《중국인쇄사 학술심포지엄 문집中國印刷史學術硏討會文集》, 북경: 인쇄공업출판사, 1996년.

* 중국인쇄박물관中國印刷博物館 편집: 《중국인쇄사 학술심포지엄 문집》, 1997년.

* 중국인쇄박물관 편집: 《제5회 중국인쇄사 학술심포지엄 논문집》, 1999년.

* 중국인쇄박물관 · 북경인쇄학원北京印刷學院 편집: 《중국 인쇄사 연구문집中國印刷史硏究文輯(2001)》, 2001년.

2. 일어 · 한국어

* 시마다 간[島田翰]: 《고문구서고古文旧書考》, 도쿄: 민우사, 1904년. 같은 책 다른 이름 《한적선본고漢籍善本考》, 북경: 북경도서관출판사, 2003년.

* 青山新[25]: 《지나고판화도록支那古版画図録》, 도쿄, 1932년.

* 나가사와 기쿠야[長沢規矩也]: 《도해 일 · 한 인쇄사[図解和漢印刷史]》, 도쿄: 급고서원, 1976년, 제2책.

* 나가사와 기쿠야: 《도서학참고도록図書學參考図録》, 도쿄: 급고서원, 1976년, 제2책.

* 나가사와 기쿠야: 《일 · 한서의 인쇄와 역사[和漢書の印刷とその歷史]》, 도쿄: 홍문관, 1952년.

* 나가사와 기쿠야: 《나가사와 기쿠야 저작집長沢規矩也著作集》, 도쿄: 급고서원, 1982~1987년. 제2권 《일 · 한서의 인쇄와 역사》, 1982년; 제3권 《송 · 원판 연구[宋元版の硏究]》, 1983년.

25_ 青山新이 무엇인지 확인이 안 된다. 이 책의 저자는 구로다 겐지[黑田源次]이다.

* 나카야마 규시로[中山久四郎]: 《세계인쇄통사世界印刷通史》, 제2권, 도쿄: 1930년.

* 가와세 가즈마[川瀨一馬]: 《고활자판연구[古活字版之研究]》, 도쿄: 1967년.

* 가네코 가즈마사[金子和正]: 《중국활자판인쇄법中國活字版印刷法》, 도쿄: 급고서원, 1981년.

* 야하기 가츠미[矢作勝美]: 《명조활자의 역사와 현황[明朝活字ーその歴史と現狀]》, 도쿄: 평범사, 1976년

* 다케무라 신이치[竹村真一]: 《명조체의 역사[明朝体の歴史]》, 교토: 사문각, 1986년.

* 가와다 히사나가[川田久長]: 《활판인쇄사活版印刷史》, 인쇄학회출판부, 1981년.

* 고고마 기미코[小駒公子]: 《도활자를 찾아서[陶活字をたずねて]》, 蝴蝶の会, 1986년.

* 도미나가 마키타[富永牧太]: 《그리스도교판 연구[きりしたん版の研究]》, 1973년.

* 와다 만키치[和田万吉]: 《고활자본연구자료古活字本研究資料》, 교토: 청한사, 1944년.

* 오노 타다시게[小野忠重]: 《지나판화총고支那版画叢攷》, 쌍림사, 1944년.

* 기미야 야스히코[木宮泰彦]: 《일본고인쇄문화사日本古印刷文化史》.

* 국립국회도서관[国立国会図書館] 편저: 《희귀본 이것 저것-국립 국회 도서관의 장서에서[稀本あれこれ－国立国会図書館の蔵書から]》, 출판뉴스사, 1994년.

* 치쿠사 마사아키[竺沙雅章]: 《송·원불교문화사연구[宋元仏教文化史研究]》, 도쿄: 급고서원, 2000년.

* 노자와 요시미[野沢佳美]: 《명대대장경사연구 ─ 남장의 역사학적
기초연구[明代大藏経史の研究 ─ 南蔵の歴史学的基礎研究]》, 도쿄: 급고
서원, 1998년.

* 오바 오사무[大庭脩] 저, 척인평戚印平·왕용王勇·왕보평王寶平 역:
《에도시대 중국 전적의 일본 전파 연구[江戶時代中國典籍流播日本之
研究]》, 항주: 항주대학출판사, 1998년.

* 요네아마 도라타로[米山寅太郎]: 《도설중국인쇄사図説中国印刷史》,
도쿄: 급고서원, 헤이세이[平成] 17년(2005년).

* 이소베 아키라[磯部彰] 편집: 《동아시아출판문화연구: 갑자기 괴
인 물[東アジア出版文化研究: にわたずみ]》, 도쿄: 주식회사 이현사,
2004년.

* 《조선주자자양朝鮮鑄字字樣》, 다이쇼[大正] 9년(1920년) 조선총독부
간행, 일본 간사이대학 도서관 소장.

* 한국도서관학연구회韓國圖書館學研究會: 《한국고인쇄사韓國古印刷
史》, 한국도서관학연구회, 1976년.

* 한국도서관학연구회: 《한국고인쇄사韓國古印刷史》, 일본 동붕사,
1978년.

* 손보기孫寶基: 《한국의 고활자》, 보진재, 1982년.

* 한국도서관학연구회 편저: 《한국고인쇄자료도록韓國古印刷資料圖
錄》, 선문출판사, 1976년.

二. 논 문

1. 총 론
* 장수민張秀民: 〈중국인쇄사대사연표中國印刷史大事年表〉, 《중국인
쇄中國印刷》, 1985년 11월, 제10기, 79~95쪽.

* 전존훈錢存訓: 〈중국인쇄사간목中國印刷史簡目〉,《중국인쇄》, 1992
년 2월, 제35기, 84-91쪽; 1992년 5월, 제36기, 86-91쪽. D:
456-482쪽.

* 전존훈: 〈중국인쇄사연구의 범위와 문제, 발전中國印刷史研究的範
圍, 問題和發展]〉,《중국인쇄》, 1994년 4월, 제44기, 9-12쪽.

* 전존훈: 〈중국 전통문화 속 인쇄술의 역할印刷術在中國傳統文化中的
作用]〉,《문헌文獻》, 1991년 제21기, 148-159쪽.

* 전존훈: 〈제지술과 인쇄술에 미친 중국의 공헌中國對造紙術及印刷
術的貢獻]〉, D: 90-97쪽.

* 전존훈: 〈유럽에 앞선 중국의 제지 · 인쇄술 발명 제요소中國發明
造紙和印刷術早於歐洲的諸因素]〉, D: 109-122쪽.

* 전존훈: 〈중국목판 인쇄기술잡담中國雕版印刷技術雜談]〉,《중국인
쇄》, 1988년 5월, 제20기, 85-92쪽.

* 전존훈: 〈현존 최초의 인쇄품과 목판 실물에 대한 간략한 평가
[現存最早的印刷品和雕版實物略評]〉 D: 149-158쪽.

* 정여사鄭如斯:〈중국에서 새로 발견된 고대 인쇄품 총술中國新發現
的古代印刷品綜述]〉,《중국도서문사논집中國圖書文史論集》, 북경: 현
대출판사, 1992년, 81-94쪽.

* 반맹보潘猛補: 〈불교가 목판 인쇄술에 미친 영향을 논함論佛教對
雕版印刷術的影響]〉, A: 405-417쪽.

* 조만리趙萬里: 〈중국 인본서적 발전간사中國印本書籍發展簡史〉,《문
물참고자료文物參考資料》, 1952년, 제4기, 5-19쪽.

* 반광단潘光旦: 〈인본서적전람회로 본 인쇄사업의 발전從印本書籍
展覽會看印刷事業的發展]〉,《신관찰新觀察》, 1952년, 제22기.

* 이홍재李興才: 〈중국 목판 인쇄사의 제문제를 논함論中國雕板印刷
史的幾個問題]〉,《중국인쇄》, 1987년 2월, 제15기, 72-91쪽.

* 장수민: 〈인쇄사와 인서사를 논함[論印刷史與印書史]〉,《중국인쇄》,
  1991년 11월, 제34기, 85-86쪽.
* 이홍재: 〈대인쇄사관에 입각해 중국인쇄사를 연구해야 한다[應從
  大印刷史觀硏究中國印刷史]〉,《중국인쇄》, 1994년 4월, 제44기, 13-19
  쪽.
* 장수동張樹棟: 〈중국인쇄사 연구의 새로운 과제[中國印刷歷史硏究上
  的新課題]〉,《중국인쇄》, 1994년 4월, 제44기, 26-29쏙.
* 정여사鄭如斯: 〈서적사 연구와 인쇄사 연구의 연관관계와 차이[書
  史硏究與印刷史硏究的聯繫與區別]〉,《중국인쇄》, 1994년 4월, 제44기,
  20-22쪽.
* 방다익龐多益: 〈중국 고대과학기술사 중 인쇄과학기술사의 기원
  탐색[中國古代科技史中印刷科技史探源]〉,《중국인쇄》, 1994년 4월, 제
  44기, 57-59쪽.
* 나수보羅樹實: 〈중국 고대 인쇄 글자체의 발전[中國古代印刷字體的發
  展]〉,《중국인쇄》, 1994년 4월, 제44기, 64-68쪽.
* 반명신潘銘燊: 〈중국인쇄판권의 기원[中國印刷版權的起源]〉,《중국도
  서문사논집》, 북경: 현대출판사, 1992년, 27-32쪽.

ㄹ. 목판 인쇄

(1) 기원 · 당나라 · 오대 인쇄

* 듀벤다크(J. J. L. Duyvendak) 저, 장음린張蔭麟 역: 〈중국인쇄술발
  명술략中國印刷術發明述略〉,《학형學衡》, 1926년. 제58기, 1-11쪽.
* 후지타 도하치[藤田豊八] 저, 양유신楊維新 역: 〈중국인쇄기원中國印
  刷起源〉,《도서관학계간圖書館學季刊》, 1932년, 제6권, 제2기, 249-
  253쪽.
* 카터 저, 유린생 역: 〈중국인쇄술원류사中國印刷術源流史〉,《출판

주간出版週刊》, 1936년 5월 16일~1937년 1월 16일, 신제新第
181-216호.

* 장원경蔣元卿: 〈중국목판 인쇄술발인고[中國雕版印刷術發軔考]〉,《안
휘대학계간安徽大学季刊》, 1936년, 제1권 제2기, 145-158쪽.

* 전목錢穆: 〈당대 목판술의 흥기[唐代雕版術之興起]〉,《책선責善》반월
간半月刊, 1941년, 제2권 제18기, 21-22쪽.

* 호적胡適: 〈초당·성당 시기 목판서의 부재를 논함[論初唐盛唐還沒
有雕版書]〉,《자유중국自由中國》, 1959년 7월, 제21권 제1기, 7-9쪽.

* 장수민: 〈목판 인쇄의 당나라 초기 정관 기원설[雕版印刷開始於唐初
貞觀說]〉,《사회과학전선社會科學戰線》, 1979년, 제3기, 345-346쪽;
A: 71-75쪽.

* 장수민: 〈목판 인쇄의 7세기 당나라 초기 정관 기원설 재론[再論
雕版印刷開始於七世紀唐初貞觀說]〉,《도서관잡지圖書館雜志》, 1982년,
제2기, 8-10쪽;《북경도서관동인문선北京圖書館同人文選》(1) 수록,
서목문헌출판사, 1987. A: 149-153쪽.

* 장수민: 〈목판 인쇄의 7세기 당나라 초기 정관 기원설 삼론[三論
雕板印刷始於七世紀唐初貞觀說]〉,《중국인쇄》, 1987년 2월, 제15기. A:
189-196쪽.

* 장수민: 〈'목판 인쇄의 7세기 당나라 초기 정관 기원설 삼론' 보
기'三論雕板印刷始於七世紀唐初貞觀說'補記,《장수민 인쇄사 논문집》수
록, 북경: 인쇄공업출판사, 1988년, 48-50쪽.

* 장수민: 〈목판 인쇄의 산동 기원설에 대한 소견[對雕板印刷源於山東
的管見]〉,《인쇄과기印刷科技》, 대만: 2001년 3월, 제17권 제1기,
89-92쪽.《중국인쇄》, 2001년, 제3기, 41-43쪽.

* 간다 기이치로[神田喜一郎] 저, 고연수高燕秀 역: 〈중국인쇄술의 기
원에 관하여[有關中國印刷術的起源]〉,《고궁문물월간故宮文物月刊》,

1988년 6월, 제6권 제3기, 44-49쪽; 1988년 7월, 제6권 제4기, 62-66쪽.

* 우위강于爲剛: 〈'인쇄술의 수나라 발명에 대한 새로운 증거' 분석과 질의[印刷術發明於隋朝的新證'析疑]〉,《문헌文獻》, 1980년, 6집, 231-239쪽.

* 호도정胡道靜: 〈현존 세계 최초 인쇄품의 새로운 발견[世界上現存最早印刷品的新发现]〉,《서림書林》, 1979년, 제2기, 65쪽.

* 굿리치(L. C. Goodrich) 저, 양옥령梁玉齡 역: 〈새로 발견된 최초 인쇄품에 대한 기초 보고[關於一件新發現的最早印刷品的初步報告]〉,《서림》, 1980년, 제3기, 42-43쪽.

* 이홍식李弘植 저, 허옥선許玉善·노조문盧調文 역: 〈목판 인쇄로 본 신라문화—경주 불국사 석가탑에서 발견된 다라니경[從木版印刷看新羅文化 —— 在慶州佛國寺釋迦塔發現的陀羅尼經]〉, 상해시도서관학회上海市圖書館學會 편집《도서관학연구圖書館學研究》, 1980년 10월 10일, 제6기, 45-48쪽.

* 장수민: 〈한국에서 발견된 불경의 당나라 인본설[南朝鮮發見的佛經爲唐朝印本說]〉,《도서관 연구와 업무[圖書館學研究與工作]》, 1981년, 제4기, 20-22쪽; 1985년 출판된《중국인쇄년감》(1982~1983) 수록. A: 285-288쪽.

* 장수민: 〈중국의 인쇄술 발명은 부정할 수 없는 일[中國發明印刷術不容否定]〉,《인쇄과기》, 대만: 1998년 9월, 제15권 제1기, 20-25쪽.

* 장수민: 〈중국의 인쇄술 발명권은 부정할 수 없는 일에 대한 재론[再論中國印刷術發明權不容否定]〉,《제5회 중국인쇄사 학술심포지엄 논문집》, 중국인쇄박물관, 1999년.

* 장수민: 〈중국의 인쇄술 발명권은 부정할 수 없는 일에 대한 재

론: 1998년 한국에서 발견된 《무구정광대다라니경》 사본에 대한 소견[再論中國印刷術發明權不容否定: 對1998年南韓發現寫本 《無垢淨光大陀羅尼經》的管見]〉,《인쇄과기》, 대만: 2000년 9월, 제16권 제5기, 86-89쪽.

* 장수민: 〈중국의 인쇄술 발명은 부정할 수 없는 일—한국에서 발견된 불경의 당나라 인본설 재론[中國發明印刷術不容否定 —— 再論韓國發現的佛經爲唐印本說]〉,《중국인쇄》, 2000년, 제8기, 60-63쪽. 《중국인쇄연감中國印刷年鑑》 수록, 중국인쇄연감사, 2001년, 408-410쪽.

* 위지강魏志剛: 〈'한국 목판 인쇄 기원 연대에 대한 연구' 분석['關於韓國木板印刷起源年代的研究'辨析]〉,《중국인쇄사 학술심포지엄 문집中國印刷史學術硏討會文集》, 중국인쇄박물관, 1997년.

* 장홍위章宏偉: 〈목판 인쇄 기원에 대한 새로운 논의[雕版印刷起源問題新論]〉,《동남문화東南文化》, 1994년, 제4기, 135-140쪽.

* 이치충: 〈목판 인쇄술의 발명을 논함[論雕版印刷術的發明]〉,《문헌》 2000년, 제2기, 178-199쪽.

* 반길성: 〈인쇄술의 기원지: 한국인가, 중국인가?[印刷術的起源地: 韓國還是中國?]〉,《자연과학사연구自然科學史硏究》, 1997년, 제16권 제1기, 50-68쪽.

* 반길성: 〈1966년 한국에서 발견된 인본 다라니경의 간행연대와 장소를 논함[論一九六六年韓國發現的印本陀羅尼經的刊行年代和地點]〉,《전통문화와 현대화[傳統文化與現代化]》, 1996년, 제6기, 3-15쪽.

* 이치충: 〈《무구정광대다라니경》 역각고[譯刻考]〉,《문헌》, 1997년, 제2기, 191-213쪽.

* 이치충: 〈《무구정광대다라니경》 간인고[刊印考]〉,《북경도서관동인문선》, 북경도서관출판사, 1997년, 제3집, 505-511쪽.

* 초동발: 〈세계인쇄문화의 기원에 관한 토론[關於世界印刷文化起源的討論]〉,《출판발행연구出版發行研究》, 2000년, 제3기, 77-80쪽.

* 요설姚雪: 〈인쇄발명권을 둘러싼 끊이지 않는 논쟁[印刷發明權的爭論並未止息]〉,《중국인쇄》, 2002년, 제11기, 40-45쪽.

* 풍한기馮漢驥: 〈당나라 인본 다라니경주의 발견을 기록함[記唐印本陀羅尼經咒的發現]〉,《문물참고자료文物參考資料》, 1957년, 제5기, 48-50, 70쪽. 또한《풍한기 고고학 논문집馮漢驥考古學論文集》 수록, 북경: 문물출판사, 1985년, 73-77쪽.

* 보전保全: 〈세계 최초의 인쇄품—서안 당묘에서 출토된 인본 다라니경주[世界最早的印刷品 —— 西安唐墓出土印本陀羅尼經咒]〉,《중국고고학연구론—하내선생 고고학 연구 50주년 기념[中國考古學研究論集 —— 紀念夏鼐先生考古五十周年]》 수록, 삼진출판사三秦出版社, 1987년, 404-410쪽.

* 반길성: 〈유물 발견으로 본 인쇄술의 기원[從考古發現看印刷術的起源]〉,《광명일보光明日報》, 1997년 3월 11일.

* 반길성: 〈1974년 서안에서 발견된 당나라 초기 범문 다라니경 인본 연구[1974年西安發現的唐初梵文陀羅尼經印本研究]〉,《광동인쇄廣東印刷》, 2000년 6월, 56-58쪽.

* 길돈유吉敦諭: 〈당나라 초기 목판 인쇄품의 진위 바로잡기[唐初雕板印刷品眞僞辨正]〉,《역사교학歷史教學》, 1986년, 제11기, 54-57쪽.

* 상달向達: 〈당대간서고唐代刊書考〉,《중앙대학국학도서관中央大學國學圖書館》 제1연간, 1928년 11월, 1-19쪽. 또한《당대 장안과 서역 문명[唐代長安與西域文明]》 수록, 북경: 삼련서점, 1957년, 117-135쪽.

* 반미월潘美月: 〈당대의 각서[唐代的刻書]〉,《고궁문물월간》, 1983년, 제1권 제9기, 71-74쪽.

* 이치충: 〈당대각서고략唐代刻書考略〉, C: 22-34쪽.

* 숙백宿白: 〈당·오대 시기 목판 인쇄 수공업의 발전[唐五代時期雕版
印刷手工業的發展]〉,《문물》, 1981년, 제5기, 65-68쪽.

* 〈목판 인쇄의 발원지는 성도이다[成都是雕版印刷的發源地]〉, D: 288-
290쪽.

* 장엄莊嚴: 〈뇌봉탑 소장 보협인다라니경 발문[雷峰塔藏寶篋印陀羅尼
經跋]〉,《도서관학계간》, 1926년 6월, 제1권 제2기, 331-332쪽.

* 왕국유: 〈양절고간본고兩浙古刊本考〉,《왕국유유서王國維遺書》(제12
책), 상해고적서점, 1983년.

* 왕국유: 〈현덕 간본 보협인다라니경 발문[顯德刊本寶篋印陀羅尼經
跋]〉,《관당집림觀堂集林》(제4권), 북경: 중화서국, 1984년.

* 왕국유: 〈오대양송감본고[五代兩宋監本考]〉,《왕국유유서》(제11책),
상해고적서점, 1983년.

* 왕국유: 〈오대감본고五代監本考〉, C: 35-40쪽.

* 왕국유: 〈진나라 개운 연간에 판각된 비사문천왕상[晉開運刻毘沙門
天王像]〉,《해녕왕정안선생유서海寧王靜安先生遺書》, 상해: 1936년,
제12책.

* 왕국유:《오대각본〈보협인다라니경〉발문[五代刻本《寶篋印陀羅尼
經》跋]〉,《해녕왕정안선생유서》, 상해: 1936년, 제12책.

* 장수민: 〈오대 오월국의 인쇄[五代吳越國的印刷]〉,《문물》, 1978년,
제12기, 74-76쪽, C: 41-45쪽.

* 임광량任光亮, 심진沈津: 〈항주 뇌봉탑 및 《일체여래심비밀전신
사리보협인다라니경》[杭州雷峰塔及《一切如來心秘密全身舍利寶篋印陀羅
尼經》]〉,《문헌》, 2004년, 제2기, 98-116쪽.

* 반미월: 〈오대의 인쇄[五代的印刷]〉,《고궁문물월간》, 1984년, 제1
권 제10기, 67-72쪽.

* 이치충: 〈오대각서고략五代刻書考略〉, D: 223-233쪽.
* 정영건程永建: 〈낙양에서 출토된 후당 목판 인쇄 경주[洛陽出土後唐
  雕印經咒]〉, 《문물》, 1992년, 제3기, 81쪽, 96쪽.
* 카터 저, 상달 역: 〈현존 최고의 인본 및 풍도의 목판 인쇄 군경
  [現存最古印本及馮道雕印群經]〉, 《도서관학계간》, 1932년 3월, 제6권
  제1기, 87-109쪽.
* 대진휘戴振輝: 〈오대의 각서와 장서[五代的刻書與藏書]〉, 상해 《대공
  보大公報》, 1936년 6월 4일.

(2) 송·요·금·원 인쇄

* 상달 역: 〈중국목판 인쇄술의 전성시기[中國雕板印刷術之全盛時期]〉,
  《도서관학계간》, 1931년 12월, 제5권, 제3-4기, 367-392쪽.
* 나가사와 기쿠야 저, 등연림鄧衍林 역: 〈송·원 간본 각자공 명단
  초고[宋元刊本刻工名表初稿]〉, 《도서관학계간》, 1934년 9월, 제8권
  제3기, 451-493쪽.
* 장수민: 〈송참본과 요상본[宋槧本與搖床本](Chinese Incunabula and
  Incunabula)〉, 천진 《국문주보國聞週報》, 1931년, 제8권 제10호,
  《장수민 인쇄사 논문집》 수록, 북경: 인쇄공업출판사, 1988년,
  75-83쪽.
* 장수민: 〈송 효종 시대의 각서 술략[宋孝宗時代刻書述略]〉, 천진 《대
  공보·도서부간大公報·圖書副刊》, 1936년 9월, 제155기, 같은 해
  《도서관학계간》제10권 제3기 수록, 385-396쪽. 《장수민 인쇄사
  논문집》 수록, 북경: 인쇄공업출판사, 1988년, 96-107쪽.
* 장수민: 〈송 광종 시대의 각서[宋光宗時代之刻書]〉, 《대공보》, 1937
  년 5월 27일. 《장수민 인쇄사 논문집》 수록, 북경: 인쇄공업출판
  사, 1988년, 108-112쪽.

* 장수민: 〈남송(1127~1279) 각서지역고[南宋(1127~1279)刻書地域考]〉, 《도서관》, 1961년, 제3기, 52-56쪽.

* 숙백: 〈남송의 목판 인쇄[南宋的雕版印刷]〉, 《문물》, 1962년, 제1기, 15-28쪽; C: 159-182쪽.

* 장수민: 〈송·원의 인쇄공과 제본공[宋元的印工和裝背工]〉, 《문헌》, 1981년 12월, 제10집, 195-199쪽.

* 장수민: 〈송대 각자공 약론[略論宋代的刻工]〉, 《중국인쇄》, 1994년 4월, 제44기, 30-33쪽.

* 장수민: 〈송대 각자공 간서고[宋代刻工刊書考]〉, 《인쇄과기》, 대만: 1994년 6월, 제10권 제4기, 76-111쪽.

* 이치충: 〈송대 각서 술략[宋代刻書述略]〉, C: 46-89쪽.

* 오자키 야스시尾崎康: 〈송대 목판 인쇄의 발전[宋代雕版印刷的發展]〉, 《고궁학술계간》, 1995년, 제5기.

* 왕동명王東明: 〈송대 판각 성취 논략[宋代版刻成就論略]〉, C: 234-241쪽.

* 〈절강각서문헌[浙江刻書文獻]〉, C: 529-552쪽.

* 호도정胡道靜: 〈목판 인쇄의 중요문물: 송 목판[雕板印刷的重要文物: 宋雕板]〉, A: 292-296쪽.

* 호도정: 〈거록의 북송 목판은 엄성 유적 출토물이다[巨鹿北宋雕版是淹城遺址的出土物]〉, A: 297-301쪽.

* 숙영叔英: 〈북송 각인의 목각화 한 폭[北宋刻印的一幅木刻畫]〉, 《문물》, 1962년, 제1기, 29-30쪽.

* 〈소주 서광사 탑에서 발견된 오대·북송 문물[蘇州瑞光寺塔發現一批五代, 北宋文物]〉, 《문물》, 1979년, 제11기, 21-26쪽.

* 진옥인陳玉寅: 〈소주 서광사탑에서 또다시 발견된 북송 문물[蘇州瑞光寺塔再次發現北宋文物]〉, 《문물》, 1986년, 제9기, 81-83쪽.

* 최외崔巍: 〈산동 신현 송탑에서 출토된 북송 불경[山東莘縣宋塔出土
北宋佛經]〉,《문물》, 1982년, 제12기, 39-42쪽.

* 심진: 〈미국 소장 송 · 원 시기 판각된 불경 경안록[美國所藏宋元刻
佛經經眼錄]〉,《문헌》, 1989년, 제1기, 195-210쪽.

* 양승신楊繩信: 〈역대 각자공 · 필사공의 품삯에 대한 기초 탐구[歷
代刻書工價初探]〉, C: 553-567쪽.

* 섭공작葉恭綽: 〈역대장경고략歷代藏經考略〉,《장국생선생 칠순기
념논문집[張菊生先生七十生日紀念論文集]》, 상해: 상무인서관, 1937
년, 25-42쪽.

* 방호方豪: 〈송대 불교가 중국인쇄와 제지에 미친 공헌[宋代佛教對
中國印刷及造紙之貢獻]〉,《대륙잡지大陸雜志》, 1970년 8월, 제41권 제
4기, 15-23쪽. 또한《방호육십지육십사자선대정고方豪六十至六十
四自选待定稿》수록, 115-123쪽.

* 유조폐劉祖陛: 〈복주 숭녕만수대장경 비로대장경 목판 인쇄에 대
한 기초 탐구[福州崇寧萬壽大藏經毘盧大藏經雕印初探]〉,《문헌》, 1995
년, 제4기, 233-243쪽.

* 이제녕李際寧: 〈대장경찰기이칙大藏經札记二則〉,《문진류상文津流
觞》, 2003년 7월, 제10기.

* 이제녕: 〈새로 들어온 사계판《대반야바라밀경》의 경위 및 문물
판본 가치[新入藏思溪版《大般若波羅蜜經》的經過及其文物版本價值]〉,《문
진류상》, 2003년 2월, 제9기.

* 양승신: 〈《적사장》을 논함[論《磧砂藏》]〉,《문물》, 1984년, 제8기,
49-54쪽.

* 양승신: 〈《적사장》각인으로 본 송 · 원 인쇄공의 몇 가지 문제[從
《磧砂藏》刻印看宋元印刷工人的幾個問題]〉,《중국인쇄연감》, 1984~1986
년, 288, 309-316쪽.

* 왕함王菡: 〈미국에서 읽은 《적사장》[在美國所讀 《磧砂藏》]〉,《문헌》,
  2004년, 제2기, 152-159쪽.

* 이제녕: 〈북경도서관 소장 《적사장》연구〉,《북경도서관 관간館
  刊》, 1998년, 제3기.

* 황연생黃燕生: 〈송대판각지도고록宋代版刻地圖考錄〉,《문헌》, 1985
  년, 제2기, 175-188쪽.

* 심진: 〈미국 소장 송·원 시기 판각된 불경 경안록[美國所藏宋元刻
  佛經經眼錄]〉,《문헌》, 1989년, 제1기, 195-210쪽.

* 고정룡: 〈당송촉각본간술唐宋蜀刻本簡述〉, D: 216-222쪽.

* 반미월: 〈송대 사천 인쇄의 특색[宋代四川印刷的特色]〉,《중국도서문
  사논집》, 북경: 현대출판사, 1992년, 3-12쪽.

* 서화西禾: 〈성도목판 인쇄만화[成都雕版印刷漫話]〉, D: 291-295쪽.

* 에즈런(J. S. Edgren): 〈남송 항주 인쇄에 관하여[南宋杭州印刷淺談]〉,
  《중국도서문사논집》, 북경: 현대출판사, 1992년, 13-18쪽.

* 오계수吳啟壽: 〈남송 임안 진씨 서적포 고략南宋臨安陳氏書籍鋪考
  略〉, C: 183-187쪽.

* 이치충: 〈송대도서편찬출판기사 — 금약편宋代圖書編纂出版紀事 —
  禁約編〉,《문헌》, 2003년, 제3기, 4-16쪽; 제4기, 4-12쪽.

* 이치충: 〈송대도서편찬출판기사宋代圖書編纂出版紀事 — 도경(북송)圖
  經(北宋)〉,《문헌》, 2004년, 제1기, 4-16쪽.

* 축상서祝尚書: 〈송대의 도서 불법복제판과 판권보호를 논함[論宋
  代的圖書盜版與版權保護]〉,《문헌》, 2000년, 제1기, 77-87쪽.

* 양안평楊晏平: 〈송대의 강서각서[宋代的江西刻書]〉,《문헌》, 1996년,
  제3기, 174-188쪽.

* 방언수: 〈주희와 건양각서[朱熹與建陽刻書]〉, C: 156-158쪽.

* 방언수: 〈주희학파 각서와 판권 개념의 형성[朱嘉學派刻書與版權觀

念的形成]),《문헌》, 2000년, 제1기, 88-94쪽.

* 상달 역: 〈초폐 인쇄를 논함[論印鈔幣]〉,《도서관학계간》, 1932년
  12월, 제6권 제4기, 503-518쪽.

* 연의권燕義權: 〈동판과 투색판 인쇄의 발명과 발전[銅版和套色版印
  刷的發明與發展]〉, 이광벽李光璧 등이 편집한《중국과학기술 발명과
  과학기술 인물 논집[中國科學技術發明和科學技術人物論集]》에 수록, 북
  경: 삼련서점, 1955년, 205 215쪽.

* 왕본초汪本初: 〈안휘 동지현에서 발견된 남송 '관자초판'의 조사
  와 연구[安徽東至縣發現南宋'關子鈔版'的調查與研究]〉,《안휘금융연구安
  徽金融研究》, 1987년 증간4, 58-62쪽.

* 한기: 〈남송 '금 · 은 견전관자' 초판에 대한 기초 연구[南宋'金銀見
  錢關子'鈔版之初步研究]〉,《인쇄과기》, 1989년, 제10기, 34-37쪽.

* 장계기張季琦: 〈송대 지폐 및 현존 인판[宋代紙幣及其現存印版]〉,《중
  국인쇄》, 1994년 4월, 제44기, 34-37쪽.

* 장수민: 〈요 · 금 · 서하 각서 간사[遼, 金, 西夏刻書簡史]〉,《문물》,
  1959년, 제3기, 11-16쪽. C: 188-199쪽.

* 정은준鄭恩准: 〈응현 목탑에서 발견된 요대 인쇄품 7점[應縣木塔發
  現的七件遼代印刷品]〉,《문헌》, 1986년, 제1기, 248-256쪽. D: 265-
  273쪽.

* 정은준: 〈응현 목탑에서 발견된 북경 초기 인쇄품[應縣木塔所發現的
  北京早期印刷品]〉,《문헌》, 1988년, 제1기, 215-219쪽.

* 왕외王巍: 〈요대각서사업관규遼代刻書事業管窺〉, D: 259-264쪽.

* 필소연畢素娟: 〈희귀본 요판서적《몽구》[世所僅見的遼版書籍《蒙求》]〉,
  《문물》, 1982년, 제6기, 20-27쪽.

* 주자방朱子方: 〈요대 목판 인쇄의 성취를 찬함[贊遼代雕板印刷之成
  就]〉,《중국역사박물관관간中國歷史博物館館刊》, 1983년 10월, 제5

기, 7-9쪽.

* 장창경張暢耕·필소연: 〈요대 대장경의 목판 인쇄를 논함[論遼朝大藏經的雕印]〉, 《중국역사박물관관간》, 1986년 9월, 제9기, 69-89, 96쪽.

* 부진륜傅振倫: 〈요대에 목판 인쇄된 불경과 불상[遼代雕印的佛經佛像]〉, 진술陳述이 주편한 《요금사논집遼·金史論集》(1)에 수록, 상해: 상해고적출판사, 1987년, 210-223쪽.

* 정은준: 〈요연경불사고—응현 목탑의 요 각경·사경 제기로 본 요대 연경의 사찰[遼燕京佛寺考 —— 應縣木塔遼刻經·寫經題記所見遼燕京寺廟]〉, 진술이 주편한 《요금사논집》(四)에 수록, 북경: 서목문헌출판사, 1989년, 135-154쪽.

* 이제녕: 〈영인 요각 《관미륵보살상생도솔천경소 상권》 발문[影印遼刻《觀彌勒菩薩上生兜率天經疏卷上》跋]〉, 북경: 북경대도서관출판사 복제본, 2002년.

* 염문유閻文儒: 〈산서 응현 불궁사 석가탑에서 발견된 《거란장》과 요대 각경[山西應縣佛宮寺釋迦塔發現的《契丹藏》和遼代刻經]〉, 《문물》, 1982년, 제6기, 9-18쪽.

* 나소羅炤: 〈《거란장》의 목판 인쇄 연대 재론[再談《契丹藏》的雕印年代]〉, 《문물》, 1988년, 제8기, 73-81쪽.

* 나소: 〈《거란장》에 관한 몇 가지 문제[有關《契丹藏》的幾個問題]〉, 《문물》, 1992년, 제11기, 51-57쪽.

* 고희증高熙曾: 〈서하 각서와 서하 각자공[西夏刻書與西夏刻工]〉, C: 222-223쪽.

* 왕극효王克孝: 〈소련 소장 서하 한문불경간본 술략[蘇聯藏西夏漢文佛經刊本述略]〉, 《문헌》, 1990년, 제1기, 158-167쪽.

* 왕국유: 〈원 간본 서하문 화엄경 잔권 발문[元刊本西夏文華嚴經殘卷

跋]),《해녕왕정안선생유서》, 1936년, 제9책.

* 왕정여王靜如: 〈하서자장경목판고[河西字藏經雕版考]〉, 1932년, 제1
기, 1-14쪽.

* 이제닝: 〈'서하에서 간행된 한문판 대장경'에 관하여[關於'西夏刊漢
文版大藏經']〉, 《문헌》, 2000년, 제1기, 139-154쪽.

* 사금파·황윤화: 〈북경도서관 소장 서하문 불경 정리기[北京圖書
館藏西夏文佛經整理記]〉, 《문헌》, 1985년, 제4기, 238-251쪽.

* 백빈: 〈서하 목판 인쇄 기초 탐구[西夏雕版印刷初探]〉, 《문헌》, 1996
년, 제4기, 163-177쪽.

* 섭홍음聶鴻音: 〈서하 관각본 5종西夏官刻本五種〉, 《문헌》, 1999년,
제3기, 268-272쪽.

* 섭홍음: 〈러시아 소장 5130호 서하문 불경 제기 연구[俄藏5130號西
夏文佛經題記硏究]〉, 《중국장학中國藏學》, 2002년, 제1기, 50-54쪽.

* 니시다 다츠오西田龍雄: 〈서하문 불경에 관하여[關於西夏文佛經]〉,
《서북사지西北史地》, 1983년, 제1기, 96-111쪽.

* 이치충: 〈국가도서관에 들어온 《관미륵보살상생두솔타천경》간
인고[國圖入藏 《觀彌勒菩薩上生兜率陀天經》刊印考]〉, 《문헌》, 2002년, 제
4기, 136-146쪽.

* 용곤容坤: 〈대만 소장 금·원 시기 산서 각본臺灣所藏金元時期山西
刻本〉, 《문헌》, 2001년, 제2기, 132쪽; 2002년, 제2기, 275쪽.

* 이진림李晉林: 〈금·원 시기 평수각판 인쇄 고술(상)(하)金元時期平
水刻板印刷考述(上)(下)〉, 《문헌》, 2001년, 제2기, 64-75쪽; 제3기,
128-146쪽.

* 구봉기瞿鳳起: 〈송·원 각본에 관하여[關於宋元刻本]〉, 《문헌》, 1984
년, 제22집, 248-249쪽.

* 장수민: 〈금원감본고金源監本考〉, 《도서계간圖書季刊》, 1935년, 제

2권 제1기, 19-25쪽;《장수민 인쇄사 논문집》수록, 북경: 인쇄공
업출판사, 1988년, 132-139쪽.

* 장수민: 〈미국에서 새로 발견된 금각본 불경[美國新發見的金刻本佛
經]〉,《문헌》, 1987년, 제2기, 109쪽.

* 한기: 〈미국에서 발견된 금각본 불경[在美國發現金刻本佛經]〉,《중국
인쇄》, 1990년 8월, 제29기, 91-92쪽. D: 212-215쪽, 〈미국이 발
견한 금각본 불경[美國發現的金刻本佛經]〉으로 제목 변경하여 수록;
또한《중국인쇄연감》(1991~1992) 수록, 북경: 인쇄공업출판사,
1993년.

* 장수란張秀蘭: 〈조성장령본을 기록함[記趙城藏零本]〉《문물》, 1983
년, 제12기, 88-89쪽.

* 이용李勇: 〈새로 수집된 조성 금장 두 권[新收集的兩卷趙城金藏]〉,《문
물》, 1983년, 제8기, 93쪽.

* 숙백: 〈조성금장과 홍법장[趙城金藏與弘法藏]〉,《현대불학現代佛學》,
1964년, 제2기, 13-22쪽.

* 당보해黨寶海: 〈투루판 출토 금장고[吐魯番出土金藏考]〉,《돈황투루
판연구[敦煌吐魯番研究]》, 1999년, 제4권, 103-125쪽.

* 이제녕: 〈《금장》신자료고《金藏》新資料考〉,《장외불교문헌藏外佛敎
文獻》(3),《장외불교문헌》편집위원회 편집, 종교문화출판사 출
판, 1997년.

* 이제녕: 〈불교대장경의 조각 · 인쇄 · 유통 제도[佛敎大藏經的雕刻,
印刷, 流通制度]〉,《문진학지文津學志》, 2003년, 제1집, 47-60쪽.

* 장국유張國維: 〈근대 '정우보권' 동초판近代'貞佑寶券'銅鈔版〉,《문
물》, 1986년, 제10기, 94-95쪽. 또한《중국인쇄》수록, 1992년 8
월, 제37기, 80, 90-91쪽.

* 장승종張承宗: 〈금대 각서의 중심인 평수 고변[金代刻書中心平水考

辨]〉, C: 200-204쪽.

* 우하상于霞裳: 〈금·원 시기 평수의 인쇄공에 기초 탐구[金元時期
  平水印刷工藝初探]〉, C: 205-221쪽.

* 류위의劉緯毅: 〈산서고대각서고략山西古代刻書考略〉, C: 489-508
  쪽.

* 이치충: 〈원대각서술략元代刻書述略〉,《문헌》, 1981년, 제10집,
  200-220쪽; C: 224-244쪽.

* 섭덕휘葉德輝: 〈원사본고元私本考〉, C: 245-259쪽.

* 동위童瑋 등: 〈원대 관각 대장경의 발견[元代官刻大藏經的發現]〉,《문
  물》, 1984년, 제12기, 82-86쪽.

* 이제녕: 〈국가도서관에 새로 수집된《대보적경》권54 판본 연구
  [國家圖書館新收《大寶積經》卷五十四版本研究]〉,《문헌》, 2002년, 제2기,
  123-140쪽.

* 황연생黃燕生: 〈원대판각지도고록元代版刻地圖考錄〉,《문헌》, 1987
  년, 제2기, 134-144쪽.

* 허혜리許惠利: 〈북경 지화사에서 발견된 원대장경北京智化寺發現元
  代藏經〉,《문물》, 1987년, 제8기, 1-7, 29쪽.

* 왕함: 〈원대 항주 간각《대장경》과 서하의 관계[元代杭州刊刻《大藏
  經》與西夏的關係]〉,《문헌》, 2005년, 제1기, 111-118쪽.

* 최외: 〈명대 노황왕 묘에서 출토된 원간고적 약설[明魯荒王墓出土
  元刊古籍略說]〉,《문물》, 1983년, 제12기, 84-87쪽.

* 〈함양에서 발견된 원대 지폐[咸陽發現的元代紙幣]〉,《고고와 문물[考
  古與文物]》, 1980년, 제3기, 70-71, 76쪽.

(3) 명·청 인쇄

* 장수민: 〈명대 인서가 가장 많은 건녕서방[明代印書最多的建寧書坊]〉,

《문물》, 1979년, 제6기, 76-80쪽.

* 장수민: 〈명대 북경의 각서[明代北京的刻書]〉, 《문헌》, 1979년 12월, 제1기, 298-309쪽. C: 262-271쪽.

* 장수민: 〈명대 남경의 인서[明代南京的印書]〉, 《문물》, 1980년, 제11기, 78-83쪽. C: 272-282쪽.

* 창피득: 〈명번각서고明藩刻書考〉, 《판본목록학논총版本目錄學論叢》, 대북: 학해출판사, 1977년, 제1집, 39-103쪽.

* 류이징柳詒徵: 〈남감사담南監史談〉, 《강소성입국학도서관년간江蘇省立國學圖書館年刊》, 1921년 11월, 제3기, 1-12쪽.

* 장련張鍵: 〈명대 국자감 각서明代國子監刻書〉, 《국립중앙도서관관간[國立中央圖書館館刊》, 1984년, 제17권 제1기, 73-83쪽.

* 사강주謝剛主: 〈명·청 시대의 판화 만담[漫談明淸時代的版畫]〉, 《문헌》, 1979년, 제2집, 121-132쪽.

* 이치충: 〈명대각서술략明代刻書述略〉, 《문사文史》, 1984년 11월, 제23기, 127-158쪽.

* 기숙영冀叔英: 〈판각 속의 각자공 문제를 논함[談談版刻中的刻工問題]〉, 《문물》, 1959년, 제3기, 4-10, 23쪽.

* 기숙영: 〈명대 각본 및 각자공을 논함—명대 중기 소주지역 각자공표 첨부[談談明刻本及刻工——附明代中期蘇州地區刻工表]〉, 《문헌》, 1981년 3월, 제7집, 211-231쪽.

* 섭서보葉瑞寶: 〈명대 중·만기의 판각품질 기초 탐구[明代中晚期版刻精劣初探]〉, 《강소도서관공작江蘇圖書館工作》, 1981년, 제2기, 47-51쪽.

* 조지曹之: 〈명대 판각의 성취 시론[試論明代版刻的成就]〉, C: 283-287쪽.

* 하괴창何槐昌: 〈각자공과 판본 기초 탐구[刻工與版本初探]〉, 《도서관

연구와 일》, 1981년, 제1기.

* 심섭원沈燮元: 〈명대강소각서사업개술明代江蘇刻書事業槪述〉,《학
  술월간學術月刊》, 1957년 9월, 제9기, 78쪽.

* 섭수성: 〈명대 남직례 강남지역 사인각서 개술[明代南直隸江南地區
  私人刻書槪述]〉,《문헌》, 1987년, 제2기, 213-229쪽.

* 섭수성: 〈명·청 금릉방각개술明淸金陵坊刻槪述〉, D: 320-326쪽.

* 허배기許培基: 〈소주의 각서와 장시[蘇州的刻書與藏書]〉,《문헌》,
  1985년, 제4기, 211-237쪽.

* 낙조평駱兆平: 〈천일각각서고략天一閣刻書考略〉,《도서관 연구와
  업무》, 1982년, 제2기; C: 326-334쪽.

* 진병인陳秉仁: 〈'천일각각서고략'보정'天一閣刻書考略'補正〉, C: 335-
  339쪽.

* 낙조평: 〈천일각각서속고天一閣刻書續考〉, C: 340-346쪽.

* 서학림徐學林: 〈휘주지역 고대 각서업 시론[試論徽州地區的古代刻書
  業]〉,《문헌》, 1995년, 제4기, 187-232쪽.

* 적둔건翟屯建: 〈명·청 시기 휘주각서 간술明淸時期徽州刻書簡述〉,
  《문헌》, 1988년, 제4기, 242-251쪽.

* 장원경蔣元卿: 〈휘주 목판 인쇄술의 발전[徽州雕版印刷術的發展]〉,《안
  휘사학통신安徽史學通訊》, 1958년, 제1기; C: 363-375쪽.

* 장수민: 〈명대 휘파판화 황씨 각자공 고략[明代徽派板畫黃姓刻工考
  略]〉,《도서관》, 1964년, 제1기, 61-65쪽.

* 장원경: 〈휘주 황씨 각자공 고략[徽州黃姓刻工考略]〉,《강회논단江淮
  論壇》, 1980년, 제4기, 107-112쪽.

* 육봉태陸鳳台: 〈명·청 시기 안휘의 목판 인쇄공예[明淸時期安徽的
  雕版印刷工藝]〉,《강회학간江淮學刊》, 1963년, 제1기, 55-58쪽.

* 섭수성: 〈명·청 휘각고明淸徽刻考〉, 1986년, 제1기, 5-8쪽.

* 엄좌지嚴佐之: 〈명대 휘주각서를 논함[論明代徽州刻書]〉, 《사회과학 전선》, 1986년, 제3기, 255, 341-346쪽.

* 이국경李國慶: 〈휘주 구씨 각자공 각서고록[徽州仇姓刻工刻書考錄]〉, 《강회론단》, 1992년, 제5기, 102-106쪽.

* 섭장청葉長青: 〈민본고閩本考〉, C: 441-478쪽.

* 양자함梁子涵: 〈건안 여씨 각서고建安余氏刻書考〉, 《복건문헌福建文獻》, 대북: 1968년, 제1권 제1기, 53-73쪽.

* 로공路工: 〈송·원·명대의 각서중심지를 찾아서—건양[訪宋元明刻書中心地之一 —— 建陽]〉, 《광명일보光明日報》, 1962년 9월 20일, C: 147-150쪽.

* 사수순謝水順: 〈복건의 각서에 관한 간략한 논의[略談福建的刻書]〉, 《복건성 도서관학회통신福建省圖書館學會通訊》, C: 479-488쪽.

* 초동발: 〈건양 여씨 각서고략建陽余氏刻書考略)(상)(중)(하)〉, 《문헌》, 1984년, 제21집, 230-245쪽; 1984년, 제22집, 195-219쪽; 1985년, 제1기, 236-250쪽. C: 90-146쪽.

* 노유춘盧維春: 〈건양서방에서 간각한 화본, 역사통속연의와 공안소설[建陽書坊刊刻的話本, 歷史通俗演義和公案小說]〉, C: 151-155쪽.

* 양기여楊起予: 〈건본론략建本論略〉, 《문헌》, 1991년, 제2기, 160-172쪽.

* 허도화許道和: 〈마사본麻沙本〉, C: 437-440쪽.

* 방언수: 〈건양 유씨 각서고建陽劉氏刻書考)(상)(하)〉, 《문헌》, 1988년, 제2기, 196-228쪽; 제3기, 217-229쪽.

* 방언수: 〈명대 각서가 웅종립 술고明代刻書家熊宗立述考〉, 《문헌》, 1987년, 제1기, 228-243쪽.

* 방언수: 〈민북 첨씨·여씨·웅씨·채씨·황씨 각서가 13인의 생애 고략[閩北詹余熊蔡黃五姓十三位刻書家生平考略]〉, 《문헌》, 1989년,

제3기, 233-242쪽.

* 방언수: 〈민북 유씨 등 각서가 14인의 생애 고략[閩北劉氏等十四位刻書家生平考略]〉,《문헌》, 1991년, 제1기, 222-230쪽.

* 방언수: 〈민북 각서가 14인의 생애 고략[閩北十四位刻書家生平考略]〉,《문헌》, 1993년, 제1기, 210-219쪽.

* 방언수: 〈민북 각서가 18인의 생애 고략[閩北十八位刻書家生平考略]〉,《문헌》, 1994년, 제1기, 224-232쪽; 1994년, 제2기, 203-214쪽.

* 방언수: 〈건양서방이 관과 개인의 위탁을 받아 간행한 서적[建陽書坊接受官私方委託刊印之書]〉,《문헌》, 2002년, 제3기, 97-106쪽.

* 방언수: 〈명대 건양각본 광고 추의明代建陽刻本廣告芻議〉,《문헌》, 2001년, 제1기, 177-184쪽.

* 왕성린王星麟 등: 〈명대 하남 각서 술략明代河南刻書述略〉, D: 317-319쪽.

* 이유민李裕民: 〈산서각서연표(송에서 명까지) 山西刻書年表(宋至明)〉, C: 347-362쪽.

* 노심魯深: 〈섬서목판원류고[陝西雕版源流考]〉,《인문잡지人文雜誌》, 1985년, 제4기; C: 520-528쪽.

* 이국경 보충: 〈명대 각자공·필사공이 '오군'이라 서명한 것에 대한 소록[明代刻工書工自署'吳郡'小錄]〉(1)(2),《문헌》, 1994년, 제1기, 245, 257쪽.

* 이국경 보충: 〈구이재 목판 소고仇以才雕版小考〉,《문헌》, 1992년, 제1기, 145쪽.

* 이국경 보충: 〈목판 제기 일례[雕版題記一例]〉,《문헌》, 1993년, 제2기, 17쪽.

* 오율명吳聿明: 〈태창 남전촌 명대 묘지 및 출토 고적[太蒼南轉村明墓及出土古籍]〉,《문물》, 1983년, 제3기, 19-22쪽.

* 주소량周紹良: 〈명 영락 연간 내부간본 불교경적[明永樂年間內府刊本 佛敎經籍]〉,《문물》, 1985년, 제4기, 39-41쪽.

* 주소량: 〈명대 황제 · 귀비 · 공주가 인쇄 보시한 몇 권의 불경[明代皇帝, 貴妃, 公主印施幾本佛經]〉《문물》, 1987년, 제8기, 8-11쪽.

* 주소량: 〈명 내부간본《영보천존설홍은령제진군묘경》明內府刊本《靈寶天尊說洪恩靈濟眞君妙經》〉,《문물》, 1987년, 제10기, 64-66쪽.

* 주소량: 〈무위불경3종[無爲佛經三種]〉,《문헌》, 1983년, 제4기, 197-203쪽.

* 주소량: 〈《신간무당족본류편전상계성실록》서기《新刊武當足本類編全相啟聖實錄》書記〉,《문헌》, 1985년, 제2기, 161-174쪽.

* 〈상해에서 발견된 명 성화 연간에 각인된 창본들[上海發現一批明成化年間刻印的唱本]〉,《문물》, 1972년, 제11기, 67-68쪽.

* 장청진張靑晉: 〈영제에서 발견된 명대 판화각판[永濟發現一塊明代版畫刻版]〉,《문물》, 1980년, 제6기, 91쪽.

* 장문음張文鑫: 〈복건 남평에서 발견된 명대 견질《대통력》표지[福建南平發現明代絹質《大統曆》封面]〉,《문물》, 1989년, 제12기, 47쪽.

* 이제녕: 〈천룡산 대장경에 관하여[天龍山大藏經淺談]〉,《북경도서관 동인문선》(3) 수록, 북경도서관출판사, 1997년, 48-51쪽.

* 임세전林世田 · 소품홍 蘇品紅: 〈고산 용천사 소장 대장경 및 마땅히 취해야 할 보호 조치[鼓山湧泉寺所藏大藏經及應採取的保護措施]〉, 백화문白化文 주편의 《주소량선생기념문집周紹良先生紀念文集》에 수록, 북경: 북경도서관출판사, 2006년, 291-296쪽.

* 방언수: 〈명 만력 연간 각본《대방불화엄경》[明萬曆刻本《大方佛華嚴經》]〉,《문헌》, 1990년, 제3기, 215쪽.

* 이제녕: 〈《무림장》에 대한 개인적 소견[《武林藏》之我見]〉,《불학연구佛學研究》, 통권4기, 168-171쪽.

* 이효우李孝友: 〈명대 간각된 《경산장》에 관하여[淺談明代刊刻的《徑
山藏》]〉, 《문헌》, 통권4집, 1980년, 제2집, 205-213쪽.

* 공의孔毅: 〈《경산장》속장의 간각 시기 및 기타[《徑山藏》正續藏的刊
刻時間及其他]〉, 《문헌》, 1986년, 제4기, 282-285쪽.

* 양옥량·형순령邢順嶺: 〈《가흥장》정리기《嘉興藏》整理記〉, 《문헌》,
1984년, 제1기, 200-216쪽.

* 장굉위章宏偉: 〈《방책장》의 간각과 명대 관판 대장경[《方冊藏》的
刊刻與明代官版大藏經]〉, 《명청논총明淸論叢》, 2004년, 제5집, 145-
207쪽.

* 장굉위: 〈고궁박물원 소장 《가흥장》의 가치: 학술연구사적 관점
에서 본 《가흥장》[故宮博物院藏《嘉興藏》的價值: 從《嘉興藏》學術研究史角
度來探討]〉, 《고궁학간故宮學刊》, 2004년, 제1권, 540-585쪽.

* 하곡리何谷理: 〈명·청 통속문학과 인쇄술에 관한 몇 가지 관점
[關於明淸通俗文學和印刷術的幾點看法]〉, 《중국도서문사논집》, 북경: 현
대출판사, 1992년, 376-393쪽.

* 도상陶湘: 〈무영전취진판총서목록武英殿聚珍版叢書目錄〉, 《도서관
학계간》, 1929년 6월, 제3권 제1-2기 합간, 205-217쪽.

* 노수국盧秀菊: 〈청대 성세 시기 황실의 인쇄사업[淸代盛世之皇室印刷
事業]〉, 《중국도서문사논집》, 북경: 현대출판사, 1992년, 33-74쪽.

* 사국정謝國楨: 〈청대 무영전판으로 본 양주시국의 각서[從淸武英殿
版談到揚州詩局的刻書]〉, 《고궁박물원원간故宮博物院院刊》, 1981년, 제1
기, 15-18쪽.

* 초력肖力: 〈청대 무영전 각서 기초 탐구[淸代武英殿刻書初探]〉, C:
376-394쪽.

* 김양년金良年: 〈청대 무영전 각서 술략淸代武英殿刻書述略〉, 《문사
文史》, 1988년, 제31집, 183-208쪽.

* 주새홍朱賽紅: 〈새롭게 등장한 청궁목판화[異軍突起的淸宮木版畫]〉, 백화문 주편의 《주소량선생기념문집》에 수록, 북경도서관출판사, 2006년, 515-521쪽.

* 주가렴朱家濂: 〈백림사와 용장경판[柏林寺和龍藏經版]〉, 《인민일보》, 1961년 7월 23일.

* 자강自强: 〈《청장》경판소기《淸藏》經版小紀〉, 《문헌》, 통권4집, 1980년, 제2집, 214-218쪽.

* 양옥천梁玉泉: 〈《청장》경판술략《淸藏》經板述略〉, 《문물》, 1987년, 제10기, 15, 67-69쪽.

* 이자단李子檀: 〈현재 고궁에 남아 있는 《대장경》장·만문판[《大藏經》藏, 滿文版現存故宮]〉, 《문헌》, 제50기, 1991년, 제4기, 286-287쪽.

* 나문화羅文華: 〈만문 《대장경》편찬고략滿文《大藏經》編纂考略〉, 《중국역사문물中國歷史文物》, 2005년, 제3기, 72-81쪽.

* 양옥량: 〈청 내부 서적 경권판편의 선별구입·보관 등 문제 기초 탐구[關於淸內府書籍經卷板片的采買, 存貯等問題初探]〉, 《고궁박물원 원간》, 1988년, 제3기, 91-96쪽.

* 사수순: 〈청대 민남 각서사 술략淸代閩南刻書史述略〉, 《문헌》, 1986년, 제3기, 256-263쪽.

* 서소만徐小蠻: 〈청대 상해판각총서 서략淸代上海版刻叢書敍略〉《출판사료出版史料》, 1988년 3-4월, 제13-14기, 71-75쪽.

* 장수민: 〈태평천국의 각서[太平天國的刻書]〉, 《문물》, 1961년, 제1기, 14-15쪽.

* 오가구吳家駒: 〈청나라 말기 각 성별 관서국 고략[淸季各省官書局考略]〉, 《문헌》, 1989년, 제1기, 186-194쪽.

* 고지흥: 〈절강서국의 시작과 끝 그리고 간서[浙江書局始末及其所刊

書]〉,《문헌》, 1990년, 제1기, 196-203쪽.

* 동연童燕: 〈지패紙牌〉,《자금성》, 1986년, 제4기, 24-27쪽.

* 관계전官桂栓: 〈청대 임수매의 《설검헌여사》중 인쇄사료[淸林樹梅 《說劍軒餘事》中的印刷史料]〉,《문헌》, 1991년, 제1기, 280-283쪽.

* 정위장鄭偉章: 〈도섭원[陶湘]의 장서·각서 기략[陶氏涉園藏書, 刻書記 略]〉,《문헌》, 1990년, 제1기, 215-222쪽.

* 왕수교王水喬: 〈운남성도서관 소장 판편 개술雲南省圖書館所藏版片 槪述〉,《문헌》, 1990년, 제3기, 209-215쪽.

* 노전盧前: 〈서림별화書林別話〉, D: 440-447쪽.

* 채귀화蔡貴華: 〈양주지방지의 준남서국에 대한 기재[揚州地方志對 準南書局的記載]〉,《문헌》, 1989년, 제4기, 287쪽.

* 황국성黃國聲: 〈광동 여성 마강의 각서에 대한 조사연구[廣東馬岡 女子刻書考索]〉,《문헌》, 1998년, 제2기, 266-270쪽.

* 이국경 보충: 〈계림서국 각서 일례桂林書局刻書一例〉,《문헌》, 1993년, 제4기, 212쪽.

* 황윤화: 〈만문 관각도서 술론滿文官刻圖書述論〉,《문헌》, 1996년, 제4기, 178-201쪽.

* 황윤화: 〈만문 방각도서 술론滿文坊刻圖書述論〉,《문헌》, 1999년, 제2기, 220-237쪽.

* 공의: 〈청대 관서국 각서술략淸代官書局刻書述略〉,《문헌》, 1992년, 제1기, 231-245쪽.

* 매헌화梅憲華: 〈만청 관서국 대사기략晚淸官書局大事記略〉,《문헌》, 1992년, 제1기, 247-258쪽.

* 장종우張宗友: 〈만청 관서국 창립 시론[試論晚淸官書局的創立]〉,《문 헌》, 1999년, 제4기, 145-150쪽.

* 왕령王玲: 〈금릉서국이 비하각으로 옮겨간 시기에 대한 보정[金陵

書局移飛霞閣時間補正]〉, 《문헌》, 1991년, 제1기, 277-278쪽.

* 이병진李炳震: 〈두 종류의 각공록 읽기[讀兩種刻工錄]〉, 《문헌》, 1995년, 제4기, 238-243쪽.

* 이국경 보충: 〈청 건륭 시기 은으로 계산한 각자공·필사공의 인건비와 재료비 일례[清乾隆時刻書工料銀價一例], 《문헌》, 1990년, 제2기, 25쪽.

* 이국경 보충: 〈청 가경 시기 각서 수가 삼례[清嘉慶時刻書售價三例]〉, 《문헌》, 1989년, 제1기, 120쪽.

* 설영薛英 보충: 〈청 가경 시기 수서 가격 일례[清嘉慶時售書價格一例]〉, 《문헌》, 1986년, 제4기, 69쪽.

* 왕명발王明發: 〈특색있는 홍인본 한 권[一部獨具特色的紅印本]〉, 《문헌》, 2001년, 제3기, 228-234쪽.

* 사금파·백빈: 〈명대 서하문 경권과 석당 기초 탐구[明代西夏文經卷和石幢初探]〉, 《고고학보考古學報》, 1977년, 제1기, 143-164쪽.

* 이범문李范文: 〈명대 서하문 경권의 연대와 석당의 명칭 문제[關於明代西夏文經卷的年代和石幢的名稱問題]〉, 백빈 편집 《서하사 논문집西夏史論文集》에 수록, 1984년, 595-599쪽.

* 사금파: 〈최초의 티베트문 목각본 고략[最早的藏文木刻本考略]〉, 《중국장학中國藏學》, 2005년, 제4기, 73-77쪽.

* 가조嘉措 등: 〈현재 라싸에 소장되어 있는 2부의 영락판 《감주이》[拉薩現藏的兩部永樂版 《甘珠爾》]〉, 《문물》, 1985년, 제9기, 85-88쪽.

* 탕지안湯池安: 〈덕격인서원德格印書院〉, 《세계종교연구世界宗教研究》, 1980년, 제2기, 63-72, 81쪽.

* 동알 나상적렬東嘎·羅桑赤列: 〈장족의 인쇄[藏族的印刷]〉, 《서장연구西藏研究》, 1985년 2월, 제1기, 155쪽: D: 315-316쪽.

* 송효혜宋曉嵇: 〈티베트 고대 인쇄와 인경원에 관한 간략한 논의
  [略談西藏古代印刷和印經院]〉,《중앙민족학원학보中央民族學院學報》,
  1987년, 제1기, 42-43쪽; D: 296-299쪽.
* 주윤년周潤年: 〈티베트 불교가 티베트 지역의 목판 인쇄업에 미
  친 영향[西藏佛教對藏區雕版印刷業的影響]〉,《서장연구》, 1988년, 제2
  기, 71-79쪽; D: 300-314쪽.
* 팽학운彭學雲: 〈티베트문 목판 인쇄 탐구[藏文雕版印刷淺探]〉,《서장
  연구》, 1993년, 제1기, 138-141쪽.
* 아자雅子・색남지화索南智華: 〈납가사 및 납가판《감주이》[拉加寺
  及拉加版《甘珠爾》]〉,《서장연구》, 1994년, 제2기, 104-110쪽.
* [독] 피터 짐(Peter Zieme) 저, 위문첩魏文捷 역: 〈회골문 목판 인쇄
  품의 공양인 및 미기[一件回鶻文雕版印刷品的供養人及尾記]〉,《돈황연
  구敦煌研究》, 2002년, 제5기, 33-36쪽.

(4) 투인套印
* 왕중민王重民: 〈투판인서법의 휘주 기원설[套版印書法起源於徽州說]〉,
  《안휘역사학보安徽曆史學報》, 1957년 10월 창간호, 31-38쪽; A:
  446-463쪽.
* 자자영紫子英: 〈십죽재에서 간행한 인보 몇 종류를 논함[談十竹齋
  刊印的幾種印譜]〉,《문물》, 1960년, 제8-9기, 76-77쪽.
* 열옹생蠮螉生: 〈십죽재를 기록함—신각《십죽재전보》초편 소개
  [記十竹齋 —— 介紹新刻十竹齋箋譜初編]〉,《도서계간》, 1935년 3월, 제2
  권 제1기, 39-42쪽.
* 조만리趙萬裏: 〈《정씨묵원》잡고《程氏墨苑》雜考〉《중・프 한학연
  구소도서관 관간[中法漢學研究所圖書館館刊]》, 1946년 10월, 제2호,
  1-9쪽.

* 왕백민王伯敏: 〈호정언 및 십죽재의 수인목각[胡正言及其十竹齋的水印木刻]〉,《미술연구美術研究》, 1957년, 제3기, 77-84쪽.

* 심지유沈之瑜: 〈《나헌변고전보》발문[跋《蘿軒變古箋譜》]〉,《문물》, 1964년, 제7기, 7-9쪽.

* 오광청吳光淸: 〈명대의 채색인쇄―삽도・평점・화보・도적의 변천[明代的彩色印刷 ―― 插圖・評點・畫譜・圖籍的衍變]〉, C: 288-300쪽.

* 요백악姚伯嶽: 〈명대 오흥 민씨와 능씨의 투판인쇄[明代吳興閔淩二氏的套版印刷]〉,《도서관 업무와 연구[圖書館工作與研究]》, 1985년, 제1기.

* 고정룡, 기숙영: 〈투인과 채색인쇄의 발명과 발전[套印和彩色印刷的發明與發展]〉, D: 169-172쪽.

* 왕동명王東明: 〈투인본사화套印本史話〉, D: 166-168쪽.

* 후개侯愷: 〈목판 수인공예의 새로운 발전[木版水印工藝的新發展]〉,《중국인쇄》, 1994년 4월, 제44기, 55-56쪽.

* 주새홍朱賽紅: 〈청대 내부 '투인본'을 기록함―고대투인기술의 후기발전을 겸하여 논함記淸內府'套印本'―兼述古代套印本技術的後期發展〉,《고궁박물원원간》, 1992년, 제4기, 63-69쪽.

3. 활자인쇄

* 한기 편집: 〈중국활자인쇄사참고문헌中國活字印刷史參考文獻〉, 장수민・한기의《중국활자인쇄사中國活字印刷史》수록, 중국서적출판사, 1998년.

* 한기: 〈장수민선생과 중국인쇄사연구[張秀民先生和中國印刷史研究]〉,《문진류상》, 2002년 6월, 제5기, 36-52쪽.

* 도연陶然: 〈중국활자판고中國活字版考〉,《국학전간國學專刊》, 1926년, 제1권 제1기, 45-53쪽.

* 장수민: 〈중국활자인쇄간사中國活字印刷簡史〉, B: 6-65쪽.

* 전존훈: 〈중국 역대활자본 종술中國歷代活字本綜述〉, D: 133-148
  쪽.

* 하보운何步雲: 〈중국활자소사中國活字小史〉, B: 66-88쪽.

* 황관중黃寬重: 〈송대 활자인쇄의 발전[宋代活字印刷的發展]〉, 《국립중
  앙도서관관간國立中央圖書館館刊》, 1987년 12월, 제20권 제2기, 1-
  10쪽.

* 한기: 〈송·원 문헌 중 필승과 니활자인서[宋元文獻中的畢昇與泥活字
  印書]〉, 《중국인쇄》, 2004년, 제6기, 103-105쪽. 《중국인쇄연감》,
  2005년, 북경: 중국인쇄연감사, 2005년, 21-23쪽.

* 이치충: 〈《몽계필담》에 기록된 필승의 니활자인서법 석론[《夢溪
  筆談》所記畢昇泥活字印書法釋論]〉, 《중국인쇄》, 2002년, 제8기, 53-57
  쪽.

* 노간勞榦 〈목판으로 본 활자인쇄 발전 중의 몇 가지 문제[從雕版到
  活字印刷發展中的幾個問題]〉, 《중국도서관논문집》, 북경: 현대출판사,
  1992년, 19-26쪽.

* 정유丁瑜: 〈중국 목판 인쇄술과 활자인쇄술의 비교연구[我國雕版印
  刷術與活字印刷術的比較研究]〉, B: 121-129쪽.

* 부진륜: 〈중국활자인쇄술의 발명과 발전[中國活字印刷術的發明和發
  展]〉, B: 89-100쪽.

* 서소徐蘇: 〈중국 고대 활자인쇄술은 왜 발전이 둔화되었나?[我國
  古代的活字印刷術爲什麼發展緩慢]〉, B: 256-266쪽.

* 아서 훔멜(Arthru. W. Hummel) 저, 유수업劉修業 역: 〈중국 활자인
  쇄술 검토[中國活字印刷術之檢討]〉, B: 101-106쪽.

* 손계강孫啟康: 〈필승 묘비 감정 및 관련 문제 고증[畢昇墓碑鑑定及相
  關問題考証]〉, 《중국인쇄》, 1993년 11월, 제42기, 81-83쪽.

* 장수민: 〈영산에서 발견된 것은 활자발명가 필승의 묘비인가?[英山發現的是活字發明家畢昇的墓碑嗎?]〉,《중국인쇄》, 1993년 11월, 제42기, 83-85쪽.《북경도서관관계》, 통권5-6기, 1993년, 제3-4기, 63-65쪽.

* 장수민: 〈호북 영산에서 발견된 활자발명가 필승 묘는 믿을 수 없어[湖北英山發見活字發明家畢昇墓不可信]〉,《인쇄과기》, 대만: 1994년 3월, 제51기.

* 손계강: 〈필승 묘비에 대한 질의에 답함[答畢昇墓碑質疑]〉,《중국인쇄》, 1994년 4월, 제44기, 72-74, 76쪽.

* 장수민: 〈영산 필승 묘비에 대한 재논의[對英山畢昇墓碑的再商榷]〉,《중국인쇄》, 1994년 4월, 제44기, 75-76쪽.

* 장수민: 〈영산 필승 묘비 재질의[英山畢昇墓碑再質疑]〉,《중국인쇄사 학술심포지엄 문집》수록, 인쇄공업출판사, 1996년, 267-273쪽. 일본어 번역문은《인쇄사연구》제4호(히노 마사코日野雅子 역) 수록, 1997년, 1-6쪽.

* 임방任昉: 〈필승과 호북 영산에서 출토된 필승묘비[畢昇與湖北英山出土的畢昇墓碑]〉,《중국문물보中國文物報》, 1994년 9월 25일.

* 장수민: 〈필승畢昇〉,《중국고대과학가中國古代科學家》, 북경: 과학출판사, 1959년.

* 장수민: 〈필승과 명대 각자공·인쇄공 사적에 관한 고략[關於畢昇與明代刻印工事跡考略]〉,《상해도서관 설립 30주년 기념 논문집[上海圖書館建館三十周年紀念論文集], 1952~1982》, 1983년, 159-161쪽.

* 호도정: 〈활자판 발명가 필승의 사망연도 및 지점 시탐[活字板發明者畢昇卒年及地點試探]〉,《문사철》, 1957년, 제7기, 61-63쪽.

* 풍한용馮漢鏞: 〈필승이 활자제작에 사용한 교니가 육일니라는 것에 대한 고찰[畢昇活字膠泥為六一泥考]〉,《문사철》, 1983년, 제3기,

84-85쪽.

* 유달생: 〈필승의 니활자 인서법 중 '약'에 관하여[淺談畢昇泥活字印
書法中的'藥']〉,《중국인쇄》, 2003년, 제3기, 115-117쪽

* 온주시 문물처溫州市文物處・온주시 박물관溫州市博物館: 〈온주시
북송 백상탑 정리보고溫州市北宋白象塔淸理報告〉,《문물》, 1987년,
제5기, 1-14쪽.

* 김백동金柏東: 〈초기 활자인쇄술의 실물 증거―온주시 백상탑에
서 출토된 북송 불경 파지 소개[早期活字印刷術的實物見証 —— 溫州市
白象塔出土北宋佛經殘頁介紹]〉,《문물》, 1987년, 제5기, 15-18쪽.

* 유운劉雲: 〈'초기 활자 인쇄술의 실물 증거' 논문에 대한 논의[對
'早期活字印刷術的實物見証'一文的商榷]〉,《문물》, 1988년, 제10기, 95-
96쪽.

* 장수민: 〈활자인쇄사화이칙('새로 발견된 북송 활자본은 믿을
수 없어', '청나라 신창 사람 여무의 니활자 인서'[活字印刷史話二則
('新發現的北宋活字本不可信', '淸新昌呂撫的泥活字印書')]〉,《인쇄잡지印刷
雜志》, 1992년, 제6기, 26-27쪽.

* 장수민: 〈새로 발견된 북송 활자본은 믿을 수 없어[新發現的北宋活
字本不可信]〉,《인쇄과기》, 대만: 1992년 9월, 제9권 제1기, 65쪽.

* 유달생: 〈온주 백상사 《관경》파지의 수수께끼 밝히기[揭開溫州白
象塔《觀經》殘頁之謎]〉,《인쇄과기》, 대만: 2000년, 제16권 제4기.

* 항익평項弋平: 〈송대 항주의 각서와 필승이 활자인쇄를 발명한
지점[宋代杭州的刻書與畢昇發明活字印刷的地點]〉,《문헌》, 1983년 12월,
제18집, 228쪽. B: 115-120쪽.

* 왕정여王靜如: 〈서하문 목활자판 불경과 동패[西夏文木活字版佛經與
銅牌]〉, B: 170-178쪽.

* 장사온張思溫: 〈활자판 서하문 화엄경 권11-권15 간략소개[活字版

西夏文華嚴經卷十一至卷十五簡介]),《문물》, 1979년, 제10기, 93-95쪽.

* 조숙문曹淑文 등: 〈미국 프린스턴 대학 소장 목활자본《대방광불화엄경》을 논함[談美國普林斯頓大學藏木活字本《大方廣佛華嚴經》]),《문물》, 1992년, 제4기, 87-90쪽.

* 사금파: 〈현존 세계 최초의 활자인쇄품—서하활자인본고[現存世界上最早的活字印刷品 —— 西夏活字印本考]),《북경도서관관간》, 1997년, 제1기, 67-80쪽.

* 사금파·아삼·오수이: 〈서하와 회골이 활자인쇄에 미친 중요 공헌[西夏和回鶻對活字印刷的重要貢獻]),《광명일보》, 1997년 8월 5일.

* 사금파: 〈돈황 막고굴 북구에서 출토된 서하문 문헌 기초 탐구[敦煌莫高窟北區出土西夏文文獻初探]),《돈황연구》, 2000년, 제3기, 1-16쪽.

* 사금파: 〈현존 최초 한문활자인본 초보적 고증[現存最早的漢文活字印本芻証]),《중국인쇄》, 2001년, 제3기, 36-40쪽; 제4기, 39-41쪽.

* 사금파: 〈흑수성 출토 활자판 한문력서고黑水城出土活字版漢文歷書考〉,《문물》, 2001년, 제10기, 87-96쪽.

* 사금파: 〈영국 소장 서하문헌 간략 소개[簡介英國藏西夏文獻]),《국가도서관학간國家圖書館學刊》(서하연구 특별호), 2002년 증간.

* 사금파: 〈서하서적의 편찬과 출판[西夏書籍的編纂和出版]),《국학연구國學研究》, 북경대학출판사, 2003년 6월.

* 사금파: 〈문원괴보: 국가도서관 소장 서하문 문헌[文苑瑰寶: 國家圖書館藏西夏文文獻]),《문헌》, 2003년, 제1기, 244-256쪽.

* 사금파: 〈초기 활자인쇄품 감정의 의의와 방법 소견[鑑定早期活字印刷品的意義和方法小見]),《중국인쇄》, 2004년, 제1기, 81-84쪽; 제2기, 118-120쪽.

* 사금파: 〈중국 역대 소수민족문자 인쇄고략中國歷代少數民族文字印

刷考略〉,《중국인쇄》, 2004년, 제10기, 96-99쪽; 제11기, 98-102
쪽; 제12기, 104-107쪽.

* 사금파: 〈한족과 소수민족 문자서적 인쇄출판의 상호작용[漢族和
少數民族文字書籍印刷出版之互動]〉,《문헌》, 2006년, 제1기, 11-22쪽.

* 우달생: 〈새로 발견된 서하문 불경《길상편지구화본속》의 각본
특징 및 학술적 가치[新發現西夏文佛經《吉祥遍至口和本續》的刻本特點及
學術價值]〉,《중국인쇄》, 1993년 5월, 제40기, 118-122쪽.

* 우달생: 〈서하문 불경《길상편지구화본속》의 학술적 가치[西夏文
佛經《吉祥遍至口和本續》的學術價值]〉,《문물》, 1994년, 제9기, 58-65
쪽.

* 우달생: 〈중국 최초의 목활자 인쇄품—서하문 불경《길상편지구
화본속》[我國最早的木活字印刷品 —— 西夏文佛經《吉祥遍至口和本續》]〉,
《중국인쇄》, 통권44기, 1994년 4월, 제2기, 38-45쪽.

* 우달생: 〈서하문 불경《본속》이 서하 인본임을 변증[西夏文佛經
《本續》是西夏印本辨証]〉,《서하학 국제학술회의 논문집西夏學國際學
術會議論文集》, 영하인민출판사, 1998년.

* 우달생: 〈서하 목활자판 인본《본속》연구성과 평가의 전후[西夏木
活字版印本《本續》研究成果鑑定的前前後後]〉,《영하고고기사寧夏考古記
事》, 영하인민출판사, 2001년.

* 손창성孫昌盛: 〈서하문 불경《길상편지구화본속》제기 역고[西夏文
佛經《吉祥遍至口和本續》題記譯考]〉,《서장연구》, 2004년, 제2기, 66-
72쪽.

* 손수령孫壽齡: 〈서하 니활자판 불경[西夏泥活字版佛經]〉,《중국문물
보》, 1994년 3월 27일.

* 손수령: 〈무위에서 발견된 최초의 니활자판본 서하문 불경[武威
發現最早的泥活字版本西夏文佛經]〉,《농우문박隴右文博》, 1997년, 제1

기.

* 사금파: 〈서하문《유마힐소설경》―현존 최초의 니활자 인본고[西
  夏文《維摩詰所說經》―― 現存最早的泥活字印本考]〉,《금일인쇄今日印刷》,
  1998년, 제2기.

* 손수령: 〈서하문《유마힐소설경》은 니활자 판본임을 재론함[再談
  西夏文《維摩詰所說經》是泥活字版本]〉,《농우문박》, 1999년, 제1기.

* 우달생: 〈서하문 니활자판 인본《유마힐소설경》및 그 학술적 가
  치[西夏文泥活字版印本《維摩詰所說經》及其學術價值]〉,《중국인쇄》, 2000
  년, 제12기, 50-54쪽.

* 우달생: 〈서하 활자 인판본 및 그 가치와 특징[西夏活字印版本及其價
  值和特點]〉,《영하사회과학寧夏社會科學》, 1999년, 제1기.

* 우달생: 〈서하 각서 인쇄사업개술西夏刻書印刷事業槪述〉,《영하대
  학학보寧夏大學學報》, 1999년, 제3기.

* 영하문물고고연구소寧夏文物考古硏究所: 〈영하 하란현 배사구방탑
  폐허 정리 요록[寧夏賀蘭縣拜寺溝方塔廢墟淸理紀要]〉,《문물》, 1994년,
  제9기, 4-20쪽.

* 우달생: 〈방탑에서 출토된 서하 불경인쇄 및 불경인쇄의 중국 내
  발전 궤적[方塔出土西夏佛印及佛印在我國發展的軌跡]〉,《중국인쇄》,
  2002년, 제10기, 51-55쪽.

* 섭홍음: 〈서하활자본연구평술西夏活字本硏究評述〉,《민족연구동태
  民族硏究動態》, 1996년, 제4기.

* 왕함: 〈출토된 서하문헌 중 제기와 관련하여 서하 활자인쇄를
  말함[從出土西夏文獻中有關題記談西夏的活字印刷]〉,《중국인쇄》, 2003
  년, 제2기, 108-110쪽.

* 우달생: 〈원간 목활자판 서하문 불경《대방광불화엄경》의 발견
  과 연구 및 판본가치[元刊木活字版西夏文佛經《大方廣佛華嚴經》的發現,

研究及版本價值]〉,《중국인쇄사 학술심포지엄 문집》, 북경: 인쇄공
업출판사, 1996년, 392-401쪽.

* 우달생: 〈원간 목활자판 서하문 불경 《대방광불화엄경》 제76권
고찰기[元刊木活字版西夏文佛經《大方廣佛華嚴經》第七十六卷考察記]〉,《북
경도서관관간》, 1997년, 제1기.

* 우달생: 〈활자의 근원은 중국에 있다[活字的源頭在中國]〉,《심근심
根》, 1997년, 제2기, 4-8쪽.《신화문적新華文摘》에 전문 수록,
1997년, 제9기.

* 우달생: 〈금속활자의 기원에 대한 개인적 견해[金屬活字起源之我
見]〉,《중국인쇄사 학술심포지엄 문집 · 1997》, 북경: 인쇄공업출
판사, 1997년.

* 우달생: 〈천불동패와 금속활자판[千佛銅牌與金屬活字版]〉,《심근》,
2002년, 제3기.

* 우달생: 〈중국 고대 인쇄의 함의에 대한 새로운 탐구[我國古代印刷
涵義新探]〉,《섬서역사박물관관간陝西歷史博物館館刊》, 2002년, 통권
9집.

* 우여극牛汝極: 〈프랑스 소장 위구르학 문헌문물 및 연구[法國所藏
維吾爾學文獻文物及其研究]〉,《서역연구西域研究》, 1994년, 제2기, 81-
89쪽.

* 양부학楊富學: 〈돈황연구원 소장 회골문 목활자—목활자의 발명
을 겸하여 서술함〉,《돈황연구敦煌研究》, 1990년, 제2기, 34-37쪽.

* 양부학: 〈돈황연구원 소장 회골문 목활자[敦煌研究院藏回鶻文木活
字]〉, 양부학 · 우여극의 《사주 회골 및 문헌[沙州回鶻及其文獻]》에
수록, 감숙문화출판사甘肅文化出版社, 1995년, 260-266쪽.

* 양부학: 〈돈황 투루판 문헌으로 본 고대 회골의 인쇄술[敦煌吐魯番
文獻所見古代回鶻的印刷術]〉, 국가도서관 선본 특장부 돈황 투루판학

자료 연구중심[國家圖書館善本特藏部敦煌吐魯番學資料研究中心] 편집
《돈황학 국제심포지엄 논문집》, 북경: 북경도서관출판사, 2005
년, 244-251쪽.

* 아삼 · 오수이: 〈돈황 막고굴 북구에서 새로 출토된 회골문 목활
자 해독과 번역[敦煌莫高窟北區新出土回鶻文木活字解讀, 翻譯]〉, 팽금장
彭金章의 《돈황막고굴북구석굴敦煌莫高窟北區石窟》에 수록, 문물출
판사, 2004년, 445-446쪽.

* 반길성 · 위지강: 〈금속활자는 한국에서 발명되었나?[金屬活字發明
於韓國嗎?]〉, 《중국인쇄》, 1999년, 제1기, 55-59쪽.

* 이치충: 〈활자인쇄술의 발명 및 제자 재료의 변천[活字印刷術的發明
及其制字材料的演進]〉, 《문헌》, 1998년, 제4기, 114-137쪽.

* 아서 홈멜(Arthur. W, Hummel) 저, 유수업劉修業 역: 〈중국 활자인
쇄술 검토[中國活字印刷術之檢討]〉, 《도서계간》, 1948년, 제9권 1-2기
합본, 67-70쪽.

* 기숙영: 〈중국의 활자인쇄와 판화[中國的活字印刷和版畫]〉, 《도서관
공작圖書館工作》1957년, 제3기, 20-23쪽.

* 부진륜: 〈중국 활자인쇄술의 발명과 발전[中國活字印刷術的發明和發
展]〉, 《사학월간史學月刊》, 1957년, 제8기, 3-7쪽.

* 등서전鄧瑞全: 〈원대활자인쇄만담元代活字印刷漫談〉, 《중국 전적과
문화[中國典籍與文化]》, 1996년, 제2기, 30-34쪽.

* 성승백成繩伯: 〈활자 구조와 활자 고정방법으로 본 활자인쇄의
발전[從活字結構與固定活字方法看活字印刷的發展]〉, 《자연변증법통신自
然辯証法通訊》, 1993년, 제15권 제5기, 62-63쪽.

* 초동발: 〈활자인쇄술의 발명 및 송 · 원 시기의 발전과 전파[活字
印刷術的發明及其在宋元時代的發展與傳播]〉, 《북경대학학보》, 2000년,
제6기, 96-104쪽.

* 서백부徐伯夫: 〈종이와 인쇄술의 신강 전파[紙張和印刷術在新疆的傳播]〉, A: 391-392쪽.

* 가포柯浦: 〈활자인본에 대한 간략한 해석[淺釋活字印本]〉, B: 130-134쪽.

* 화종자華宗慈: 〈중국고활자中國古活字〉, B: 107-110쪽.

* 장문령張文玲: 〈현존 최초의 활자인서[現存最早的活字印書]〉, B: 111-114쪽.

* 장수민: 〈왕정王禎〉, 《중국고대과학가中國古代科學家》, 북경: 과학출판사, 1959년, 151-155쪽.

* 장수민: 〈중국 최초의 금속활자[我國最早的金屬活字]〉, B: 135-138쪽.

* 장수민: 〈원·명의 목활자[元明兩代的木活字]〉, B: 179-189쪽.

* 장수민: 〈동활자의 발명과 발전[銅活字的發明與發展]〉, B: 145-153쪽.

* 장수민: 〈명대의 동활자[明代的銅活字]〉, 《도서관》, 1961년, 제4기, 55-61쪽.

* 장수민: 〈명대의 활자인쇄[明代的活字印刷]〉, 《사학사자료》, 1980년 1월, 30-37쪽.

* 양자함梁子涵: 〈명대의 활자인쇄[明代的活字印刷]〉(상·하), 《대륙잡지大陸雜誌》, 1966년, 제33권 제6기, 13-15쪽; 1966년, 제33권 제7기, 30-34쪽.

* 전존훈: 〈명대 활자인서를 논함[論明代的活字印書]〉, 《장위당선생 칠순 기념 논문집[慶祝蔣慰堂先生七秩榮慶論文集]〉, 1968년 11월, 129-146쪽.

* 전존훈: 〈명대 동활자판 문제를 논함[論明代銅活字版問題]〉, D: 327-339쪽.

* 채미표蔡美彪: 〈동활자와 인쇄술 기원 문제[銅活字與印刷術起源問題]〉, 《광명일보》, 1954년 1월 9일; B: 154-158쪽.

* 곡조영谷祖英: 〈'동활자'와 '표활자'의 문제—《사학주간》에 수록된 장수민의 '중·한 양국의 활자인쇄술에 대한 공헌'에 대한 논의['銅活字'和'瓢活字'的問題 —— 對於史學週刊所載張秀民君'中朝兩國對於活字印刷術的貢獻'一文的商榷]〉, 《광명일보》, 1953년 7월 25일.

* 왕중민: 〈안국전安國傳〉, 《도서계간》, 1948년 6월, 신통권 9권 제1-2기, 22-23쪽.

* 반천정潘天禎: 〈명대 무석 회통관 인서사 석활자본明代無錫會通館印書史錫活字本〉, B: 139-144쪽.

* 장수민: 〈명나라 화씨 회통관의 활자동판은 석활자본인가?[明華氏會通館活字銅板是錫活字本嗎?]〉, 《중국인쇄》, 1992년 8월, 제37기, 88- 89쪽.

* 반천정: 〈명대 무석 회통관 인서는 석활자임을 재론[再談明代無錫會通館印書是錫活字]〉, 《북경도서관관간》, 통권5-6기, 1993년 12월, 제3-4기, 65-70쪽.

* 왕옥량王玉良: 〈명나라 동활자본 《조자건집》과 《두심언집》의 조원방 발문[明銅活字本《曹子建集》與《杜審言集》趙元方題跋]〉, 《문헌》, 1991년, 제3기, 207-209쪽.

* 진상군陳尚君: 〈명나라 동활자본 《당오십가시집》 간행자고[《明銅活字本《唐五十家詩集》印行者考]〉, 《중화문사론총中華文史論叢》, 통권 46집.

* 나위국羅偉國: 〈화씨와 동활자[華氏與銅活字]〉, B: 159-161쪽.

* 허동신許同莘: 〈무석 화씨 족보 발문[無錫華氏譜跋]〉, 《북평도서관관간》, 1934년 7-8월, 제8권 제4기, 73-74쪽.

* 장수민: 〈청대의 동활자[清代的銅活字]〉, B: 162-169쪽.

* 옹련계: 〈청대 내부의 동활자 인서를 논함[談清代內府的銅活字印書]〉, 《고궁박물원원간》, 2003년, 제3기, 79-85쪽.

* 왕계상王繼祥: 〈진귀한 동활자 인쇄 문헌 《동판서》[〈珍貴的銅活字印刷文獻 《銅板敘》]〉, 《문헌》, 1992년, 제2기, 273-274쪽.

* 장수민: 〈청대의 목활자[淸代的木活字]〉, B: 190-206쪽.

* 왕가용汪家熔: 〈목활자 자반의 배열[木活字字盤的排列]〉, 《중국인쇄》, 1991년 8월, 제33기, 74, 84-85쪽.

* 주가렴: 〈청대 태산 서씨의 자활자인본[淸代泰山徐氏的磁活字印本]〉, B: 243-248쪽.

* 도보경陶寶慶: 〈진귀한 자판인본 《주역설략》[一部珍貴的磁版印本 《周易說略》]〉, B: 249-250쪽.

* 도보경: 〈자판인가 자활자판인가?[是磁版還是磁活字版?]〉, B: 251-255쪽.

* 악소미樂素美: 〈희귀한 산동 자판 서적[罕見的山東磁版書籍]〉, D: 340-343쪽.

* 누흔樓昕: 〈강희·건륭 시대에 활자 인쇄된 두 권의 책[康乾時代活字擺印的兩部書]〉, 상해 《신명보만간新明報晚刊》, 1952년 1월 23일.

* 호도정: 〈《고금도서집성》의 현황과 특징 및 역할[《古今圖書集成》的情況, 特點及其作用]〉, 《도서관》, 1962년, 제1기, 31-37쪽.

* 조장해趙長海: 〈《고금도서집성》판본고[《古今圖書集成》版本考]〉, 《고적정리연구학간古籍整理研究學刊》, 2004년, 제3기, 43-47쪽.

* 백리용白莉蓉: 〈청나라 여무의 활자 니판 인서공예[淸呂撫活字泥板印書工藝]〉, 《문헌》, 1992년, 제2기; D: 401-410쪽.

* 백리용: 〈청나라 여무의 활자 니판 인서공예와 니활자 인서공예 비교[淸呂撫活字泥板印書工藝與泥活字印書工藝之比較]〉, 《중국인쇄사 학술심포지엄 문집》, 북경: 인쇄공업출판사, 1996년, 427-434쪽.

* 반천정: 〈건륭·가경 연간에 인쇄된 일보 《제주사건》의 발견[乾隆, 嘉慶間所印日報 《題奏事件》的發現]〉, 《문물》, 1992년 3월, 82-91쪽.

* 승옥청冼玉清: 〈불산의 석주활자판[佛山的錫鑄活字版]〉, 《광동문헌총
담廣東文獻叢談》1965년 5월, 73-75쪽.

* 이국경 보충: 〈판매 가격이 표시되어 있는 니활자 《교보금석례4
종》[標有售價的泥活字 《校補金石例四種》]〉, 《문헌》, 1990년, 제3기, 127
쪽.

* 숙영: 〈새로 발견된 니활자 인본—《니판시인초편》[新發現的泥活字
印本 ——《泥版試印初編》]〉, B: 207-210쪽.

* 채성영蔡成瑛: 〈적금생의 또 다른 니활자 인본—《시인속편》[翟金
生的又一種泥活字印本 ——《試印續編》]〉, B: 211-215쪽.

* 장수민: 〈청대 경현 적씨의 니활자 인본[清代涇縣翟氏的泥活字印本]〉,
B: 216-221쪽.

* 미지微之: 〈경현 수동 적촌에서 발견된 니활자본 종보[涇縣水東翟
村發現泥活字本宗譜]〉, B: 222쪽.

* 장병륜: 〈적씨 니활자의 제조공예 문제에 관하여[關於翟氏泥活字的
製造工藝問題]〉, B: 223-228쪽.

* 장병륜: 〈적금생의 '니활자' 문제에 관한 기초 연구[關於翟金生的'泥
活字'問題的初步研究]〉, B: 229-232쪽.

* 이룡여李龍如: 〈우리 성에서 발견된 니활자 인서[我省發現泥活字印的
書]〉, B: 233쪽.

* 〈적금생 니활자 인서의 새로운 발견[翟金生泥活字印書之新發現]〉, 《천
진서신天津書訊》, 1983년 1월 15일.

* 왕계상王繼祥: 〈니활자본 《수업당집》 간략 소개[泥活字本 《修業堂
集》簡介]〉, 《문헌》, 1983년, 제18집, 234-237쪽; B: 234-237쪽.

* 장병륜 등: 〈니활자 인쇄 모의실험[泥活字印刷的模擬實驗]〉, B: 238-
242쪽.

* 정우淨雨: 〈청대인쇄사소기[清代印刷史小紀]〉, 《문화도서과계간文華

圖書科季刊》, 1931년, 제3권 제4기, 467-488쪽. A: 418-434쪽.

* 한기: 〈19세기 초 중문활자에 대한 서양인의 연구제작[十九世紀上半葉西方人對中文活字之研製]〉, B: 267-276쪽.

* 한기: 〈17세기에서 19세기 초까지 서양인의 중문활자 연구제작의 역사[十七世紀至十九世紀上半葉西方人研製中文活字的歷史]〉,《인쇄과기》 (대만), 1991년, 제7권 제5기, 27-40쪽.

* 한기: 〈서양인의 중문활자 연구제작 사략[西方人研製中文活字史略]〉, 《문헌》, 1992년, 제1기, 223-230쪽.

* 한기: 〈19세기 중문 첩접활자 연구제작사[十九世紀中文疊接活字研製史]〉,《인쇄과기》, 대만: 1995년, 제11권 제4기, 78-98쪽. 일본어 번역문은《Typographies Tee》(코미야마 히로시小宮山博史 역) 수록, No.165, 1994년 11월, 1-17쪽.

* 한기: 〈19세기 중문 병합활자 연구제작사 속고[十九世紀中文拼合活字研製史續考]〉,《중국인쇄사 학술심포지엄 문집》, 북경: 인쇄공업출판사, 1996년, 444-455쪽. 〈19세기 중문첩접활자 연구제작사 속고〉,《인쇄과기》, 대만: 1996년 12월, 제13권 제2기, 70-78쪽. 일본어 번역문은《인쇄사연구印刷史研究》(진첩陳捷 역) 수록, 1997년, 제5기, 1-16쪽.

* 만계영萬啟盈: 〈중국 근대인쇄업 발전 8제[中國近代印刷業發展八題]〉, 《중국인쇄》, 1994년 4월, 제44기, 47-54쪽.

* 만계영: 〈근현대의 중국인쇄[近現代的中國印刷]〉, D: 420-433쪽.

* 왕가용: 〈근대인쇄사 3제近代印刷史三題〉, D: 344-355쪽.

* 왕가용: 〈묵해서관의 시 3편에 관하여[有關墨海書館三詩]〉, D: 356-357쪽.

* 육비규陸費逵:《중국의 출판업 · 인쇄업 60년[六十年來中國之出版業與印刷業]》, D: 411-419쪽.

* 방립중方立中: 〈북경 견사회 인서관 80년[八十年來之北京遣使會印書
館]〉, 《중·프 한학연구소도서관 관간[中法漢學研究所圖書館館刊]》제1
호, 127-137쪽.

4. 동판인쇄 · 석인 · 납인蠟印 등

* 폴·펠리오 저, 풍승균馮承鈞 역: 〈건륭서역무공도고증[乾隆西域武
功圖考証]〉, 《서역남해사지고증역 총6편西域南海史地考証譯叢六編》,
북경: 중화서국, 1956년, 69-183쪽.
* 섭숭정聶崇正: 〈《건륭평정준부회부전도》와 청대의 동판화[《乾隆
平定準部回部戰圖》和清代的銅版畵]〉, 《문물》, 1980년, 제4기, 61-64쪽.
* 한기: 〈서양 동판술의 유입과 영향[西方銅版術的傳入及其影響]〉, 《인
쇄과기》, 대만: 1991년, 제7권 제6기, 21-29쪽. 또한 D: 388-400
쪽 수록.
* 한기: 〈중국 납판인쇄술[中國蠟版印刷術]〉, 《인쇄과기》, 대만: 1990
년, 제6권 제6기, 32-35쪽; 《중국인쇄》, 1991년, 제31기, 83-86
쪽. 또한 D: 159-165쪽과 《중국인쇄연감》(1991~1992) 수록, 인쇄
공업출판사, 1993년.
* 서윤徐潤: 〈동문서국을 기록함[記同文書局]〉, 《서우재자서연보徐愚
齋自敍年譜》, 30-31쪽, 전백찬翦伯贊·정요정鄭天挺 주편의 《중국
통사참고자료中國通史參考資料》근대편(개정판)에 수록, 상책上冊,
386쪽.
* 메이저(Major) 형제: 《상해연구자료속집上海研究資料續集》 수록, 상
해서점, 1984년, 316-317쪽.
* 장정려張靜廬: 〈석인 유입 연대고石印輸入年代考〉, 《문회보文匯報》,
1957년 1월 3일.
* 장철현張鐵弦: 〈만청시기 석인화보에 대한 간략한 논의[略談晚清時

期的石印畫報]〉,《문물》, 1959년, 제3기, 1-3쪽.

* 장수민: 〈청나라 도광 시기 이전 석인술 유입설[石印術道光時即已傳
  入我國說]〉,《문헌》, 1983년, 제18기, 237-238쪽.

* 한기 · 왕양종王揚宗: 〈청나라 말기의 석인술[淸季之石印術]〉,《인쇄
  과기》, 대만: 1990년, 제7권 제2기, 37-42쪽. 또한 D: '석인술의
  유입과 흥쇠[石印術的傳入與興衰]'라는 제목으로 수록, 358-367쪽.

* 소정蘇靜: 〈중문식인中文石印(1825~1873)〉,《서목계간》, 1995년 12
  월, 제29권 제3기, 3-13쪽.

* 소효군蘇曉君: 〈석인좌설石印脞說〉,《문헌》, 2003년, 제2기, 213-
  219쪽.

* 송육철宋育哲: 〈망판인쇄의 기원 탐색[網版印刷探源]〉,《중국인쇄》,
  1994년 4월, 제44기, 69-71쪽.

5. 교류와 영향

* 카터 저, 상달 역: 〈투루판 회골인의 인쇄술[吐魯番回鶻人之印刷術]〉,
  《도서관학계간》, 1926년 12월, 제1권 제4기, 597-608쪽.

* 카터 저, 상달 역: 〈고려의 활자인쇄술[高麗之活字印刷術]〉,《도서관
  학계간》, 1928년 3월, 제2권 제2기, 247-263쪽.

* 〈백자극리극천불동 유적 정리 간략 기록[柏孜克里克千佛洞遺址淸理
  簡記]〉,《문물》, 1985년, 제8기, 49-65쪽.

* 정소락程溯洛: 〈돈황 투루판에서 발견된 몽원시대 옛 위구르문
  목각활자 · 목판 인쇄품과 중국 인쇄술의 서양 전래 관계를 논함
  [論敦煌吐魯番發現的蒙元時代古維文木刻活字和雕版印刷品與我國印刷術西傳的
  關系]〉, 이광벽 주편의《중국 과학기술의 발명과 과학기술 인물론
  집[中國科學技術發明和科學技術人物論集]》에 수록, 북경: 삼련서점,
  1955년, 225-235쪽.

* 조상여趙相如: 〈위구르족의 선현은 중국 인쇄술의 서양 전래에 중요 매개자다[維吾爾族先民是中國印刷術西傳最重要的媒介]〉, 《중국인쇄》, 1988년 8월, 제21기, 78-87쪽.

* 주일량周一良: 〈인쇄술로 본 중국과 한국의 문화교류[從印刷術看中朝文化交流]〉, 천진 《진보일보進步日報》, 1950년 12월 26일.

* 주일량: 〈종이와 인쇄술—세계문명에 대한 중국의 위대한 공헌[紙與印刷術 —— 中國對世界文明的偉大貢獻]〉, 《신화월보新華月報》, 통권 19기, 1951년 5월 25일, 제4권 제1기, 186-190쪽.

* 장수민: 〈중국인쇄술의 발명과 아시아 각국에 미친 영향[中國印刷術的發明及其對亞洲各國的影響]〉, 《광명일보》, 1952년 9월 30일; 같은 해 《문물참고자료文物參考資料》(개명: 《문물》)에 수록, 제4기, 통권 28기. A: 365-390쪽.

* 장수민: 〈중·한 양국의 활자인쇄술에 대한 공헌[中朝兩國對於活字印刷術的貢獻]〉, 천진 《대공보》, 〈사학주간〉, 1953년 2월 20일.

* 장수민: 〈한국의 고인쇄[朝鮮的古印刷]〉, 《역사연구歷史研究》, 1957년, 제3기, 61-78쪽.

* 이광도李廣燾 〈조선왕조실록의 주자[記朝鮮實錄中之鑄字]〉, 《대륙잡지》, 1968년, 제36권 제1기, 6-10쪽.

* 조형진曹炯鎭: 〈한국 초기 금속활자의 조판기술 시험연구[韓國早期金屬活字之排版技術試驗研究]〉, 《고궁학술계간故宮學術季刊》, 2001년, 제18권 제3기, 113-135쪽.

* 양정파梁靜波: 〈중국이 일본 목판 인쇄술에 미친 영향[中國對日本雕版印刷術的影響]〉, A: 393-404쪽.

* 야하기 가츠미[矢作勝美]: 〈중국에서 들여온 일본의 활자인쇄[從中國引進的日本活字印刷]〉, 《인쇄과기》, 1982년, 제2기, 57-59쪽.

* 방호: 〈명 만력 연간에 마닐라에서 간행된 한문서적[明萬曆間馬尼

拉刊印之漢文書籍]〉,《현대학원現代學苑》, 1967년 8월, 제4권 제8기,
1-4쪽. 또한 《방호류십자정고》에 수록, 하책下冊, 1518-1524쪽,
도판 1506-1517쪽.

* 방호方豪: 〈명말 마닐라 화교 교회의 특수용어와 풍속 ― 《신간요
씨정교편람[明末馬尼拉華僑敎會之特殊用語與習俗―《新刊僚氏正敎便覽》]〉
과 《Doctrina Christiana en lengua China》종합연구〉, 《방호
60~64자선대정고方豪六十至六十四自選待定稿》, 437-453쪽.

* 방호: 〈네덜란드 레이덴(Leiden) 대학 한학원 소장 여송 명각 한
적 연구〉, 《방호60~64자선대정고》, 455-470쪽.

* 방호: 〈여송 명각 《무극천주정교진전실록》연구[呂宋明刻《無極天主
正敎眞傳實錄》之研究]〉, 《방호60~64자선대정고》, 471-485쪽.

* 왕안추汪雁秋 역: 〈《무극천주정교진전지정변》고 《無極天主正敎眞
傳之正辨》考〉, 《대륙잡지》, 1963년 4월, 제26권 제8기, 17-20쪽.

* 두석연杜石然: 〈《중화대제국지》로 본 명말 동서과학기술의 교류
[從《中華大帝國志》看明末東西科技交流]〉, 《과학사론집科學史論集》수록,
합비: 중국과학기술대학출판사, 1987년.

* 척지분戚志芬: 〈중·필의 교류와 중국인쇄술의 필리핀 전래[中菲
交往與中國印刷術傳入菲律賓]〉, 《문헌》, 1988년, 제4기, 252-264쪽.

* 카터(T. F. Carter) 저, 상달 역: 〈중국인쇄술의 발명 및 유럽으로
의 전래 고찰〉, 《북평북해도서관월간北平北海圖書館月刊》, 1929년,
제2권 제2기, 103-117쪽.

* 전존훈: 〈유럽 인쇄술 기원의 중국 배경〉, D: 123-132쪽.

* [프] 드레주(Jean-Pierre Drege): 〈중국인쇄술은 서양으로 전래되었
나?, '역사와 고고, 사회 ― 중·프 학술 강좌시리즈' 강연원고 북
경: 프랑스 극동학원 북경중심, 2005년.

6. 장 정

* 이요남李耀南: 〈중국서장고中國書裝考〉, 《도서관학계간》, 1930년, 제4권 제2기, 207-216쪽. 《북경도서관동인문선》(1) 수록, 북경: 서목문헌출판사, 1987년, 5-11쪽.

* 이경신李景新: 〈중국서적장황소사中國書籍裝潢小史〉, 《서림》, 1937년, 제1권 제5기.

* 장원경蔣元卿: 〈중국 서적 제본술의 발전[中國書籍裝訂術的發展]〉, 《도서관학통신》, 1957년, 제6기.

* 초연익肖燕翼: 〈오채란이 필사한 왕인후의 《간류보결절운》[吳彩鸞書王仁煦《刊謬補缺切韻》]〉, 《고궁박물원원간》, 1981년, 제3기, 80-85쪽.

* 이치충: 〈고서선풍장고변古書旋風裝考辨〉, 《문물》, 1981년, 제2기, 75-78쪽.

* 이치충: 〈중국 서사연구 중 몇 가지 문제—고서 경절장·범협장·선풍장 고변[中國書史研究中的一些問題 —— 古書經折裝, 梵夾裝, 旋風裝考辨]〉, 《문헌》, 1986년 12월, 218-240쪽.

* 두위생: 〈고서 선풍장 재고변[古書旋風裝的再考辨]〉, 《북도통신北圖通訊》, 1986년, 제4기, 30-33쪽.

* 이경왕李更旺: 〈고서사에서 범협장은 경절장이 아님에 대한 고변[古書史中梵夾裝並非經折裝考辨]〉, 《문물》, 1986년, 제6기, 57-60쪽.

* 이치충·오방사吳芳思: 〈고서 범협장·선풍장·호접장·포배장·선장의 기원과 변천[古書梵夾裝, 旋風裝, 蝴蝶裝, 包背裝, 線裝的起源與流變]〉, D: 57-73쪽.

* 두위생: 〈돈황유서의 장정으로 본 '선풍장'[從敦煌遺書的裝幀談'旋風裝']〉, 《문헌》, 1997년, 제3기, 181-189쪽.

* 이치충: 〈돈황유서의 장정형식과 서사 연구 중의 장정형태[敦煌

遺書中的裝幀形式與書史研究中的裝幀形制]〉,《문헌》, 2004년, 제2기, 75-97쪽.

* 우달생: 〈배사구방탑에서 출토된 서하문 문헌으로 본 고적에서의 봉적장[從拜寺溝方塔出土西夏文獻看古籍中的縫繢裝]〉,《문헌》, 2000년, 제2기, 84-89쪽.

* 우달생: 〈방탑에서 출토된 사본 봉적장의 두 예증[塔出土寫本縫繢裝兩例証]〉,《중국인쇄》, 2005년, 제2기, 109-113쪽.

三. 서양문헌

* *China: its costume, arts, manufacture, etc.* London, 1824. Vols. 1-2.

* *Koreanskt boktryck 1420~1900 Korean Printing.* Stockholm, 1974.

* *A Millennium of Printing in China, Korea and Japan; An Inaugural Exhibition.* Nov.-Dec. 1972. The Royal Library, Stockholm, 1972.

* *Doctrina Christiana, The First Book Printed in the Philippines, Manila, 1593.* A facsimile of the copy. Manila, National Historical Commission, 1973.

* *Specimen of the Chinese Type belonging to the Chinese Mission of the Board of Foreign Missions of the Presbyterian Church in the U.S.A..* Macao, Presbyterian Mission Press, 1844. (《신주화영연자新鑄華英鉛字》, 마카오화영교서방[澳門華英書校房], 청 도광 24년)

* *Specimen des caracteres chinois, gravues sur acier, et fondus*

par Marcellin−Legrand. Paris, 1837.

* "Literary intelligence. Foreign presses in China," *Chinese Repository.* 1834, pp.43-44.

* "Estimate of the proportions expense of Xylography, Lithography, and Typography, as applied to Chinese printing; view of the advantages and disadvantages of each. By Typographus Sinensis." *Chinese Repository.* 1834. pp.246-252.

* "Characters formed by the divisible type belonging to the Chinese mission of the Board of foreign missions of the Presbyterian Church in the United States of America. Macao, Presbyterian Press, 1844," *Chinese Repository.* 1845. pp.124-129.

* "Specimen of Chinese Divisible type," *Chinese Repository.* 1845. p.157.

* "Movable Metallic Types among the Chinese," *Chinese Repository.* Vol.19, May(1850), pp.247-253.

* Barrow, J. *Travels in China.* London. 1804.

* Batteux, C. & De Brequigny, L.G.O.F. eds. *Memoires concernant l'histoire, les sciences, les arts, moeurs, les usages, & c. des Chinois par les missionaires de Pékin. Paris,* 1776-91. Tom. 1-15.

* Bernard-Maitre, H. "Les origins chinoises de l'imprimerie aux Philippines." *Monumenta Serica*, 1942, V.7, pp.312-314.

* Bernard-Maitre, H. "Les adaptations chinoises d'ouvrages européens; bibliographie chronologique depuis la venue des Portugais Canton jusqu'à la mission française de Pékin,

1514~1688." *Monumenta Serica*, 1945, 10, pp.309-388.

* Bernard-Maitre, H. "Les adaptations chinoises d'ouvrages eu ropéens; bibliographie chronologique depuis la fondation de la mission française de Pékin jusqu'à la morte de l'empereur K'ien-long, 1689~1799." *Monumenta Serica*, 1960, 19, pp.349-383.

* Blair, E. H. & Robertson, J. A. *The Philippine Islands.* Ohio, 1904. 55 Vols.

* Bussotti, Michela. "General Survey of the Latest Studies in Western Languages on the History of Publishing in China", *Revue Bibliographique de Sinologie*, 1998. pp.53-68.

* Boxer, C. R. ed. *South China in the Sixteenth Century; being the Narratives of Ga1eote Pereira, Fr. Gaspar da Cruz, Fr. Martin de Rada*(1550~1575). Hakluyt Society, London, 1953.

* Boxer, C. R. "Chinese abroad in the Late Ming and Early Manchu Periods, Compiled from contemporary sources, 1500-1750." *Tien Hsia Monthly*, 1939, Vol.9, no.5, pp.447-468.

* Boxer, C. R. "Some Sino-European Xylographic Works, 1662~1718," *Journal of the Royal Asiatic Society of Great Britain and Ireland*, 1947, pp.199-215.

* Breitkopf, I.G.I. *Exemplvm Typographiae Sinicae figvris charactervm e typis mobilibus compositvm.* Lipsiae, 1789.

* Britton, R. S. (중국명: 백단화白瑞華) *The Chinese Periodical Press*, 1800~1912. (《중국보지中國報紙》) Shanghai, Kelly & Walsh, 1933.

* Brokaw, Cynthia J. & Kai-wang Chow eds., *Printing and Book*

Culture in Late Imperial China, Berkeley/Los Angeles/London: University of California Press, 2005.

* Butz, Herbert. Bilder für die Halle des Purpurglanzes. Berlin, Museum für Ostasiatische Kunst, 2003.

* Byrd, C. K. *Early Printing in the Straits Settlements, 1806-1858.* Singapore, Singapore National Library, 1970.

* Carter, T. F. *The Invention of Printing in China and Its Spread Westward.* 2nd ed. revised by L. Carrington Goodrich. New York, 1955.

* Chia, Lucille. *Printing for Profit: the Commercial Publishers of Jianyang, Fujian* (11th~17th Centuries). Cambridge, MA: Harvard University Press, 2002.

* Chow, Kai-wing. *Publishing, Culture, and Power in Early Modem China.* Stanford: Stanford University Press, 2004.

* Clair, C. A. *History of European Printing.* Academic Press, London & New York, 1976.

* Cohen, M. and Monnet, N. *Impressions de Chine.* Paris, Biblioth que Nationale, 1992.

* Cordier, H. *L'Imprimerie Sino-Européenne en Chine; Bibliographie des Ouvrages publiés en Chine par les Européens au XVIIè et au XVIIIè siècles.* Paris, 1901.

* Davies, E. *Memoir of the ReV. Samuel Dyer, Sixteen Years Missionary to the Chinese.* London, 1846.

* Davis, J. F. *China: A General Description of That Empire and Its Inhabitants.* London, 1857, Vol.1-2.

* Davis, J. F. *The Chinese: A General Description of the Empire*

of China and Its Inhabitants. 1st ed. London, 1836, 2 Vols.

* Drège, Jean-Pierre "Les Aventures de la Typographie et les Missionnaires Protestants en Chine au XIXe Siècle," *Journal Asiatique*, tome CCLXXX (1992), no.3-4, pp.279-305.

* Edgren, S. "The printed Dharani-Sutra of A.D. 956." *The Museum of Far Eastern Antiquities*. Bulletin No.44. 1972.

* Edgren, S. *Southern Song Printing at Hangzhou. Reprinted from The Museum of Far Eastern Antiquities*. Bulletin No.61. 1989. Sweden, 1990.

* Edgren, S. *Chinese Rare Books in American Collections*. China House Gallery, New York City, 1984.

* Eisenstein, E. L. *The Printing ReVolution in Early Modern Europe*. Cambridge University Press, 1983.

* Eisenstein, E. L. *The Printing Press as an Angent of Change; Communications and Cultural Transformation in Early Modem Europe*. Cambridge University Press, 1979. 2 Vols.

* Foss, T. N. *A Jesuit Encyclopedia for China; a Guide to Jean-Baptiste Du Halde's Description ⋯ de la Chine* (1735). Thesis (Ph.d.), University of Chicago, 1979.

* Fuchs, W. *Der Jesuiten-Atlas der Kang-Hsi-Zeit*. Peking, 1943.

* Gallagher, L. J. tr. *China in the 16th Century; the Journal of Matteo Ricci, 1583~1610*. Random House, New York, 1953.

* Grosier, A. *A General Description of China*. London, 1788. Vols.1-2

* Du Halde, J. B. *Description géographique, historique, chronologique, politique et physique de l'Empire de la Chine et*

de la Tartarie Chinoise. Paris. 1735. 4 Vols.

* Du Halde, J. B. *A Description of the Empire of China and Chinese-Tartary.* 1738, V.1.

* Helliwell, David. "Two Collections of Nineteenth-century Protestant Missionary Publications in Chinese in the Bodleian Library". *Chinese Culture: A Quarterly Review,* 1990. 31(4), pp.21-38

* Hirth, F. "Western Appliances in the Chinese Printing Industry." *Journal of the Royal Asiatic Society* (North China Branch). 1885, V.20, pp.164-177.

* Holt, W. S. "The Mission Press in China." *Chinese Recorder,* 1879, Vol.10, no.3, pp.206-219, no.4, pp.270-275.

* Ibrahim bin Ismail. "Samuel Dyer and his Contributions to Chinese Typography," *The Library Quarterly,* 1984. 54(2), pp.157-169.

* Julien, S. "Documents sur l'art d'imprimer à l'aide de planches au bois, de planches au pierre et de types mobiles." *Journal Asiatique,* 1847 (4e ser.), V.9, pp.508-.

* Kircher, A. *China Monumentis, qua sacris qua profanis, nec non variis naturae & artis spectaculis, aliarumque rerum memorabilium argumentis illustrata.* Amsterdam. 1667.

* Lach, D. F. *Asia in the Making of Europe.* 3 Vols. University of Chicago Press, 1965–1993.

* Le Comte, Louis. *Nouveaux mémoires sur l'état présent de la Chine.* Paris, 1696. Eng. tr. *Memoirs and Observations.* London. 1697.

* Lee Hee-Jae. *La Typographie Coréenne au XVe sièle.* Paris, 1987.

* Van der Loon, P. "The Manila Incunabula and Early Hokkien Studies." *Asia Major.* V.12, part 1, 1966. New Series.

* Luckombe, P. *The History and Art of Printing.* London. 1771.

* Lundbaek, K. Joseph de Prémare (1666~1736), S. J. *Chinese Philology and Figurism.* 1991. Acta Jutlandica LXVI: 2, Humanities Series 65.

* Mayers, W. F. "The Peking Gazette." *The China Review.* Vol.3, pp.13-18. Hongkong, July-August 1874.

* McGovern, M. P. *Specimen Pages of Korean Movable Types.* Los Angeles, Dawson's Book Shop. 1966.

* McIntosh, G. *The Mission Press in China; Being a Silver Jubilee Retrospect of the American Presbyterian Mission.* Shanghai, American Presbyterian Mission Press, 1895.

* Medhurst, W. H. *China, Its State and Prospects.* London. 1838.

* Mei Hwei-Li. "Movable Type." *Notes and Queries on China and Japan.* Hong Kong, May 1868. V.2, p.79.

* De Mendoza, J. G. *The History of the Great and Mighty Kingdom of China and the Situation Thereof.* Ed. by George T. Staunton. London, Hakluyt Society. 1853 (Vol.1), 1854 (Vol.2), 2 Vols.

* Milne, W. *A Retrospect of the First Ten Years of the Protestant Mission to China.* Malacca, 1820.

* Monnet, Nathalie. *Chine: L'Empire du trait—Calligraphies et*

dessins du Ve au XIXe siècle. (《필묵건곤筆墨乾坤 — 중국역대도서전
람목록中國歷代圖書展覽目錄》) Paris, Bibliothèque Nationale de
France, 2004.

* Osbeck, P. *A Voyage to China and the East Indies.* London,
1771.

* Reed, Christopher A. *Gutenberg in Shanghai: Chinese Print
Capitalism*, 1876–1937. Vancouver: UBC Press, 2004.

* Rudolph, R. C. tr. *A Chinese Printing Manual.* 1776.
Typophiles, Los Angeles, 1954. Tr. of (김간金簡의 《무영전취진판
정식武英殿聚珍版程式》).

* Semedo, A. *The History of that Great and Renowned
Monarchy of China.* London, I. Crook, 1655.

* Sohn Pow-Key. *Early Korean Typography.* The Korean Library
Science Research Institute, Seoul, Korea, 1971.

* Tschichold, J. *Chinese Colour Prints from the Ten Bamboo
Studio.* Tr. by Katherine Watson. London, 1972.

* Tschichold, J. *Chinese Colour-Prints from the Painting Manual
of the Mustard Seed Garden.* Tr. E. C. Mason. London, 1951.
Selected reproduction from the Chieh-Chih-Yuan Hua Phu.

* Williams, S. W. *The Middle Kingdom; a Survey of the
Geography, Government, Education, Social Life, Arts,
Religion, etc. of the Chinese Empire and its Inhabitants.* New
York & London, 1848. 2 Vols.

* Williams, S. W. "Brief Statement relative to the Formation of
Metal Types for the Chinese Language." *Chinese Repository.*
1834, p.477.

* Williams, S. W. "Chinese metallic types: proposals for casting a font of Chinese types by means of steel punches in Paris; attempt made in Boston to stereotype from wooden blocks.," *Chinese Repository*. 1835. pp.528-533.

* Williams, S. W. "Movable types for printing Chinese." *Chinese Recorder*. 1875. Vol.6, pp.22-30.

* Wu Kwang-Tsing. "The Development of Typography in China during the Nineteenth Century." *The Library Quarterly*, 1952, Vol.22, no.3, pp.288-301.

* Wylie, A. *Memorials of Protestant Missionaries to the Chinese*. Shanghai. 1867.

_장수민 인쇄사 논저 연표

一. 전문저서

* 장수민(1): 《중국 인쇄술의 발명과 그 영향[中國印刷術的發明及其影
  響]》, 북경: 인민출판사, 1958년, 1978년 재판; 대북: 문사철출판
  사, 1980년(서명: 장민張民), 1988년. 1960년 일본어판, 히로야마
  히데노리[広山秀則] 역, 간다 기이치로[神田喜一郎] 박사 서문.

* 장수민(2): 《활자인쇄사화活字印刷史話》, 북경: 중화서국, 1963년
  초판, 1979년 제2판 제3차 인쇄. 《고대문화사전제사화古代文化史
  專題史話》 수록, 북경: 중화서국, 1987년.

* 장수민(3): 《장수민 인쇄사 논문집張秀民印刷史論文集》, 북경: 인쇄
  공업출판사, 1988년.

* 장수민(4): 《중국인쇄사中國印刷史》, 상해: 상해인민출판사, 1989
  년.

* 장수민(5)·한기: 《중국활자인쇄사中國活字印刷史》, 북경: 중국서
  적출판사, 1998년.

* 장수민(6): 《중국인쇄사논총中國印刷史論叢》, 대북: 중국인쇄학회,

1997년.

* 장수민(7) · 왕회암王會庵 편집:《태평천국자료목록太平天國資料目錄》, 상해: 상해인민출판사, 1957년.

二. 논 문

1930년

* 〈송활자판고宋活字版考〉, 하문대학 졸업논문(미간행).

1931년

* 〈송참본과 요람본[宋槧本與搖床本](Chinese Incunabula and Incunabula)〉, 천진《국문주보國聞週報》, 제8권 제10기. 장수민: 75-83쪽.

1935년

* 〈금원감본고金源監本考〉,《도서계간》, 1935년, 제2권 제1기, 19-25쪽. 장수민(3): 132-139쪽.

1936년

* 〈송 효종 시대의 각서 술략[宋孝宗時代刻書述略]〉, 천진《대공보 · 도서부간大公報 · 圖書副刊》, 1936년 9월, 제155기; 같은 해《도서관학계간圖書館學季刊》, 제10권 제3기, 385-396쪽. 장수민(3): 96-107쪽.

1937년

* 〈송 광종 시대의 각서[宋光宗時代之刻書]〉,《대공보》, 1937년 5월 27일. 장수민(3) : 108-112쪽.

1952년

* 〈중국인쇄술의 발명과 아시아 각국에 미친 영향[中國印刷術的發明及其對亞洲各國的影響]〉,《광명일보》, 1952년 9월 30일; 같은 해《문물참고자료文物參考資料》(개명:《문물》) 통권 28기에 옮겨 수록, 20-

50쪽. 장수민(3): 1-31쪽 수록. A: 365-390쪽. 정환문程煥文《중
국도서론집中國圖書論集》, 북경: 상무인서관, 1994년, 164-186쪽.

1953년

* 〈중·한 양국의 활자인쇄술에 대한 공헌[中朝兩國對於活字印刷術的
貢獻]〉, 천진《대공보·사학주간史學週刊》, 1953년 2월 20일.

1954년

* 〈동활자의 발명과 발전[銅活字的發明與發展]〉, 《광명일보光明日報》,
1954년 3월 6일. B: 145-153쪽.

1957년

* 〈한국의 고인쇄[朝鮮的古印刷]〉, 《역사연구歷史研究》, 1957년, 제3
기, 61-78쪽. 장수민(3): 269-293쪽.

1959년

* 〈역대 아름다운 인쇄품[歷代精美的印刷品](3): 송대 항주본宋代杭州
本〉, 《인쇄印刷》(월간), 1959년, 제5기, 41-42쪽(뒤표지 안쪽 면·뒤표
지).
* 〈역대 아름다운 인쇄품(4): 송대 건본宋代建本〉, 《인쇄》(월간),
1959년, 제6기, 41-42쪽(뒤표지 안쪽 면·뒤표지).
* 〈역대 아름다운 인쇄품(5): 송대 촉본宋代蜀本〉, 《인쇄》(월간),
1959년, 제7기. 41-42쪽(뒤표지 안쪽 면·뒤표지).
* 〈역대 아름다운 인쇄품(6): 원각본元刻本〉, 《인쇄》(월간), 1959년,
제8기, 41-42쪽(뒤표지 안쪽 면·뒤표지).
* 〈역대 아름다운 인쇄품(7): 명각본明刻本〉, 《인쇄》(월간), 1959년,
제10기, 41-42쪽(뒤표지 안쪽 면·뒤표지).
* 〈역대 아름다운 인쇄품(8): 청각본淸刻本〉, 《인쇄》(월간), 1959년,
제11기, 41-42쪽(뒤표지 안쪽 면·뒤표지). 이상 장수민(3)에도 수
록 : 55-67쪽.

* 〈요 · 금 · 서하 각서 간사[遼, 金, 西夏刻書簡史]〉,《문물》, 1959년, 제
3기, 11-16쪽. 장수민(3): 118-131쪽. C: 188-199쪽.

* 〈필승畢昇〉,《중국고대과학가中國古代科學家》, 북경: 과학출판사,
1959년, 107-110쪽. 장수민(3): 184-187쪽.

* 〈왕정王禎〉,《중국고대과학가》, 북경: 과학출판사, 1959년, 151-
155쪽. 장수민(3): 193-196쪽.

* 〈왕정의 목활자와 전륜배자반[王禎的木活字和轉輪排字盤]〉,《신문전
선新聞戰線》, 1959년, 제17기, 15쪽.

* 〈필승〉,《과학보科學報》, 1959년 9月, 제45기.

1961년

* 〈태평천국의 각서[太平天國的刻書]〉,《문물》, 1961년, 제1기, 14-15
쪽. 장수민(3): 180-183쪽.

* 〈청대 경현 적씨의 니활자인본[淸代涇縣翟氏的泥活字印本]〉,《문물》,
1961년, 제3기, 30-32쪽. 장수민(3): 197-203쪽.《중국도서판본
학논문선집中國圖書版本學論文選輯》수록, 대북: 학해출판사, 1981
년; B: 216-221쪽.

* 〈남송 각서지역고[南宋(1127~1279)刻書地域考]〉,《도서관圖書館》,
1961년, 제3기, 52-56쪽. 장수민(3): 84-95쪽.《중국서사참고자
료中國書史參考資料》수록, 북경: 서목문헌출판사, 1980년, 92-124
쪽. 또한 정환문의《중국도서론집中國圖書論集》에 수록, 북경: 상
무인서관, 1994년, 224-236쪽.

* 〈명대의 동활자[明代的銅活字]〉,《도서관》, 1961년, 제4기, 55-61쪽.
장수민(3): 235-249쪽.

* 〈중국 최초의 금속활자[我國最早的金屬活字]〉,《광명일보》, 1961년
10월 14일. 장수민(3): 231-234쪽; B: 135-138쪽.

1962년

* 〈청대의 동활자[淸代的銅活字]〉,《문물》, 1962년, 제1기, 49-53쪽.
  장수민(3): 250-259쪽; B: 162-169쪽.

* 〈원·명의 목활자[元明兩代的木活字]〉,《도서관》, 1962년, 제1기,
  56-60쪽. 장수민(3): 204-214쪽.《중국도서판본학논문선집中國
  圖書版本學論文選輯》, 대북: 학해출판사, 1981년. B: 179-189쪽. 또
  한 정환문의《중국도서론집》수록, 북경: 상무인서관, 1994년,
  237-246쪽.

* 〈청대의 목활자[淸代的木活字(1644~1911)]〉,《도서관》, 1962년, 제
  2-3기, 60-64쪽. 장수민(3): 215-230쪽. B: 190-206쪽.

1963년

* 《활자인쇄사화活字印刷史話》, 북경: 중화서국, 1963년 초판. 1979
  년 제2판 제3차 인쇄.

1964년

* 〈명대 휘파판화 황씨 각자공 고략[明代徽派板畫黃姓刻工考略]〉,《도서
  관》, 1964년, 제1기, 61-65쪽. 장수민(3): 171-179쪽.

1978년

* 〈오대 오월국의 인쇄[五代吳越國的印刷]〉,《문물》, 1978년, 제12기,
  74-76쪽. 장수민(3): 68-74쪽. C: 41-45쪽.

1979년

* 〈목판 인쇄의 당나라 초기 정관 기원설[雕版印刷開始於唐初貞觀說]〉,
  《사회과학전선社會科學戰線》, 1979년, 제3기, 345-346쪽. 장수민
  (3): 32-35쪽. A: 71-75쪽.

* 〈명대 인서가 가장 많은 건녕서방[明代印書最多的建寧書坊]〉,《문물》,
  1979년, 제6기, 76-80쪽. 장수민(3): 162-170쪽.

* 〈명대 북경의 각서[明代北京的刻書]〉,《문헌》, 1979년 12월, 제1기,

298-309쪽. 장수민(3): 151-161쪽. C: 262-271쪽.

1980년

* 〈명대의 활자인쇄[明代的活字印刷]〉,《사학사자료史學史資料》, 1980
  년 1월, 30-37쪽.
* 〈명대 남경의 인서[明代南京的印書]〉,《문물》, 1980년, 제11기, 78-
  83쪽. 장수민(3): 140-150쪽. C: 272-282쪽.

1981년

* 〈한국에서 발견된 불경의 당나라 인본설[南朝鮮發見的佛經為唐朝印
  本說]〉,《도서관연구와 업무[圖書館研究與工作]》, 1981년, 제4기, 20-
  22쪽. 1985년 출판된《중국인쇄연감中國印刷年鑒》(1982~1983)에
  옮겨 수록. 장수민(3): 51-54쪽. A: 285-288쪽.
* 〈송·원의 인쇄공과 제본공[宋元的印工和裝背工]〉,《문헌》, 1981년
  12월, 제10기, 195-199쪽. 장수민(3): 113-117쪽.

1982년

* 《〈목판 인쇄의 7세기 당나라 초기 정관 기원설 재론[再論雕版印刷
  開始於七世紀唐初貞觀說]〉,《도서관잡지圖書館雜志》, 1982년, 제2기,
  8- 10쪽; 장수민(3): 36-39쪽.《북경도서관동인문선北京圖書館同人
  文選》(1) 수록, 서목문헌출판사, 1987년, 120-122쪽. A: 149-153
  쪽.

1983년

* 〈필승과 명대 각자공·인쇄공 사적에 관한 고략[關於畢昇與明代刻
  印工事跡考略]〉,《상해도서관 설립 30주년 기념 논문집[上海圖書館建
  館三十周年紀念論文集], 1952~1982》, 1983년, 159-161쪽. 장수민(3):
  188-192쪽.
* 〈청나라 도광 시기 이전 석인술 유입설[石印術道光時即已傳入我國
  說]〉,《문헌》, 1983년, 제18기, 237-238쪽. 장수민(3): 260-261쪽.

1985년

* 〈중국인쇄사대사연표中國印刷史大事年表〉,《중국인쇄》, 1985년 11월, 제10기, 79-95쪽. 장수민(3): 297-318쪽.

1986년

* 〈전존훈 박사의 영문본(종이와 인쇄)을 읽고〉,《중국인쇄》, 1986년 5월, 제12기, 88-91쪽. 또한《인민일보》(해외판), 1987년 5월 28일 수록. 장수민(3): 262-268쪽.

1987년

* 〈《중국인쇄사》자서〉,《도서관학통신圖書館學通訊》, 1987년, 제4기;《문사철》잡지, 대북: 1988년 10월, 제5권 제2기.

* 〈목판 인쇄의 7세기 당나라 초기 정관 기원설 삼론[三論雕板印刷始於七世紀唐初貞觀說]〉,《중국인쇄》, 1987년 2월, 제15기. 68-72쪽. 장수민(3): 40-47쪽. A: 189-196쪽.

* 〈'목판 인쇄의 7세기 당나라 초기 정관 기원설 삼론' 추기〉, 장수민(3): 48-50쪽.

* 장수민 〈미국에서 새로 발견된 금각본 불경[美國新發見的金刻本佛經]〉,《문헌》, 제32기, 1987년, 제2기, 109쪽.

* 〈중국활자인쇄간사中國活字印刷簡史〉,《중국인쇄》, 1989년 2월, 제23기, 84-90쪽; 1989년 5월, 제24기, 76-83쪽; 1989년 8월, 제25기, 76-84쪽; 1989년 11월, 제26기, 86-92쪽; 1990년 2월, 제27기, 86-91쪽. B: 6-65쪽.

1990년

* 〈중국대백과전서 · 신문출판권中國大百科全書 · 新聞出版卷〉, 북경 · 상해: 중국대백과전서출판사, 1990년.《중국고대인쇄사中國古代印刷史》, 494-497쪽; 석활자, 381쪽; 동활자, 318쪽; 니활자, 223-224쪽; 목활자, 220쪽.

1991년

* 〈인쇄사와 인서사를 논함[論印刷史與印書史]〉,《중국인쇄》, 1991년 11월, 제34기, 85-86쪽.《중국인쇄연감中國印刷年鑒》, 북경: 인쇄공업출판사, 1991~1992년, 381-382쪽.《인쇄과기印刷科技》, 대만: 1991년 12월, 제8권 제3기, 27-28쪽.

* 〈명나라 화씨 회통관의 활자동판은 석활자본인가?〉,《인쇄과기印刷科技》, 대만: 1991년 12월, 제8권 제3기, 29-30쪽.《중국인쇄》, 1992년 8월, 제37기, 88-89쪽.《중국인쇄연감》, 북경: 인쇄공업출판사, 1993~1994년, 323-324쪽.

1992년

* 장수민〈활자인쇄사화이칙活字印刷史話二則('새로 발견된 북송 활자본은 믿을 수 없어', '청나라 신창 사람 여무의 니활자 인서')〉,《인쇄잡지》, 1992년, 제6기, 26-27쪽.

* 〈새로 발견된 북송 활자본은 믿을 수 없어[新發現的北宋活字本不可信]〉,《인쇄과기》, 대만: 1992년 9월, 제9권 제1기, 65쪽.

1993년

* 〈'《중국인쇄사》찰기札記를 읽고'에 대한 논의〉,《중국인쇄》, 제40기, 1993년 5월, 제4기, 115-117쪽.《중국인쇄연감》, 북경: 인쇄공업출판사, 1993~1994년, 334-335쪽.

* 〈영산英山에서 발견된 묘비는 활자발명가 필승의 묘비인가?〉,《중국인쇄》, 1993년 11월, 제42기, 83-85쪽. 또한《북경도서관 관간》수록, 통권 5-6기, 1993년, 제3-4기, 63-65쪽.《중국인쇄연감》, 1993년.

1994년

* 〈송대 각자공에 대한 약론[略論宋代的刻工]〉,《중국인쇄》, 1994년 4월, 통권 44기, 30-33쪽.《중국인쇄사 학술심포지엄 논문집中國

印刷史學術研討會論文集》수록, 북경: 인쇄공업출판사, 1996년, 49-
56쪽.《중국인쇄연감》, 중국인쇄연감사, 1995년, 297-299쪽.

* 〈호북 영산에서 발견된 활자발명가 필승 묘는 믿을 수 없어〉,
 《인쇄과기》, 대만: 1994년 3월, 제51기.

* 〈영산 필승묘비에 대한 재논의〉,《중국인쇄》, 1994년 4월, 제44
 기, 75-76쪽;《중국인쇄연감》, 북경: 인쇄공업출판사, 1993-
 1994년판, 345-346쪽.

* 〈영산 필승묘비 재질의〉,《중국인쇄사 학술심포지엄 문집》수록,
 북경: 인쇄공업출판사, 1996년, 267-273쪽. 일본어 번역문은
 《인쇄사연구》제4호(히노 마사코日野雅子 역) 수록, 1997년, 1-6쪽.

* 〈송대 각자공 간서고[宋代刻工刊書考]〉,《인쇄과기》, 대만: 1994년 6
 월, 제10권 제4기, 76-111쪽.

1998년
* 〈중국의 인쇄술 발명은 부정할 수 없는 일[中國發明印刷術不容否定]〉,
 《인쇄과기》, 대만: 1998년 9월, 제15권 제1기, 20-25쪽.

1999년
* 〈중국의 인쇄술 발명권은 부정할 수 없는 일에 대한 재론[再論中
 國印刷術發明權不容否定]〉,《제5회 중국인쇄사 학술심포지엄 논문
 집》, 중국인쇄박물관, 1999년.

2000년
* 〈중국의 인쇄술 발명권은 부정할 수 없는 일에 대한 재론: 1998
 년 한국에서 발견된《무구정광대다라니경》사본에 대한 소견[再
 論中國印刷術發明權不容否定: 對1988年南韓發現寫本《無垢淨光大陀羅尼經》的
 管見]〉,《인쇄과기》, 대만: 2000년 9월, 제16권 제5기, 86-89쪽.

* 〈중국의 인쇄술 발명은 부정할 수 없는 일—한국에서 발견된 불
 경의 당나라 인본설 재론[中國發明印刷術不容否定 —— 再論韓國發現的佛

經為唐印本說]〉,《중국인쇄》, 2000년, 제8기, 60-63쪽.《중국인쇄연
감》(2001) 수록, 북경: 중국인쇄연감사, 2001년, 408-410쪽.

ᄅ◯◯Ⅰ년

* 〈목판 인쇄의 산동 기원설에 대한 소견[對雕板印刷源於山東的管見]〉,
《인쇄과기》, 대만: 2001년 3월, 제17권 제1기, 89-92쪽.《중국인
쇄》, 2001년, 제3기, 41-43쪽.

三. 원고본

1. 《역대 목록학자 전기 색인歷代目錄學家傳記索引》(하문대학 시절 원고
1책).

2. 《송 판서 경안록宋板書經眼錄》 2책.

3. 《송 각자공 명록[宋刻工名錄]》 2책.

_장수민 자서전(저서목록 첨부)

나 장수민張秀民의 족보상 이름은 영장榮章, 자는 척첨滌瞻이며 절
강浙江성 승현嵊縣 출신이다. 청 광서 34년 무신년 음력 12월 8일, 속
칭 납팔절臘八節(서기 1908년 12월 30일)에 출생했다. 우리 가문은 남송
초기부터 조상 대대로 승현 서쪽 영부향永富鄉(현재 지명은 승고현昇高縣
임) 입팔도촌廿八都村에 살았다. 조부는 붓을 파는 보부상을 하며 수
봉촌秀峰村에서 아이들에게 글도 가르치셨다. 조부는 일찍 작고하셨
는데 당시 아버지께서는 6세에 불과하여 조모 원袁씨가 온갖 고생을
겪으며 성인이 될 때까지 키워냈다. 아버지는 구헌방裘憲邦 선생에
게 사사하며 동향東鄉 호두촌湖頭村에서 글을 가르치기도 했다. 또한
집에 서당을 차리고 생도들에게 강의하기도 했다. 한 번은 어느 마
을의 부호에게 은 백 냥을 빌린 아버지가 차용증에 초서草書로 '부득
이不得已'라는 세 글자로만 날인했다. 이 사실을 알게 된 그 부호는
집으로 찾아와 상환을 요구했다. 돈을 받지 못하자 크게 소리치며
욕설을 퍼부었는데 불초인 내가 태어난 지 만 한 달이 되는 날이었

다. 아버지께서는 이로 인해 3일간 몸져누웠다가 분해서 집을 떠나 이후 항주로 가서 경찰이 되었고 후에 종군하셨다. 어머니 구裘씨는 숭인崇仁(우리 마을에서 5리 거리) 출신으로 열네 살에 민며느리로 시집 왔다. 살림이 몹시 곤궁하여 이웃들의 산후조리를 돕거나 양잠이나 방아를 찧어주기도 했으며, 몇십 리 밖에 있는 높은 산에 올라가 찻 잎을 따기도 했다. 그렇게 번 얼마 안 되는 돈으로 온 가족의 생계를 유지했다. 후에 아버지가 약소한 월급이나마 보내주어 비로소 예전 빚을 다 갚을 수 있었다.

내가 여섯 살 무렵, 마을에 위치한 첨산瞻山소학교에 입학했는데 내내 꼴찌를 면치 못했다. 여름방학이면 뜨거운 햇볕을 무릅쓰고 논 으로 가 우렁이를 잡았는데 항상 이웃집 아이들보다 더 많이 잡곤 했다. 잡아온 우렁이는 집에 가져와 먹기도 하고, 남은 것은 다른 집 에 팔기도 했다. 우렁이 판 돈은 1~2백 문文씩 모아 기름이나 소금을 사는 데 썼다. 가을과 겨울에는 부근에 있는 첨산瞻山이나 서산만西 山灣에 가서 땔감을 주웠다. 내가 아홉 살이던 어느 날 땔감을 한 짐 지고 집으로 돌아왔는데 어머니는 여동생을 낳았다. 그 후 숭인崇仁 고급소학교로 전학한 뒤로 나는 줄곧 우수한 성적을 거뒀다. 졸업 후에는 승현중학교에 진학하여 2년간 수학하다가 심아맹潘亞孟(현수 賢修) 선생을 따라 영파寧波 사명四明중학교로 전학했나. 그곳은 미국 기독교 장로회와 침례회가 공동 설립한 학교로 그때 나는 처음으로 미국 교사를 만나 보았다. 그 학교는 처음에 영파寧波강 북쪽 연안에 있다가 후에 북문 밖으로 이전했다. 교회가 설립한 학교인지라 매주 일요일마다 예배를 드렸고 찬송을 부르고 목사의 설교를 들어야 했 으며 식사시간에는 하나님께 감사 기도를 해야 했다. 당시 나는 반 감이 매우 컸다. '오삽五卅사건'[26]을 계기로 학생들은 단체로 시위에 나서 구호를 외쳤고 나도 시위에 동참했다. 학교에는 작은 도서실이 있었는데 당시 보건의학서적을 즐겨 읽던 나는 1,20권의 관련 소책자를 전부 다 읽었다. 옛 말에 "좋은 재상이 못된다면 좋은 의사가 되라"는 말이 있다. 당시 나는 정치에는 관심이 없기도 했고 좋은 의사가 되고 싶기도 했다. 하지만 의사가 되면 매일같이 환자들과 대면해야 하는데 너무 비위생적이라는 생각이 들어 의사가 되려던 꿈을 접었다.

고등학교를 졸업할 즈음, 국문 수업 중에 황염배黃炎培의 《진가경陳嘉庚 선생의 학교설립기》를 읽게 됐다. 진가경 선생은 남양南洋에서 상업활동으로 거액의 재화를 축적했으나 자신만의 안락을 추구하지 않고 자신의 출신지인 복건福建성 집미향集美鄕(옛 지명은 심미潯尾임)에 유치원, 소학교, 중학교, 사범학교, 상과학교, 항해학교 등을 설립해 마을 전체를 전국적으로 유명한 학교마을로 만들었다. 또한 하문廈門섬에 문文, 이理, 교敎, 법法, 상商을 아우르는 종합대학인 하문대학廈門大學을 설립했다. 사실 이러한 공평무사의 정신은 좀처럼 찾아보기 어려운 것이었다. 게다가 학생모집요강에 성적우수자는 진가경 장학금(은 칠십 원 전액 학비 면제)을 받을 수 있다고 기재되어 있었다. 해변에 위치한 기숙사에서는 그림 같은 풍경을 볼 수 있다고도 했다. 하문대학에 대한 동경으로 가득 찼던 나는 상해 입학시험처로 가서 입학시험을 치렀고 운 좋게도 합격했다.

나는 문과대학 국학과國學科에 들어갔는데 같은 반 학생은 네다섯 명뿐이었으나 집미集美 국학國學 전문대학의 학생인 포수당包樹棠, 임성장林成章 등 30~40명의 학생들도 함께 수업을 들었다. 강사진으로는 위현威縣의 주안등周岸登(자는 도원道援으로 청대 거인擧人, 사집詞集

26_ 1925년 5월 30일에 일어난 반제 애국운동으로 상해학생 2천여 명이 조계에서 산발적으로 시위를 벌였으며 사망자 13명, 중상자 10명, 체포된 사람이 150여 명이었다.

《촉아蜀雅》출판), 태현泰縣의 요전繆篆(자는 재才, 장태염張太炎 선생의 제
자), 남창의 여건余賽(자는 중첨仲詹, 거인), 염성鹽城의 학입권郝立權(자는
병형昺蘅, 유사배劉師培의 제자로 《육사형陸士衡시집주해》 저술), 서안瑞安 손
이양孫詒讓의 사숙 제자인 이립李笠(자는 안청雁晴, 저서로는 《사기정보史
記訂補》·《삼정국학용서찬요三訂國學用書撰要》가 있음), 의오義烏의 주계요
朱桂曜(자는 운포雲圃, 《장자莊子주해》 출판), 후에는 소병실蕭炳實(항평項
平) 선생이 있었다.

그때 당시 《관자》·《노자》·《장자》·《사기》·《문심조룡》, 그리고
시, 사, 수필, 음운학을 배웠다. 이 밖에 필수과목으로 국문과 영문,
선택과목으로 불어·일본어·독일어·라틴어(독일어와 라틴어 두 과목
은 6개월밖에 배우지 않았으며 일찌감치 모두 잊어버렸음)도 배웠다. 이안청
李雁晴 선생님은 《한서·예문지》를 강의하셨고 나는 그때부터 목록
학에 관심이 생기기 시작했다.

학교 도서관인 집미루集美樓는 학생 기숙사 영설루映雪樓 바로 옆
에 위치했다. 소장된 중국책과 서양책은 수만 권이 넘었고 도서관
아래층은 서고書庫, 윗층은 열람실이었다. 담당자가 서고출입을 통
제하지 않았기에 공강 때면 항상 서고로 가서 자유롭게 독서하고 판
본목록에 관련된 책을 섭렵했다. 한 번은 책장에서 영국의 토마스
(Thomas Hartwell Horne)의 목록학 입문서(An Introduction to the Study of
Bibliography. London, 1814)를 발견했는데 손에서 떼어 놓지 못할 정도
로 심취했고 덕분에 서양 판본에 대해 조금 알게 되었다. 도서관에
서 또 수백 은화를 주고 상해 고서점으로부터 사들였다는 송나라 조
언위趙彦衛의 《운록만초雲麓漫抄》 10여 책을 발견했는데 사실 엉망진
창인 초록뿐, 도서관이 사기당한 것이었다.

재학 동안 〈사고 총목의 사부 목차류 및 자부 잡가류에 대한 평
가[評四庫總目史部目錄類及子部雜家類]〉라는 글을 발표한 적이 있고, 이 밖

에 〈송참본과 요람본[宋槧本與搖床本]〉(후에 搖籃本으로 번역됨)이란 논문에서는 송판본과 15세기 요람본의 차이를 약술하여 천진天津《국문주보國文週報》[27]로 송고한 적이 있다. 그때 이 잡지의 광고에서는 이 글을 쓴 작가가 하문대학 교수라고 소개했는데 정말 웃기는 일이었다. 졸업 때에는 《송활자판고宋活字版考》를 논문 주제로 정했고 무사히 졸업을 했다.

하문대학은 진가경 선생이 창립했기에 대부분 학생은 현지의 천주·장주漳州, 복주 사람들이고, 일부는 조산潮汕·매현梅縣 사람들이고, 강소성과 절강성 사람은 아주 적었다. 졸업생은 상당수가 동남아로 건너가 친구와 친척에 의탁하면서 강의를 하거나 또는 장사를 했다. 그중에서 백만장자가 된 사람도 있고 현지 또는 타지에서 공직을 맡은 자도 있다. 당시 사회는 대학졸업생이 극히 드물었지만 취직을 하려니 방법이 없어 매우 어려웠다. 이안청 선생은 나의 앞날에 대해 깊은 관심을 가져 주시면서 위에서 언급한 내가 발표했던 두 편의 논문을 당시 국립북평도서관(현 중국국가도서관) 원동례袁同禮 부관장(자는 수화守和, 관장은 채원배 선생이었음)에게 보내주었다. 이선생님과 원선생은 교분이 두터운 사이는 아니었다. 하지만 원선생은 내 두 편의 논문을 보고 도서관의 명의로 신관(현재의 문진가관文津街館)이 준공되어 사람이 필요하니 즉시 오라는 편지를 보내왔다. 이리하여 나는 사각모를 쓰고 졸업식에도 참석하지 못하고 배를 타고 상경했다. 그 전에 먼저 고향에 가서 할머니, 어머니와 작별인사를 나누었다. 학교에서 해마다 장학금을 받았으나 여비를 절약하기 위해 4년 동안 가족을 찾아뵙지 못했었다.

신관은 푸른 유리기와에 한백옥漢白玉 난간이 있고 기둥에는 그

27_ 원서에는 國聞週報로 나왔는데 國文週報의 오기인 듯하여 고쳤다. 뒤에 조카 한기의 글 속에도 國文週報가 또 나온다.

림이 새겨져 있었으며, 건물 천정에는 '천록석거天祿石渠'라는 문구가 쓰여 있었다. 게다가 원명원에 있던 문원각文源閣 석비를 옮겨왔고 화표華表[28]와 돌사자, 우뚝 솟은 각루들은 엄격하기가 마치 황궁 같았다. 도서관에는 열하 피서산장 문진각의 《사고전서》를 소장하고 있었기에 도서관 앞거리를 문진가文津街라고 명명했다. 스틸 책장이 있고 코르크 바닥으로 된 이 곳은 당시로서는 보기 드문 신식 도서관이었다. 도서관은 1931년 6월에 준공했고 채원배 관장이 개막식을 주재했다. 나는 4~5일 후(7월 초) 도서관에 도착했고 경산景山 서쪽 척산문대가陟山門大街, 대고전大高殿 뒤에 위치한 어사아문御史衙門 도서관 기숙사에 살게 되었다.

북경도서관(현재의 국가도서관)은 유구한 역사를 지닌 세계적으로 유명한 국가도서관이다. 북경 도서관은 명나라 황실도서관인 문연각과 청나라 내각대고의 소장도서를 물려받았고, 그중에서 일부 인쇄본은 심지어 남송 황궁의 '집희전緝熙殿'의 도장과 원나라 '한림국사원관서翰林國史院官書'라는 커다란 붉은 도장이 찍혀 있다. 이 밖에 송·원·명·청나라의 훌륭한 목판본과 필사본 등 모두 세상의 진귀한 보물을 소장하고 있어 그야말로 중국문화의 보고라고 할 수 있다. 해방(1949년) 전 관내 소장 도서는 145만 권밖에 없었지만 1957년 연말까지 479만 권에 이르렀고 몇 년 전에 천만 권을 넘었다. 책이 급증하면서 신관의 필요성이 시급했다. 이처럼 귀중한 도서를 모아 둔 아름다운 곳에서 40년 동안 일할 수 있던 기회가 내게 주어진 것은 정말 행운이라 하겠다.

원관장은 미국 뉴욕 주립 도서관 학교를 졸업했다. 그가 도서관을

28_ 우리나라에서는 주로 망주석望柱石, 망두석望頭石이라고 한다. 옛날 궁전이 나 성벽·능 따위의 큰 건축물 앞에 아름답게 조각한 장식용 돌기둥. 기둥 상부에 꽃을 조각한 구름 모양의 석판이 꽂혀 있다.

관장할 때는 어떤 일을 맡든 친히 책임졌다. 화장실도 하루에 몇 번씩 확인하고, 퇴근 후에도 여전히 사무실에서 일을 봤다. 그는 공공도서관으로서의 직능을 발전시켰을 뿐 아니라, 도서관을 하나의 학술연구기관으로 만들었다. 그는 서홍보徐鴻寶(삼옥森玉, 판본 금석학에 정통), 섭위청葉渭淸(좌문左文, 송사), 상달向達(각명覺明, 중국 교통사, 돈황학), 왕중민王重民(우삼友三, 목록학, 돈황학), 손해제孫楷弟(자서子書, 소설), 하창군賀昌群(장운藏云, 역사), 사국정謝國楨(강주剛主, 명나라 말기 역사), 유절劉節(자식子植, 금석학), 왕용王庸(이중以中, 지리), 양계웅梁啓雄(술임述任, 양계초梁啓超의 어린 남동생, 순자), 조만리趙萬里(비운斐雲, 판본), 담기양譚其驤(계룡季龍, 역사연혁지리), 이덕계李德啓(만주어), 내몽골 라마인 팽색단彭色丹(몽골어, 티베트어), 우도천于道泉(티베트어) 등 인재들을 끌어들었다. 이들은 각 학술영역에서 큰 성과를 낸 학자들로, 당시 이들 덕분에 인재의 성황을 이뤘다. 아쉽게도 위의 북경대학교 도서관 노인[北圖老人] 중 지금 살아 계신 분은 손해제, 담기양, 우도천 등 몇 사람뿐이다.[29] 이런 농후한 학문적 분위기 속에서 나는 자연스레 가르침을 얻고 연구와 토론의 유익한 시간을 보냈다.

나는 중국문학 전공이었기 때문에 중국어 목차 편찬팀에 배정되어 고서의 목차를 담당했다. 팀장은 절강 가홍의 담신가譚新嘉 선생(지현志賢,《가홍담씨유서嘉興譚氏遺書》편집, 창사목각廠肆木刻)으로 경사도서관京師圖書館의 어른이셨다. 동료로는 양정찬梁廷燦(양계초의 조카,《중국역대유명인 출생사망연도표》출판), 서숭강徐崇岡(만주족), 양영수楊永修(일어 서적 편집) 선생님이 계시는데, 모두 나보다 10살 이상 많은 분

29_ 손해제(1898~1986)는 향년 88세로, 담기양(1911~1992)은 향년 81세로, 우도천(1901~1992)은 향년 91세로 이미 세상을 떠난 분들이다. 이 글을 쓸 때는 장수민이 77세 되던 1984년에 썼으므로 당시에는 이 세 분이 모두 생존해 있었다.

들로 그들에게 많은 도움을 받았다.

　고서는 대부분 선장본이지만 일부는 포배장이나 범협장도 있다. 목차 편집은 우선 책의 내용과 성격을 파악해야 책을 분류하고 번호를 매길 수 있다. 그 다음으로는 저자가 살았던 시대를 조사해야 저자의 번호 및 판본 연도와 장소를 분류할 수 있다. 쉬워 보이지만 그리 만만한 작업은 아니었다. 예를 들어, 어떤 사람은 청초淸初의 군주 전제정치를 비판했던 황종희黃宗羲의 《명이대방록明夷待訪錄》이라는 정치철학서를 변방류로 분류하고, 네팔을 기록한 책을 외몽골류로 분류했다. 혹자는 《세설신어世說新語》를 왕의경王義庚이 지었다고 했지만, 실제로 쓴 사람은 유송劉宋 황실의 유의경劉義庚으로 임천왕臨川王에 책봉되었지만 임천臨川 사람도 아니고 왕씨도 아니었다. 건륭乾隆 판각본 《서은종설書隱從說》은 청나라 오강시吳江市의 원동袁棟과 만념漫恬이 지은 것인데 손육수의 《중국조판원류고中國雕板源流考》에서 원념袁恬이 지었다고 잘못 기재하여 모두 이를 인용하면서 잘못이 계속되었다. 판각에는 원각본과 번각본이 있는데, 고서 판매상은 명판본을 송판본과 원판본의 정판처럼 새긴 후 서문과 발문을 제거하고 송판본처럼 속였다. 목판활자였기 때문에 구분도 쉽지 않았다. 목활자, 교니활자, 동활자는 자세히 구별하기가 더 어려웠다.

　내가 중국어 목차 편찬팀에 들어간 지 얼마 되지 않아, 연활자 인쇄본으로 된 《대경당서목帶經堂書目》의 원본 카드목록이 손수표孫樹杓 편찬이라고 된 것을 봤다. 사실 실제 편찬자는 진陳씨로 이름은 진수표陳樹杓이다. 그는 복건福建 장서가인 진징지陳徵芝의 손자다. 육심원陸心源이 "그의 손자의 자字는 성촌星村이며 책을 좀 안다"라고 평한 바 있다. 원서를 조판하고 인쇄할 당시 '손수표성촌편차孫樹杓星村編次'라고 찍혔는데, 손孫자와 다른 여섯 개의 글자 크기가 같아서 사람들은 손자 수표가 편찬한 것을 손수표라고 잘못 생각한 것이다(지금 모 도서관의 카드목록에는 여전히 잘못 기재되어 있다). 후에 다른 카드 기록이 잘못된 것도 발견할 때마다 그 즉시 수정했다.

나는 목차를 편찬할 때 혹여 실수를 하여 웃음거리가 될까 봐 책의 내용, 서문, 발문, 소패자牌子, 부록을 자세히 읽어보고 작가의 이름, 자와 호, 본적, 출판연도, 장소를 꼭 파악했다. 저자 번호는 연도별로 배열해야 하기 때문에, 저자의 출생과 사망 혹은 관직에 오른 연도를 잘 조사해야 한다. 어떤 때는 그 책 자체에서 찾지 못할 때면 전기傳記나 지방지를 이용했다. 그래서 목록 편찬 속도가 너무 느려서 매일 5~6종 혹은 10종 정도밖에 하지 못했다. 우선 목록 초고를 쓰고 검수를 거친 후 다른 사람에게 목록카드를 정서하게 한다. 그 후 배열하는 사람이 서명, 저자, 분류의 3가지 카드목록으로 정리하여 열람할 수 있도록 한다. 이렇게 6년을 일해 왔다.

중국에 항일전쟁이 발발하자 원관장은 도서관에 카드목록만 있고 도서목록이 없어 무슨 사고라도 나면 복구하기 힘들 것을 고려해 모든 직원을 동원해 도서목록을 만들기로 했다. 그럼에도 불구하고 출판된 것은 담기양譚其驤의 《지방지목록地方志目錄》과 소장蕭璋의 《목록류서목目錄類書目》뿐이었다. 다른 고서는 규모가 너무 방대하기 때문에 완성하지 못했다. 당시의 편집에는 담신가譚新嘉 · 양계웅梁啓雄 · 왕육이王育伊 · 가방賈芳 등 7~8명이 참여했다. 나는 주로 사승류史乘類를 책임지다가 담신가譚新嘉 선생이 돌아가신 후에는 별집別集을 담당했다. 당시, 필사하는 사람들이 카드목록을 분류해 노트에 적어 놓았다. 그러나 카드목록이 많은 사람들 손에서 나오고 또 시간이 오래 지나자 적어 놓은 것과 모순되는 점이 많이 발견되었다. 예를 들어, 한 책을 여러 분야로 분류했거나 저자와 판본기록이 같지 않아서 반드시 장서실에 다시 확인할 필요가 있었다. 전쟁 기간에 《관장보통선장서목館藏普通線裝書目》(새로 출판된 책은 미수록) 20~30 권을 편집했으며 그중에 사부史部가 세 책이고 일부는 집부集部 목록이었다. 대부분의 글씨가 깨알 같아 저자의 출생, 사망, 관직과 책의 내용에 주를 달아 밝히는 데 신경을 많이 썼는데도 불구하고 끝내 간행을 하지 못했다. 이러한 원고들은 참고팀에 보관했다. 1949년 이후 1~2년을 더 해《중국변강서목中國邊疆書目》(내부 등사)을 편집했다. 유여림劉汝霖 씨와 인민대학 지리전공 교수 손모씨가 편집에 참여했다.

처음 도서관에 왔을 때, 상달向達 선생이 번역한 미국 카터(Carter) 교수님이 쓴《중국인쇄술의 발명과 서방 전파》몇 장을 봤는데 상당한 가치가 있다고 생각했다. 하지만 외국인이 쓴 것이라 자료를 널리 인용하고 출처를 찾지 못한 점이 있었다. 인쇄술은 중국 고대 노동자의 위대한 발명이고 인류사회에 큰 영향을 미친 것인데 외국인이 중국 인쇄 역사를 썼다는 게 참 부끄럽다는 생각이 들었다. 모기가 산을 짊어지는 심정으로 실력이 절대 부족하지만《중국인쇄사中國印刷史》를 쓰겠다는 결심을 하였다. 고서 카드목록과 도서목록을 편집하면서 판본 인쇄에 관한 자료를 수집했다. 당시에는 먼저 목록 초고에 적었고 그 다음에 70여 권의 노트로 정리했다. 그중에는《송판서경안록宋板書經眼錄》2책,《송각공명록宋刻工名錄》2책이 있으며 도서관에 소장된 약 355권 송판본을 일일이 읽었는데 2년이 넘게 걸렸다. 업무 중 쉬는 시간과 일요일만 선본善本열람실에서 책을 빌릴 수 있었고 원본이 훼손될까 봐 연필기록만 할 수 있었기 때문이었다. 그리고 명나라 가정嘉靖 연간에 재필사한《영락대전永樂大典》잔본 200여 편(일부는 사진 복제본)을 읽었다. 수십 년에 걸쳐 장서실의 수천 종의 지방지, 시문집, 잡설, 일본과 서양의 목록서目錄書를 두루 섭렵했지만 그 양은 장서실의 수십 개 책장에 불과했다.

일본인은 경자庚子[30] 배상금으로 북평北平에 '동방문화위원회'를 설립해 동방도서관을 건립하여 《사고전서》를 복원하기 위해 지방지·족보·각종 고서를 마구 사들였다. 그리고 제요를 만들기 위해 만만치 않은 원고료로 북평시北平市 각 대학의 교수와 강사에게 의뢰했다. 일부 동료도 참여했으나 당시, 나는 수치스럽다고 생각해 의뢰를 거절했다.

도서관에 들어온 지 얼마 안 되어 '9·18사변'이 일어났다. 1937년 7월 7일 일본군이 노구교蘆溝橋를 점령해 송철원宋哲元 부대가 자위책을 쓸 수밖에 없었다. 이튿날, 도서관에 출근했는데 일본군이 입구를 막고 감시해 관내 사람들의 출입을 금했다. 그때 나라가 위기에 처했다는 것을 느꼈고 내가 종사해 온 판본 목록은 그저 책 속의 학문일 뿐 실제로 나라를 구할 수 없다는 생각이 들었다. 그래서 하던 일을 포기하고 안남사安南史연구를 시작했다.

항전 승리 이후, 중경重慶과 곤명昆明에 머물고 있던 동료들이 잇따라 복직했다. 나는 색인담당자(이전 담당자는 왕중민王重民 선생)로 승진했다. 정사正史나 잡서雜書에는 기록이 없지만 지방지 전기傳記에만 있는 인물들이 있기에 전국 지방지 중의 전기傳記(부附와 전傳 포함) 인명에 색인을 붙이는 계획을 세웠다. 먼저 한 성省, 혹은 한 시대부터 착수했다. 친구인 주사가朱士嘉에게 규모가 매우 방대하므로 많이 남아 있지 않은 송원宋元 지방지부터 시작하자고 했다. 친구의 동의를 얻은 후 얼마 후에 곧 《송원방지전기색인宋元方志傳記索引》이 출판되었다. 몇 년 전, 그는 북평北平사범대학에 초빙되어 갔는데 《명대방지전기색인明代方志傳記索引》의 업무지도를 담당했고 학생들이 이미 14만 장의 카드를 정리했다는 소식을 편지를 보내 알려 왔다. 하지만 진행된 인쇄본을 읽어보지는 못했다. 청나라 때의 6천여 권

30_ 1900년 의화단 사건 후 1901년 중국은 11개 국가와 굴욕적인 신축조약辛丑條約을 맺었다. 중국이 4억 5천만 은량銀兩을 각국에 배상한다는 내용이다.

지방지 전기에도 색인을 붙일 수 있으면 좋겠다. 이렇게 된다면 학술연구에 무량한 공덕이 될 것이다.

해방(1949년) 후, 도서관은 '국립북경도서관國立北京圖書館'으로 개명되었고, 초기에는 왕중민 선생이 대리 관장직을 맡았다. 태평천국기의太平天國起義를 기념하기 위해 도서관에서 작은 간행물 전시회를 개최했는데, 당시 상각명向覺明 선생, 김육불金毓黻 선생, 영맹원榮孟源 선생 등이 힘써주었다. 나는 전시했던 서적들을 왕회암工會庵 동지와 함께 《태평천국자료목록太平天國資料目錄》이라는 이름으로 출판했다. 그리고 그중 중요한 관련 자료를 선별해 제3종 중국 근대사 자료 총서의 《태평천국太平天國》 여덟 권으로 편집했다.

1952년 10월에 열린 중국 인본서적 전시회에는 현대의 유명한 도서수집가가 새로 기증한 진본들이 많았다. 당시 장전신張全新(필명은 철현鐵弦) 부관장님이 소개문을 써달라고 하셔서 〈중국 인쇄술의 발명과 아시아 국가에 미친 영향〉이라는 글을 썼다. 소개문은 《광명일보光明日報》에 게재되었고 후에 《문물참고자료文物參考資料》에도 전재되었다. 과분하게도 운남성 등충현騰沖縣 이근원李根源 선생의 인정을 받아 세상에 전할 수 있다고 생각했다. 이리하여 송구스럽게도 후세에 전할 생각에 다년간 방치했던 판본 목록을 꺼내 점검하고 보충하여 《중국 인쇄술의 발명과 그 영향》이라는 책을 펴냈다. 1958년에 인민출판사에서 출판했고 1978년 재판했다. 일본의 저명한 사학자이자 문학가인 간다 기이치로[神田喜一郎] 박사가 이를 보시고는 "진실하고 참된 좋은 책이다"라고 평가하시며 히로야마 히데노리[廣山秀則] 선생에게 일본어 번역을 맡겨 1960년(쇼와 35년) 일본 교토에서 출판하게 되었다. 그러면서 일시에 일본, 소련, 미국의 간행물에서 서평이 소개되거나 관련 내용이 보도되었다. 1977년 일본의 야무우치 기요시[藪內淸] 교수는 카터 작품을 번역하면서 역주에서 나의 졸작과 졸문에서 다루었던 목활자, 구리활자 부분을 여러 차례 인용했다. 1962년 이서화李書華 선생이 홍콩에서 출판한《중국 인쇄술 기원中國印刷術起源》은 카터의 작품과 졸작의 자료를 대거 인용했다. 1981년 6월 10일 왕익王益 선생은《인쇄전선印刷戰線》에서 카터에 대한 호평을 남겼고, 졸작에 대해서는 "많은 독창적인 견해를 제시했을 뿐만 아니라 가치 있는 역사자료를 발굴해낸 중국 인쇄술의 발명사 연구에서 가장 권위 있는 서적이 되었다"라고 평가했다. 이러한 과찬을 들으니 매우 부끄러웠다. 어떤 대학의 도서관학과에서는 교과서로 사용하기도 했다. 그렇지만 이전 작품은《중국인쇄사》의 처음과 끝을 다루었을 뿐 오대五代, 양송兩宋에서 청말까지의 인쇄사의 핵심은 다루지 못했다. 비록 1963년《활자인쇄사화活字印刷史話》를 출판하고, 1979년 2판 3쇄본을 발행했지만 1만여 글자로 극히 간략했다. 훗날 5만 자까지 내용을 보충했고 전문 서적이 되었다. 사람을 고용해 다시 깨끗이 정서까지 했지만 문화대혁명이 발발해 출판하지 못했다.

1953년 강소성 무진武進의 풍중운馮仲雲 동지가 관장으로 임명됐다. 그는 동북 항일연합군 제3군정위를 맡았던 사람으로 장백산과 흑룡강성을 넘나들며 참전하다 큰 공을 세워 해방 초기에 동북 송강성松江省 주석을 지냈다. 청화대학교 출신인 관장님은 도서관 내의 지식인들을 존중할 뿐만 아니라, 인재를 잘 알아보고 적재적소에 임명했다. 관료적 허세가 없고 박력 있는 분이었다. 관장님은 새 대형 서고와 어린이 열람실을 만드시고, 트럭에 책을 싣고 공장과 광산을 찾아다니며 책을 빌려주었다. 타 도서관과 교차 대출이 가능해졌고, 전문가나 학자를 초청한 학술보고회도 자주 진행하여 북경의 학술적 분위기가 살아나 도서관 안팎 사람들의 호평을 받았다.

풍관장님은 특별히 참고연구조參考研究組를 창설하여 나를 조장으로, 척지분戚志芬 여사를 부조장으로 임명하셨다. 참고연구조에는 유여림劉汝霖과 이희비李希泌·주가렴朱家濂·정극강丁克剛·용순의龍順宜·한불어漢佛語·장현호張玄浩·관진택關振澤 등 동지들이 있었고, 대부분 대졸자이거나 대학 강단에 섰거나 소련에서 유학했던 이들이었다. 후에 수리논리학을 연구한 청화대학교 교수이자 공산당 초창기 당원인 장신노張申老 선생께서 참고부 주임을 맡으셨다. 이어 도서목록을 편찬하고 독자들에 대한 상담 업부를 대대적으로 진행했다. 이 밖에도 문학과 역사, 기계, 물리, 화학공업, 건축 등 과학기술을 주제로 한 장서목록 50~60여 종을 편집, 인쇄했고 이를 무상으로 증정하여 각 분야에서 편리하게 사용하고 경제 발전에 참고할 수 있게 했다. 도서관 장서인《중국의약서목中國醫藥書目》이 출판된 후, 60여 곳의 자매관이 이를 참고하여 어떤 이는 총집하여 공동목록을 만들어 중의中醫 서적 7,600여 종을 담았다.

신문에서 우리 참고연구조의 성과를 보도하자 북경시와 타 지역의 기업과 개인이 구두나 서신으로 자문을 요청하거나 편지를 보내는 사례가 부쩍 늘어 해마다 평균 1,500여 건의 답변을 했다. 곽말약郭沫若 선생님과 같은 유명인도 불치하문不恥下問하시고 그의 비서를 시켜 전화로 자문을 구하셨다. 일본, 소련, 구미 각지에서도 편지가 왔는데, 왕유와 이백을 연구하는 프랑스 한학자인 투단[31]도 우리의 단골손님이 되었다. 동료들은 모두 한마음으로 서로를 도왔다. "아는 것을 안다고 하고, 알지 못하는 것을 알지 못한다고 한다"는 원칙에 따라 답을 찾기 위해 각종 참고도서를 이용하고, 동서고금의 출판물을 참고했다. 해결이 곤란한 문제에 맞닥뜨렸을 때는 함께 머리를 맞대어 방법을 생각했다. 좋은 성과를 얻을 수

31_ 중국어로는 寶丹으로 표기되어 있는데 원명은 확인이 어렵다.

있었던 것도 모두 함께 노력한 덕이었다.

내가 답변을 담당하는 나라는 십여 개에 불과했다. 그러나 베트남의 사학자 진문갑陳文珇·명쟁明崝·진휘료陳輝僚·등태매鄧泰梅, 캄보디아의 이첨정李添丁,[32] 영국의 조셉 리 박사 등이 자료를 찾으러 도서관을 잇달아 방문했을 때, 모두 내가 안내하고 답변했다. 업무가 과도했던 팀장직을 1958년에 그만두고 인쇄사 연구에 더 많은 시간을 투입하기 위해 부연구원으로 옮겼다. 풍중운 도서관장은 일 년 남짓 재직하다가 떠났다. 그 뒤를 이어 정지강丁志剛, 좌공左恭 부관장 두 분이 관내 업무를 책임졌다.

문화대혁명 기간 동안, 일자무식꾼은 가장 영광스러운 집단이 되었고, 많이 배운 지식인들은 추악한 집단으로 간주되어 비판투쟁의 대상이 되었다. 나 역시 이를 면하지 못해 개인적으로 몇십 년간 수집한 서적들이 큰 손해를 입었다. 그 후, 하방下放[33] 처분을 받아 호북 함녕咸寧 문화부 '57' 간부학교에서 일년 남짓 노동을 했다. 1971년에 퇴직을 신청했다. 1931년에 도서관에서 일하기 시작한 지 40년 만에 제2의 고향인 북경을 떠나 고향인 승현으로 귀향했다. 다행히도 85세 된 노모는 매우 건강하셨다. 나도 환갑이 넘은 나이에 어머니와 상봉하게 되어 기쁨은 배가 되었다.

퇴직한 후 2~3 년 안에 《인쇄사》를 완성할 계획이었다. 국무원 판공청辦公廳으로부터 북경으로 돌아와 복직하라는 장거리 전화를 받

32_ 베트남과 캄보디아의 발음을 알 수 없어 원서에 표기된 한자 발음으로 표기한다.

33_ 하방은 중국이 당·정부·군 간부와 지식인들을 농촌이나 공장에 내려 보내 노동에 종사하게 한 운동이다. 간부들의 관료주의와 종파주의, 주관주의를 방지하고 지식분자들을 개조하기 위한 목적으로 1957년 당시 마오쩌둥 국가 주석의 지시로 시작됐다. 문화혁명 때 한동안 중단됐으나 1980년대 다시 재개됐다. 하방운동은 도시의 중고등학교 졸업자들을 지방에 정착시켜 도시 인구 과잉과 취업난을 완화하는 편법으로 이용되기도 했다.

았고, 북경도서관, 북경사범대학교, 난주蘭州대학교, 남경대학교에서도 여러 차례 나를 초청했다. 그러나 집에서 어머니를 모시면서 책을 쓴다는 이유로 사절했고 오로지 보충자료만 찾고 친구 방문만 했다. 1972년에 이르러서야 복건행에 오를 수 있었다. 모교와 집미集美에 있는 진가경 선생의 옛집을 방문했고 바닷가에 우뚝 서 있는 웅장한 진가경 묘비도 보았다. 천주泉州의 고찰인 개원사開元寺를 방문했을 때, 송나라 복주판 대장경의 나머지 쪽이 적지 않다는 것을 발견했다. 남안南安 구일산九日山의 동쪽 산기슭에 위치한 강공보姜公輔의 묘비를 찾아가기도 했다. 석상은 그대로지만 묘비는 오랫동안 관리되지 않아 보였다. 산꼭대기에는 송나라의 소순원蘇舜元이 쓴 강상봉姜相峰이라는 세 글자가 뚜렷이 새겨져 있다. 복주福州에 가서 옛 동창 포수당包樹棠과 함께 민왕閩王사당을 방문해 비문을 베껴 적었다. 송나라 때는《대장경》을 판각했던 성 안의 개원사는 지금 공장으로 바뀌었다. 송·원·명나라 때부터 출판의 중심지였던 건양 마사서방麻沙書坊에 가고 싶었지만 동행이 없어서 포기했다.

1973년 4월에 영파시에 있는 천일각에 갔다. 범씨 천일각은 중국에서 현존하는 가장 오래된 개인 장서루이고 성省 중요 문화재로 지정되었다. 천일각의 구사빈丘嗣斌·낙조평駱兆平·홍가요洪可堯 선생님과 함께 새로 접수된 대량의 도서 중에서 제본이 잘된 선본善本을 고르는 작업을 했다. 천일각에서 매일 대여섯 상자, 심지어 열 상자나 되는 책을 뒤져 보았다. 이렇게 총 50일을 작업했다. 장서 중에서 청나라 시기 작품의 대부분은 별집別集과 방지方志, 사명四明 문헌이었다. 명나라 시기의 판본은 경창본經廠本·번부본藩府本·금릉본金陵本·건양방본建陽坊本·활자본 등이 있다. 명청시대의 필사본은 많지만 송나라와 원나라 시기의 판본은 드물다. 그중 원래 천일각에 있었던 3천여 권의 책이 발견되었다. 잃어버린 책을 다시 되찾으니 장서가 사이에 미담이 될 것이다. 조선조 명필인 안평대군 이용李瑢이 경태景泰 원년(1450년)에 비단에 쓴 친필 서첩《반야재송엄상좌귀남서般若再送岩上座歸南序》》[34] 한 책을 친견할 수 있었다. 책의 장정이 동양장이므로 옛사람들은 일본인의 작품으로 오해했었다. 《매회음초每懷吟草》 두 책도 친견했다. 월남사람 완술阮述이 광서제 즉위 초기에 황제의 생신을 경하하는 사신으로 중국으로 건너왔는데 여정 중, 중국인과 시를 짓고 화답한 작품을 완성해 놓은 것이다. 안진경顏眞卿 서체의 큰 글자로 작성되었다. 월남의 휘諱인 시時자를 피했으나 역歷자는 피휘하지 않은 것으로 보아 완술의 친필원고인 것 같다. 송나라의《초우세필용방初虞世必用方》은 일찍 실전되었으나 뜻밖에도 천일각에서 옛 필사본이 발견되었다. 천일각의 주인 명나라의 범흠范欽과 오대의 무숙武肅왕 전류錢鏐, 충의忠懿왕 전홍숙錢弘俶의 화상과 명인 서화도 친견했다. 또한 여요餘姚도서관으로 책을 보러 가기도 했다.

나는 일찍이 사명四明고등학교를 다닐 때부터 영파에 범씨 천일각이 있다는 것을 듣고 한 번 다녀온 적이 있다. 황량한 풍경 속에서 궁해 보이는 노파가 천일각 앞에서 밥을 짓고 있었다. 계단 앞에 흰색 팻말이 걸려 있었고 위에는 "범씨의 가법에 따라 등루登樓를 금지함"이라고 쓰여 있었다. 여요의 황종희는 강희 12년에 예외적으로 천일각에 올라가 책을 관람했다. 그 뒤를 이어 서건학徐乾學·만사동万斯同·전조망全祖望·전대흔錢大昕·완원阮元·설복성薛福成 등이 관람했다. 나는 천일각 옆에 한 달 반 넘게 묵었고, 때는 마침 황종

34_ 간송미술관에 〈재송엄상좌귀남서再送嚴上座歸南序〉가 소장되어 있다. 2010년에 서첩이 경매에 나온 일도 있는데 한국에서는 모두 〈再送嚴上座歸南序〉라고 하는데 원서에는 〈般若再送岩上座歸南序〉라고 되어 있어 '岩'을 '嚴'으로 바꾸었다.

희가 천일각에 올라간 지 삼백 년이 되는 해였다. 1978년 11월, 다시 천일각에 올라갔다. 선현의 미덕을 잇지 못했지만 일생에서 만족할 만한 일이라고 할 수 있다. 지금의 천일각은 새로 꾸며졌고 근처에 서고를 신축했다. 천일각 앞에는 작은 연못이 생겼으니 이는 명실상부한 '천일생수天一生水'라고 할 수 있다. 깨끗한 물 속의 금붕어, 고목이 된 향나무와 장뇌나무들, 가산假山, 높게 뻗은 대나무 등은 도시 속에 숲을 이루었다. 이곳은 영파의 관광 명소가 되었다.

1975년에 다시 북경으로 갔다. 매일 북경도서관에 가서 자료를 찾으며 두 달을 보냈다. 명나라의 무림武林 관묘재觀妙齋 각본《상자商子》, 청 필사본《광서병신왕공후백문무대신생일주지고光緖丙申王公侯伯文武大臣生日住址考》 등 여덟 가지 책을 도서관에 기증했다.

1977년 8월 말에는 상해도서관으로 책을 보러 갔다. 구기잠顧起潛 관장님의 배려 덕분에 아침마다 여관에서 차를 타고 도서관까지 가서 책을 열람할 수 있었다. 복단대학교에서 옛 친구 담계룡譚季龍을 만나 기쁘기 그지없었으나, 서안瑞安의 이 교수님이 몇 년 전 학교에서 돌아가셨다니 참으로 애석했다. 상해에서는 한 달을 머물렀다가 다시 항주로 돌아와 서호의 절강도서관에서 20일 정도 서적을 열람했다.

1979년 5월에는《중국지방지연합목록中國地方志聯合目錄》심사 요청을 받아 북경으로 갔다. 거기서 주사가朱士嘉·풍보림馮寶琳·양전순楊殿珣·장위봉蔣威鳳·오풍배吳豊培 등 동지들과 각 성의 목록 편찬 담당자를 만날 수 있었다. 나는 독자들이 읽기 편하도록 각 지방지 앞에 연호를 덧붙이자는 제안을 했다. 목록 중 홍무 연간에 제작된《임정현지臨汀縣志》는 실제로는《영락대전》의 송 개경본開慶本〈임정지臨汀志〉를 필사한 것이었다. 약 한 달간의 회의가 끝난 후 문진가文津街의 북경도서관과 백림사柏林寺 분관에서 책을 보았다. 절강에는 9월 초에 돌아왔다.

1981년부터 1984년까지는 해마다 항주 절강도서관에서 저술을 훑으며 수정할 것은 수정하고 덧붙이거나 빼면서 작업을 계속했다. 명 번부본藩府本의 경우 예닐곱 차례나 고쳐 쓰느라 매우 더디게 진행되었다. 겨울에는 난방이 되지 않아 실내 온도가 영하 2~3도까지 떨어져 얼음집이 따로 없었다. 찬 공기가 뼛속까지 파고들어 손이 동상에 걸릴 정도였다. 여름에는 37~38도를 오르내리는 폭염으로 등이 온통 땀으로 젖었다. 그럼에도 불구하고 글쓰기를 계속했다. 침식을 잊고 몰두하는 나를 본 어머니는 속이 타셨는지 여러 번 당부하셨다. "왜 이렇게 사서 고생이니? 그 책 다 쓰고 나면 다시는 책 쓰지 말거라." 원래는 어머니 생전에 출간해 기쁨을 드리고 싶었지만 1983년 4월 7일 어머니께서 향년 97세로 세상을 떠나시니 그 슬픔을 말로 다할 수 없었다. 한편, 글을 쓸 때 가장 힘들었던 점은 시골에 참고할 만한 서적이 없다는 점이었다. 인명·지명대사전조차 시내에 나가 빌려야 했다. 때로는 숭인중등학교까지 걸어가 《명사明史》와 《문물文物》 잡지를 빌렸다. 그리하여 일단 가지고 있던 노트 70권의 내용을 정리해 초고를 쓴 다음, 누이동생 장전영張全瑛에게 깨끗이 베껴 쓰게 하니 약 54만 자 분량이었다. 원고는 상해인민출판사에 맡겼다.

1958년 무렵, 중국이 독일 라이프치히 국제 도서박람회에 참가했다. 그때 좌공左恭 부도서관장이 문화부에 나를 추천하여 나는 고서적과 권축장, 호접장, 포배장, 선장 및 보석을 박아 넣은 티베트어 범협장 등 각종 서적 제본 샘플을 선정하고 그에 대한 설명을 쓰게 되었다. 설명문은 고자강顧子剛 동지가 영문으로 번역했다. 나중에 들으니 고서적 부문이 금상을 받았다고 한다.

중국 고대전통 과학기술전이 캐나다에서 열릴 때, 나는 1981년 5

월 5일에 정식 임명장을 받고 인쇄술 부문의 전문 자문인으로 위촉되었다. 대략적인 전시 계획을 우편으로 받아본 후 여러 가지 의견을 제시하여 회신하니 제안대로 모두 변경했다는 답장이 왔다.

스웨덴 황실도서관에서 아시아 인쇄사를 연구한 에즈런(S. Edgren) 선생은 일찍이 1974년에 그의 역작을 우편으로 보내왔다. 작년(1983) 9월, 10월에는 졸작 《중국인쇄사》의 영문 번역 논의를 위해 미국에 있는 그가 중국으로 나를 만나러 오고 싶다는 편지를 보내오기도 했다. 올해 2월 그가 항주에 왔을 때 고향에서 설을 쇠느라 만나지 못한 것이 유감스럽다.

1949년에 중국이 해방되기 전, 나는 베트남 역사 지리에 대한 국내의 이해가 부족함을 느끼고 십여 년 간 북경도서관의 장서를 수집 기록해 〈안남내속시기직관표安南內屬時期職官表〉와 〈안남내속시기명환전安南內屬時期名宦傳〉 원고 두 편을 작성했다. 사학계 선배 장성랑(張星烺, 자 양진亮塵), 왕동령(王桐齡, 자는 역산嶧山) 선생님께서 서문을 써주셨는데, 장 선생님은 《안남내속시기명환전》을 "애국심을 고취시키는 약"이라고 칭해 주셨다. 그러나 두 원고 모두 출간되지는 않았다.

북경도서관은 풍부한 장서를 갖추었지만 베트남 사람의 저작은 두세 종에 불과했다. 나는 좌공 부도서관장에게 건의해 판후이쭈(Phan Huy Chu)의 《역조헌장류지歷朝憲章類志》, 의서 《나옹심령懶翁心領》 등 여러 명저를 베트남에 요청했다. 또 학자들의 연구 편의를 위해 일본 동양문고에 《대남실록》 등의 필름을 요청했다.

평생 별다른 취미 없이 인쇄사와 베트남사 연구에만 매달린 나는 참 별 볼 일 없는 사람이다. 나이 80이 가까워서야 비로소 완성한 《중국인쇄사》는 비록 40~50년간 심혈을 기울였지만, 무궁무진한 서적의 세계를 연구하기에는 나의 수준과 능력 부족 탓에 잘못된 내용 또는 오류도 있을 것이다. 최근에는 인쇄사 연구에 바빠 베트남사는 한쪽으로 제쳐 둔 상태다. 나는 예전에 쓴 수십 권의 노트를 정리해 《중국-베트남 관계사[中越關系史]》를 집필하고 싶은 생각을 오래 전부터 해왔다. 비록 어머니의 당부를 어기는 것이지만, 그래도 그것이 나의 책임이므로 써야 한다고 생각한다. 수년 내에 완성되기를 기대한다.

_ 1984년 4월 28일, 첨산瞻山 고향집에서 77세의 장수민이 쓰다

* 자서전 원문은 《문헌》잡지 편집부와 《도서관학연구圖書館學研究》 편집부가 공동 편찬한 《중국당대사회과학가中國當代社會科學家》 제9집(1986)에 수록. 북경: 서목문헌출판사書目文獻出版社, 61~75쪽.

(一) 중국 월남 관계사 논저 목록

一. 저 서

1. 《중월관계사논문집中越關系史論文集》, 대북: 문사철출판사, 1992년.

2. 《입공안남위인전立功安南偉人傳》, 대북: 왕조서국王朝書局, 1990년. 원래 원고의 제목은 《안남내속시기명환전安南內屬時期名宦傳》.

3. 《안남내속시기직관표安南內屬時期職官表》(원본).

4. 《임읍고林邑考》(원본).

5. 《Champa Kingdom 고찰[占城考]》(원본).

6. 《안남서목제요安南書目提要》(원본).

7. 《명교지완근하광유문明交阯[35]阮勤何廣遺文》(고본稿本 1책을 정서함).

二. 논 문

1. 〈명 태감 안남인 완안阮安 — 15세기에 북경 궁전 성루를 건설할
   때 총감독관〉, 천진《익세보益世報》, 1947년 11월 11일, 제67기.

2. 〈당안남강공보고唐安南姜公輔考〉,《경세일보經世日報 · 독서주간讀
   書周刊》, 북평: 1947년 12월 12일, 제30기.

3. 〈청대사람의 저술 중 안남사와 관계되는 각 도서 해제[淸人著述
   中有關安南史事各書解題]〉(내산大汕《해외기사海外紀事》 · 채성란蔡廷蘭《해
   남잡저海南雜著》 포괄)(서명 장경보張景輔), 천진《대공보大公報》도서
   문화면, 1948년 11월 15일 , 제73기.

4. 〈《안남지략》해제〉(서명 장경보), 천진《대공보》 도서 문화면,
   1948년 11월 22일, 제74기.

5. 〈참파인들의 중국 전입 고찰[占城人Chams移人中國考]〉,《학원學原》,
   1948년 11월. 제2권 제7기, 41~59쪽.

6. 〈명대에 중국에 있던 교지인交阯人의 공헌〉,《학원》, 1949년, 제
   3권 제1기,《명사논총明史論叢》의 7〈명대국제관계〉에 수록, 대
   북: 학생서국, 1968년, 61~87쪽.

7. 〈명대 북경 건설: 월남의 천재 건축가 완안阮安이 이 건설에 참
   여하다〉(서명 월인越人),《진보일보進步日報》, 천진: 1950년 2월 2
   일.

8. 〈소위영락대전본교주기所謂永樂大典本交州記〉,《국서관》, 1962
   년, 제4기, 52쪽.

35_ 우리나라에서는 交阯라고 쓴다. 지금의 베트남이다. '교지'라는 명칭은 남월
    南越 시대에 이미 있었다. 기원전 111년 한 무제가 남월을 공략하고 지금의 베
    트남 북부지역에 교지 · 구진九眞 · 일남日南 3국을 설립하고 직접 행정관리를
    했다. 교지군은 교지현, 즉 지금의 베트남 하노이를 지배했다. 후에 한 무제가
    중국 전역에 13자사부刺史部를 설립할 때 교지를 포함한 7개군을 교지자사부
    交阯刺史部로 나누었는데 후세에 이를 교주交州라고 칭했다.

9. 〈월남의 의학 명저 —《나옹심령懶翁心領》〉,《도서관》, 1963년, 제1기, 50쪽.

10.《포수경蒲壽庚은 캄파사람이고 아랍사람이 아니라는 설〉,《난주대학학보》, 1979년, 제1기.

11. 〈역사로 보는 중국과 월남 관계〉,《인지연구印支硏究》, 1980년 6월, 제5기, 9~17쪽.

12. 〈영락《교지총지交阯總志》의 발견〉,《난주대학학보》, 1981년, 제1기.

13. 〈월남고폐술략越南古幣述略〉,《학술논단》, 1981년, 제3기, 75~78쪽.

14. 〈장보전張輔傳〉,《중국동남아연구회통신》, 1982년, 제2~3기, 8~16쪽.

15. 〈당대唐代 안남문학사 자료 집일輯佚[36]〉,《인문연구》, 1983년, 제1기, 36~39쪽.

16. 〈마원전馬援傳〉,《중국동남아연구회통신》, 1987년, 제1~4기, 10~13쪽.

17. 〈명 태감 교지인 완안의 북경 건설 고찰[明太監交阯人阮安營造北京考]〉,《중국동남아연구회통신》, 1988년, 제1~2기, 1~4쪽.

18. 〈고병전高駢傳〉,《중국동남아연구회통신》, 1988년, 제3~4기, 11~14쪽.

19.〈교지완근하광전交阯阮勤何廣傳〉,《인도지나印度支那》, 1988년, 제4기, 33~34쪽.

36_ 집일輯佚이란 인용된 형식으로는 보존되었지만 현재의 문헌으로는 이미 사라진 문헌재료를 수집하여 정리한 것을 말한다. 이미 실전된 서적문헌을 부분적으로 회복시키는 것이다. 집일을 거쳐 얻은 문헌은 집본輯本 혹은 집일본輯佚本이라고 한다. 집일연구의 역사와 방법은 원래 다른 학과와 연계되어야 하며 이를 집일학이라고 한다.

20. 〈안남왕조는 주로 화교가 창건했다는 설에 대한 고찰〉,《인도지나》, 1989년, 제3기, 9~13쪽.《전존훈 선생 80세 생일 축수논문집》에 수록, 대만: 정중서국正中書局, 1992년, 281~288쪽. 후에 증보수정하여《북경도서관동인문선》(제3집)에 수록, 북경: 북경도서관출판사, 1997년, 451~459쪽.

21. 〈명대 교지인의 중국 진입 고찰(미완)〉,《동남아종횡東南亞縱橫》(계간), 원래는《인도시나》, 총 제45기, 1990년, 제1기, 17~21쪽.

22. 〈명대 교지인의 중국내 관직표〉,《동남아종횡》, 총 제48기, 1990년, 제4기, 20~27쪽.

23. 〈중국 월남 관계 도서목록〉(중국인 저술),《중국동남아연구회통신》, 1991년, 제2~3기, 36~48쪽.

24. 〈17~18세기 화교가 창건한 해외 낙원—항구국港口國[37]〉,《중국동남아연구회통신》, 1994년, 제2~3기, 1~6쪽.

25. 〈안남서목제요3종安南書目提要三種(남옹몽록南翁夢錄) 등〉,《중국동남아연구회통신》, 1995년, 제1기, 43~47쪽.

26. 〈안남서목제요9종安南書目提要九種〉, (원나라 서명선徐明善《안남행기》, 원나라 진부陳孚의《교주고交州藁》, 명나라 구준丘濬의《평정교남록平定交南錄》·정약증鄭若曾의《안남도설》·신무상愼懋賞의《해국광기안남海國廣記安南》, 청나라 이선근李仙根의《안남사사기요安南使事紀要》·주찬周燦의《사교기사부사교음使交紀事附使交吟》·진원섭陳元爕의《안남군영기략安南軍營記略》·보청寶淸의《월남기략越南紀略》을 포함),《중국동남아연구회통신》, 1995년, 제2~3기, 38~48쪽.

27. 〈안남내속시기직관표자서安南內屬時期職官表自序〉,《중국동남아

37_ 항구국은 광동성 뇌주雷州 사람 막구鄭玖(현 베트남어로는 Mạc Cửu)가 월남 남부에 건립한 화교정권으로 1670년부터 1809년까지 있던 나라다.

연구회통신》, 1996년, 제1~2기, 8~9쪽.

28. 〈안남서목제요 11종〉, (송나라 정송鄭竦《안남기략》·《영락교지총지
永樂交阯總志》, 명나라 이문봉李文鳳의《월교서越嶠書》·왕세정王世貞의
《안남전》·소준蘇濬의《안남지安南志》포함),《중국동남아연구회통
신》, 1996년, 제1~2기, 41~47쪽.

29. 〈안남서목제요〉(《안남기략》·《월교서》·《영악교지총지》포함),《북
경도서관관간》, 1996년, 제1기, 58~62쪽.

30. 〈《중월관계사서목》속편〉《중국동남아연구회통신》, 2001년,
제1기, 34~47쪽.

31. 〈《중월관계사서목》속편(乙)〉《중국동남아연구회통신》, 2001
년, 제2기, 37~45쪽.

32. 〈중월관계사서목속편〉,《중국동남아연구회통신》, 2002년, 제
1기, 40~44쪽.

(二) 잡문집

一. 자서전, 기억

1. 〈자전自傳〉,《중국당대사회과학가中國當代社會科學家》, 1986년,
제9집, 61~75쪽.

2. 〈원동례袁同禮 선생과 국립북평도서관〉,《북경도서관관간》,
1997년, 제3기, 53~59, 92쪽.

3. 〈원동례와 북평도서관〉,《역사월간》, 1996년 9월, 제104기,
88~90쪽.

4. 〈임군성장林君成章(1908~1934)사략事略》《국학계간》, 1935년,
제4권 제4기, 275~276쪽.

5. 〈상각명向覺明 선생과의 일화〉,《서품書品》, 2004년, 제3기, 12~

14쪽.

6. 〈좋은 선생과 유익한 친구와의 우정 ― 왕중민 선생 탄신 100주년 기념〉, 《돈황학국제심포지엄논문집》, 북경: 북경도서관출판사, 2005년, 19~20쪽.

7. 〈나와 영파 천일각〉, 《북경도서관관간》, 1998년, 제4기, 119~123쪽. 《승신嵊訊》, 1999년, 제23기, 95~102쪽. 낙조평駱兆平 편 《천일각장서사지天一閣藏書史志》 참조, 상해: 상해고적출판사, 2005년, 395~404쪽.

二. 독사찰기讀史札記

8. 《장자양생론》, 1928년(무신戊辰 12월 29일).

9. 〈《사기》회음후전淮陰侯傳을 읽다〉, 《하대주간夏大周刊》, 7~8쪽.

10. 《석우釋友》, 무신戊辰 겨울, 1928년.

三. 판본 · 목록

11. 〈고서 선별인쇄의 사적 견해選印古書私議〉, 《북평신보北平晨報》 북신학원北晨學園, 1933년 8월 28일, 9월 1일; 9월 4일에는 〈고서 선별인쇄의 사적 견해 부록 1〉, 5일에는 〈고서 선별의 사적 견해 부록 2〉 또 《섬성일보 剡聲日報》에 게재, 1933년 11월 9, 10, 12일.

12. 〈사고총목 사부목록류史部目錄類 및 자부잡가류子部雜家類에 관한 평〉, 《문화도서과계간文華圖書科季刊》, 1930년, 제2권 제1기, 17~23쪽.

13. 〈중국 역대목록가 전략 범례초고〉, 《하대주간》, 1929년 제210기, 7~9쪽.

14. 〈북경대학 50주년 도서관 선본 도서목록 소개〉(초고).

15. 〈고대필사본서적〉(원래는 〈고대 서적과 인쇄〉였는데 후반의 인쇄부분을 뺐음)(초고).

16. 〈독일 라이프치히 국제도서전 중국고서전시회 설명서〉(초고).

四. 서序와 발跋, 서평

17. 〈장씨중정章氏重訂《삼자경》발〉.

18. 〈《담자조충譚子雕蟲》발〉, 1936년. (담신가譚新嘉를 위해 대신 씀), 목각木刻《가흥담씨유서嘉興譚氏遺書》에 게재.

19. 〈중국고대 여성의 지위(열녀전 영역본)〉, (첨첨瞻)《도서계간》, 1947년 6월, 신제8권 제1~2기, 59~61쪽.

20. 〈《섬록剡錄》발〉, 《문헌》, 1986년, 제3기, 105~106쪽.

21. 〈시정용施廷鏞《중국고적판본개요中國古籍版本概要》서〉, 천진고적출판사, 1987년.

22. 〈(주가렴朱家濂)《고적제발색인古籍題跋索印》서〉, 《도서관학통신》, 1987년, 제3기, 78~79쪽.

23. 〈전존훈 박사의 영문본《종이와 인쇄》를 즐겨 읽다〉, 《중국인쇄》, 1986년 5월, 제12기, 88~91쪽. 《인민일보》(해외판), 1987년 5월 28일.

24. 《전존훈 박사의 명저《인쇄발명 전의 중국도서와 문자기록》을 평가 소개함〉, 《도서관연구와 업무》, 1989년, 제2~3기, 66~67, 78쪽.

25. 〈장수동張樹棟《중국인쇄의 최고》서〉, 백가출판사百家出版社, 1992년.

五. 역사고증

26. 〈문방사보文房四寶〉, 《인민중국》, 1957년, 제8기. 일어번역문,
    50~51쪽. 러시아번역문, 33~35쪽.

27. 〈채륜〉, 《중국고대과학가》, 과학출판사, 1959년, 15~17쪽.

28. Chang Siu~ming, "A Note on the Date of the Invention of
    Paper in China," Papier Geschichte, 1959, (9): pp. 51~52.

29. 〈중국 역대 농구도 일람표〉, 《도서관》, 1963년, 제3기, 21~24
    쪽.

30. 〈중국과 네팔 우의 문제〉, 《광명일보》, 1961년 10월 3일.

31. 〈《회회민족의 형성》에 관한 토론〉(백수이白壽彝 편지에 답하다),
    《광명일보》, 역사교학 4호, 1951년 4월 7일.

32. 〈국립북평도서관 관지기館址記〉, 《국립북평도서관관간》,
    1936년, 제10권 제4기, 3~5쪽.

33. 〈북평모란소기北平牡丹小記〉, 《진덕월간進德月刊》, 제남濟南:
    1937년, 제2권 제10기, 131~135쪽.

六. 고향 문헌

34. 〈송장문절공宋張文節公(知白) 연보〉, 《문헌》, 2001년, 제1기,
    119~128쪽.

35. 〈명대 섬서剡西 장방신張邦信 저서 《백산시고白山詩稿》서〉, 《도
    서관연구와 업무》, 1988년, 제3기, 53쪽.

36. 〈신해혁명 중 항주 광복에 공을 세운 장백기張伯岐〉, 《승신嵊
    訊》, 1992년, 제9기, 109~115쪽.

37. 〈신해혁명의 영웅 장백기와 그의 고향〉, 1997년 12월 11일.

38. 〈신편찬《승현지嵊縣志》에 대한 췌언贅言〉, 《승신》, 1990년 7
    월, 제6기, 150~153쪽. 《승현지편찬통신嵊縣志編纂通訊》, 1989년

12월, 제7기.

39. 〈원조암전袁滁庵傳〉, 《승신》, 1992년 7월, 제10기, 172~175쪽.

40. 〈선조비원태부인행술先祖妣袁太夫人行述〉(초고).

41. 〈외왕모구모응태부인80수서外王母裘母應太夫人八十壽序〉(정서 필사본), 1936년.

42. 〈첨산정기瞻山亭記〉, 《승신》, 1990년 1월, 제5기, 38~39쪽. 《섬계剡溪》, 총제5기.

43. 〈승주시嵊州市 첨산묘瞻山廟 소개〉, 1995년.

44. 〈승현중학교 재학시의 몇 가지 기억〉, 《승신》, 1995년 8월, 제16기, 207~211쪽.

45. 〈《구역송裘懌松 선생 90 탄신기념집》 서〉, 1997년 7월, 1~2쪽.

46. 〈승현의 중요한 비각碑刻 사진 3점〉, 《승신》, 1996년 8월, 제18기, 51~53쪽.

47. 〈승주시 숭인진崇仁鎭 장선교기長善橋記〉, 《승신》, 1998년, 제21기, 3~4쪽.

초고본

1. 송 요관姚寬 저·장수민 집일輯佚 《송섬천요씨서계집집본宋剡川姚氏西溪集輯本》(원본), 승현 문관회文管會 유인본.

2. 《송장문절공宋張文節公(知白)연보》(초고).

3. 《승현고금저술목嵊縣古今著述目》(초고).

4. 《북경도서관 소장 명청 고본서목稿本書目》 2책.

부록 8

장수민 선생과 중국 인쇄사 연구[11]

_한기韓琦

중국의 인쇄와 서적에 대한 연구는 섭덕휘葉德輝의 《서림청화書林淸話》(1911), 손육수孫毓修의 《중국조판원류고中國雕板源流考》[12](1918)에서부터 외숙 장수민 선생의 《중국인쇄사中國印刷史》(1989)의 집대성으로 지금까지 1백 년의 역사를 가지고 있다. 선생의 연구 발자취를 돌아보면 비단 중국의 인쇄사에 영향을 미쳤을 뿐만 아니라 중국 학술사의 중요한 한 장을 차지하고 있음을 알 수 있다.

선생은 1927년 하문대학厦門大學 국문과에 입학하여 수학 내내 수업 외 시간에는 도서관에서 자유롭게 서적을 열람하며 문학과 사학의 튼튼한 기초를 다졌다. 당시에 영국인(T. H. Horne)이 쓴 목록학目錄學 입문서 《목록학연구도론目錄學硏究導論》(An Introducion to the study of Bibliography. London, 1814)을 읽고, 서양판본版本의 목록에 깊은 흥미를 갖게 되었다. 학부시절에 〈송판편년해제목록宋板編年解題目錄〉을 집필하기 시작했고, 목록에 있는 송판서宋板書를 각서刻書, 연

월에 맞게 순서를 나열하여 목록으로 편집했고, 모든 서적의 목판 인쇄서의 서와 발에 상세하게 기재하여, 판각한 사람과 시기, 장소의 문제까지 해결 했다. 먼저 남송의 고종高宗·효종孝宗·광종光宗·영종寧宗·이종理宗 부분(북송에도 초고가 있음)을 완성하고, 후에 우선 효종과 광종 두 편을 발표했다. 즉 목록에서 발췌하여 개편한 것이다. 저명한 태허太虛 법사가 《송판편년해제목록宋板編年解題目錄》의 서문을 썼다.

중국에서 목판 인서는 비록 당나라 때부터 있었지만 관리가 판각한 것은 풍도馮道 때부터 시작했는데, 이것은 인문사人文史에서 칭송을 받을 만한 시대적 발명이다. 오대십국 시대에는 전쟁이 빈번했기 때문에 목판 인쇄 서적은 송나라에 들어와 더욱 정교해지고 흥행하게 되었다. 그래서 국내외에서 소장한 중국서적 중 송대의 판본이 가장 귀하다. 교감에 참고할 수 있을 뿐만 아니라 소중한 골동품이다. 이리하여 판본학에 대한 고찰은 목록학이라는 학문을 만들었다. 고서가 오래되었는지 아닌지는 시기와 관계되는데 같은 송나라라 하더라도 전후 간 300년이라는 시간적 차이가 난다. 그러나 송나라 말기와 원나라 초기는 시기적으로 서로 맞물려 있다. 허지만 옛사람들은 왕조에 따른 분류만 하고 정확한 연도는 표시하지 않았으니 이는 학문에 있어서 큰 누락이라고 할 수 있겠다.

장수민 선생은 이 점을 매우 안타깝게 여기어 송판의 편년사를 작성하는 데 심혈을 기울였다. 연도에 따라 순서를 배치하고 날짜를 써 넣어 해제解題를 달았다. 이렇게 각 수집가들의 손을 거친 목록을 보면 어떤 서적의 현존 여부를 바로 찾을 수 있게 되었다. 상세하게는 판각한 사람의 이름까지 기록이 되어 있다. 개보開寶 5년부터 상흥詳興 2년까지 4만여 권이 색인에 추가되고 겸하여 기사본말의 장점을 살려서 편년사의 결점을 보충할 수 있었으니 선생의 노력은 실로 대단하다고 할 수 있다. 당시 사상의 격동과 정치적 불안정 속에서도 장수민 선생은 쉬지 않고 부지런히 달렸다. 시간이 부족하여 매일같이 도서관에 머물며 학문을 연구했다. 선생의 포부는 실로 남달랐다. 목록을 편집한 서적 중 불교 서적이 거의 반을 차지했기에 나에게 서문을 써달라고 부탁했다. 가희嘉熙 3년에 지어진 안길주安吉州 사계思溪 법보자복선사法寶資福禪寺에서 판각한 대장경은 5,740여 권에 달한다. 정화政和에서 소흥 연간 복주 개원사에서 각인한 대장경은 5백 함函인데 함마다 10권이 있다. 원풍元豐 3년 복주 동선사東禪寺 등각원等覺院에서 5천여 권을 판각했고, 그 밖에 개보 5년에서 희녕熙寧 4년까지 사천에서 판각한 13만 판이 있다. 송나라 말 상흥 원년에 항주 남산 보령사普寧寺의 대장경 및 단독으로 새긴 것을 합치면 응당 2만여 권 남짓이 있다.

세 종류의 대장경은 일본에 모두 있었다. 가희嘉熙 연간의 대장경은 중국의 양수경楊守敬 군이 일본에서 일부 완전하지 못한 것을 사들여왔고, 모자란 권수는 6백여 권에 불과했다. 나는 불가서를 많이 읽었어도 목록 검사를 염두에 둔 적이 없고, 판본에 대해서는 더더욱 관심이 없었다. 하지만 이 책을 통해 현존하고 있는 중국 송나라의 각본(刻本) 불가서를 알게 되어서 너무나도 기쁘고 만족스럽다.

_민국 19년(1930) 3월 말 하문廈門 남보타南普陀에서 태허太虛[13]

스승이신 주안등周岸登 선생도 〈송참경적편년록宋槧經籍編年錄〉의 머리말을 써 주셨다.

━

정묘丁卯년에 나는 하문대학에서 학생들을 가르쳤다. 여러 학생 중에 고지식하게 열심히 배우던 학생이 두 명 있었다. 한 사람은 문과 본과本科의 장수민이었는데 그는 승현 사람으로 자字는 척첨滌瞻이다. 또 한 사람은 국학國學 전문대학의 포수당包樹堂이었다. 그는 상항上杭 사람으로 자는 백불伯芾이다. 두 사람은 낮에는 도서관에서 책에 파묻혀 살았고 밤새 되풀이 읽고 썼다. 그렇게 쉬지 않고 부지런히 학문을 연구했다. 그들의 학문에 대한 열정은 아마 태산이 그 앞에서 무너져도 모를 것이며, 뒤에서 번개가 쳐도 알지 못할 것이다. 세상 그 무엇도 그들의 눈길 한 번, 마음 한 번 훔치기 어려웠을 것이다. 아 이 얼마나 놀라운 집중력인가! 백불은 시문과 사곡詞曲을 함께 공부했다. 척첨은 간혹 고증문헌도 보았지만 그다지 관심이 없는 듯했고 목록학을 더 좋아했다. 백불이 집필한 《정군예문지汀郡藝文誌》는 내가 서문을 써 준 적이 있다. 척첨은 처음에 유향劉向 부자와 반고班固로부터 시작해 청나라까지 모든 목록으로 세상에 전해져 내려온 서적 중에서 사람의 전傳이 있으면 사史와 전傳 백가百家의 문장을 모두 참고하여 보고 들은 대로 설명을 하되 지어내지는 않았다. 그리고 같은 종류대로 분류하고 저서의 요지와 체제만을 밝히니 너무나 많았다. 규모가 방대하여 성과를 낸다는 것은 그리 쉬운 일이 아니었다. 그리고 현존의 모든 서적을 다 확인하는 일은 그것이 뒤섞여 참고하기에 부족하여 잠시 놔두고 이에 《송참경적편년록》 몇 권을 썼다. 이 《송참경적편년록》은 1년 단위로 묶어 책을 만들었다. 경經·사史·자子·집集, 불교·도교 서적은 물론이고 간행 연월일을 알 수 있는 것은 모두 연도에 따라 정리했다. 비록 그 판본이 지금 있고, 송본이 지금 있다 해도 그 연월을 알 수 없거나 혹은 연월이 위조된 것은 모두 제외했다. 이 얼마나 엄격한가! 또 신중을 다하여 판각한 사람과 장소를 찾아내고, 서와 발을 기록하고, 각경刻經의 원문願文을 평론하고, 판각공의 이름과 변란邊欄, 어미魚尾, 행수, 글자 수, 피휘자, 획을 빠뜨린 글자 등 빠짐없이 자세하게 기록했다. 이 또한 얼마나 신중한가! 척첨이 만든 책이 실로 대단하지만 그래도 나는 두 가지를 얘기하고 싶다. 첫 번째로는 연도를 알 수 없는 서적을 기입하지 않은 것은 이를 홀시했을 뿐만 아니라 앞으로 고증하는 사람에게는 완벽하지 않은 느낌을 주고 한탄하게 할테니 이는 안될 말이다. 두보와 한유의 여러 집集의 편년의 예를 참고하여 별록으로 한 권을 만들어 본서의 부록으로 하면 될 것이다.

두 번째로는 불교 관련 서적이 너무 많아 일괄적으로 순서대로 편집했는데 감수자가 복잡한 것을 싫어해 선별할 가능성이 있기 때문에 이 역시 안 될 일이다. 완효서阮孝緖의《칠록七錄》과 왕검王儉의《칠지七志》를 전례로 들자면 경사자집 만큼은 못하지만 세월이 흘러도 아직 정통을 지키고 있듯 그런 책을 만들기를 바라는 것이 나의 바람이다. 나의 의견은 이미 척첨에게 알렸다. 과연 그가 나의 의견을 수렴할지는 모르겠다.

_경오庚午년 여름에 위원현威遠縣에서 주안등.

재학 기간에〈사고총목 사부목록류史部目錄類 및 자부잡가류子部雜家類〉와〈목록학가범례초고目錄學家凡例初稿〉를 발표했다.〈목록학가범례초고〉는《하대주간厦大周刊》에 실렸는데 근대 장서가들에 대한 저서를 정리한 내용이다. 이를 통해 선생의 대학교 시절부터의 학술적 염원을 엿볼 수 있다. 이 밖에도〈송참본과 요람본[宋槧本與搖床本]〉을 집필하여 송판본과 15세기 유럽의 요람본搖藍本과의 차이점을 비교하여 천진의《국문주보國文周報》로 송고했다. 당시 선생은 20대 초반이었다. 그 논문은 인쇄사를 공부한 첫 번째 작품이었고 선생의 인생에도 많은 영향을 끼쳤다. 1930~1931년 사이 졸업 논문으로《송활자판고宋活字版考》[14]를 써 문학사 학위를 취득했다. 이 논문을 쓰게 된 동기에 대해서 선생은 다음과 같이 쓰셨다.

___

19세기 초에 영국 목록학자 Horne(T.H.)이 "목록학 안에 인쇄술사보다 더 중요한 것은 없다"고 했다. 그래서 그는 An Introduction to the Study of Bibliography (London, 1814)라는 책을 썼는데 인쇄술의 기원 및 진보를 논한 것이 유독 상세하다(모두 130여 페이지임. p.144~277). 그 안에는 중국 인쇄 방법에 대해서 언급한 것이 여러 페이지 있다. 후에 이 서양학자는 이 문제를 많이 연구했지만 조사 변별이 치밀하지 못하고 게다가 오류도 많다. 1925년 콜롬비아대학 교수 Carter (T.F.) 박사의 《중국인쇄술의 발명 및 서양전래》(The Invention of Printing in China and its Spread Westward. New York, 1925)라는 책이 출간되었는데 후발주자가 선발주자를 뛰어넘는 것처럼 여러 학자들을 집대성했다고 할 수 있겠다. 중국과 서양의 자료를 망라하여 수집하고 융합 관통하고 게다가 박식한 사람들의 도움을 받아 성취할 수 있었으니 이는 이전 사람들이 따르지 못하는 점이다. 그 책을 보니 소략함을 면치 못하고 있다. 예를 들면 송대 목판 인쇄 대장경(Tripitaka)을 단지 개보 5년(972)의 1장 만을 언급했고 촉나라에서 판각했다는 점도 말하지 않고 있다. 복주 동선사와 개원사의 두 대장경은 절강 호주의 전사계장前思溪藏(소흥 초에 호주 귀안현歸安縣 송정향松亭鄕 사계에 거주하던 왕영종王永從이 좌무대부左武大夫 밀주密州 관찰사를 퇴임한 후 사재를 털어 사계 원각선원에서 판각하도록 명했음, 1132년), 후사계장後思溪藏(가희嘉熙·순몰淳沕 연간에 안길주安吉州 사계 자복선사資福禪寺에서 간행, 1239년)이 있다. 또 단평端平 2년(1234)에 간행된 적사연성원판磧砂延聖院版도 있다. 모든 대장은 각 5천여 권으로 방대한 작업이었는데 한 글자도 언급이 없다. 이 책의 제22장에서는 "중국활자판의 발명"(p.159~168)을 서술하고 있는데 겨우 원나라 왕정王禎의 《농서農書》가 활자인쇄법을 사용했다는 것에 의거하여 송대 활자판이라는 것만을 3페이지(p.159~161)만 언급하고 있다. 심괄의 《몽계필담夢溪筆談》에 기록된 필승畢昇에 대해선 전부 영문으로 번역해 놓았을 뿐이고 그 이상 발전을 시키지는 못하고 있다. 마지막에 또 유암留菴[38]의 《중국조판원류고中國雕板源流考》만을 근거했다. 비록 이것이 Carter씨의 잘못이라고는 할 수 없고 중국 학자들의 논술도 이보다 나

38_ 손육수孫毓修의 호다.

을 것은 없다. 예를 들면《서림청화》권8에서 송 이래의 활자판을 서술하고 있는데 명대는 아주 상세하지만 송은 간단히 했고 송대를 논할 때는 겨우 3~4백 글자일 뿐이다.《조판원류고》에서도 활자 도서 인쇄를 말할 때는 왕정의《농서》및《무영전취진판정식武英殿聚珍版程式》원문을 모아 놓아 편폭은 확장되었지만 그러나 교감이 정확하지 못하고 틀린 글자가 너무도 많다. 송 활자판을 기술할 때도 역시《몽계필담》및《천록임랑天祿琳瑯》약 1백여 자만 초록해 놓았을 뿐이다. 그리고 명청 여러 장서가들을 소급하여 논할 때도 겨우 송판의 구口·선·어미·행관자수行款字數만 논할 뿐이고 천수활자판天水活字版에 관해서는 체계적인 기록이 전혀 없다.《해여총고陔余叢考》·《장서기사시藏書紀事詩》와 같은 것을 어쩌다가 약간 논급했지만 만나기가 수를 셀수 없을 정도로 적다. 일본의 서점 에이[英遪][39]에《활자판목록》(원서는 보지 못함)이 있다고 들었는데 중국 송활자판 도서를 기록했는지는 알 수 없다. 또 독일의 Hülle(Hermann)가 중국활자판 역사 및 고려에서의 발달에 관하여 15페이지에 걸쳐 간략하게 서술했다고 하는데 그 책에서 송활자판에 대해 어떻게 논했는지는 알 수 없다. 대저 인쇄사라는 것이 목록학상의 지위는 엄연히 중요하고 송대 활자판이 세계 인쇄사에 있어 창시자라고 할 수 있는데 논술이 없다면 어찌 유감스러운 일이 아니겠는가? 이것이 본서를 쓰는 중요한 이유다.

카터(T. F. Carter, 1882~1925) 저서의 발표는 중국인에게는 커다란 자극이었음은 의심할 바 없고 중국인들의 인쇄사에 대한 흥미를 야기했다. 1926년부터 상달向達(1900~1966) 선생의 번역문이《도서관학계간圖書館學季刊》에 계속 발표되었고[15] 1926년에 장음린張蔭麟이《학형學衡》잡지에서 역시 이에 대해 언급하며 학술계의 반향을 불

39_ 본래는 万笈堂英遪이다.

러일으켰으니 이로써 전체적인 모습을 알 수 있다. 선생의 일생과 중국인쇄사와의 연분은 또한 카터의 전문서적과도 관계가 있다.

하문대학에서 공부하는 동안 국학과 외국어를 막론하고 모두 견실한 기초를 닦았으며 국문·영문을 필수로 수강했고 또한 프랑스어·일어·독일어·라틴어 수업도 선수과목으로 들었으며 성적이 우수하여 해마다 장학금을 받았다. 당시 대학 졸업생은 아주 적었지만 취업을 하기에는 상당히 곤란했다. 이립李笠 스승이 학생의 장래에 대해 몹시 관심을 가져주서서 발표한 논문을 당시 국립북평도서관 관장이신 원동례袁同禮 선생[40]에게 추천을 했고 원선생은 즉시 도서관의 명의로 회답을 보냈는데 신관이 낙성되었는데 사람이 필요하니 속히 올라오라는 내용이었다. 이리하여 졸업식에도 참석하지 못하고 상경하여 1931년부터 1971년 퇴직할 때까지 북경도서관에서 40년간이나 재직했다.

선생은 북평도서관에 들어온 후 상달 선생이 번역한 카터의 저서를 읽고는 몹시 가치가 있다고 느꼈다. 인쇄술은 중국의 위대한 발명품인데 이 책이 외국인의 손에서 나왔다는 사실은 선생이 중국인쇄사를 쓰겠다는 뜻을 세우도록 했다. 이리하여 책을 열람할 때마다 인쇄사 자료에 대해서 특별히 주의를 기울여 2년의 시간을 들여서 도서관에 있는 전체 송판서 약 355종을 일일이 읽어 《송판서경안록 宋板書經眼錄》 2책과 《송각공명록宋刻工名錄》 2책을 완성했다. 또 명 가정 연간에 재필사한 《영락대전》 잔본 2백여 책을 읽고 수십 년 동안 큰 서고에 있는 수천 종의 지방지·시문집·필기소설 및 일문·서양판본목록학 도서를 섭렵하여 중국인쇄연구를 위한 광범위한 자료 선택의 원천이 되었다. 원동례 선생이 도서관장이 되었을 때는 친히

40_ 앞의 부록 7에서 장수민 선생이 직접 당시 원동례 선생은 부관장이고 채원배가 관장이었다고 썼다. 조카인 한기가 잘못 안 듯하다.

모든 일을 열심히 했는데 그는 공공도서관으로서의 직능을 발휘했을 뿐만 아니라 동시에 도서관을 하나의 학술연구 기구로 하여 일련의 전문성을 갖고 있는 학자들을 망라했다. 즉 상달向達·조만리趙萬里·사국정謝國楨·손해제孫楷弟·왕중민王重民·담기양譚其驤 같은 분은 정말이지 일세의 영재들이 모였으니 이런 농후한 학술적 공기 속에서 선생 역시 절차탁마의 좋은 훈도를 받게 되었다.[16] 당시 선생은 경산 뒤 이사아문御史衙門 북평도서관 기숙사에 살고 있었는데 그 당시 거주한 분들로는 담기양·임성장林成章·사홍요謝興堯·천가구千家駒 선생 등이 있었다. 북평도서관에 들어간 후에 선생은 차례로 〈금원감본고金源監本考〉(1935)·〈송 효종시대의 각서술략宋孝宗時代刻書述略〉(1936)·《송 광종 시대의 각서[宋光宗時代之刻書]〉(1937) 등의 논문을 발표하여 송판서의 판각연대에 대하여 체계적인 분석을 진행해 나갔다.

1931~1937년 사이 선생은 주로 북평도서관에서 편목작업을 했다. 1937년 '77'사변이후에 망국을 통감하고 선생은 잠시 인쇄사와 판본목록학 연구를 미루어두고 방향을 바꾸어 안남사를 연구했고 다량의 중국과 월남 과거사자료를 수집하여 '교지문고交阯文庫'의 중요한 소장자가 되었다. 이 시기부터 해방(1949) 전까지 선생은 《학원學原》에 〈참파인들의 중국 전입 고찰[占城人Chams移人中國考]〉·〈명대에 중국에 있던 교지인交阯人의 공헌〉 등의 논문을 발표했는데 이 영역에서 경전적 작품이 되었다.

1949년 이후에 선생은 다시 중국인쇄사를 연구하기 시작하여 '문화대혁명' 때까지 했다.[17] 1952년 10월에 중국인본서적전람회에 맞추기 위하여 〈중국인쇄술의 발명 및 아시아 각국에 대한 영향〉이라는 글을 《광명일보》에 발표했고 후에 《문물참고자료文物參考資料》에 전재되었다. 이 문장 발표 후 학술계의 호평을 얻고 이 문장을 더 확충하라는 요청을 받아서 《중국인쇄술의 발명 및 그 영향》이라는 책을 쓰게 되었고 1958년에 인민출판사에서 출판되었다. 일본의 유명한 사학자인 간다 기이치로가 이 책을 보고 칭찬을 많이 했고 1960년에 히로야마 히데노리[廣山秀則]가 일어로 번역 출판했다. 한때 일본·소련·미국의 간행물에 책에 대한 평가와 보도가 있었다. 원시자료 방면에선 초기의 실물이 결핍되어 인쇄기원에 관한 문제는 의논이 분분했는데 이 책에서 상세하게 역사문헌의 기초 위에서 고찰하여 7세기 당 정관 시기에 이미 인쇄술을 발명했다고 추정했는데 이는 상당히 합리적인 결론이다. 이외에 활자인쇄의 연구는 본서에서 가장 힘들고 신중하게 쓴 부분 중 하나다. 과거 활자인쇄사를 논할 때는 필승에서부터 시작했고 이어서 원나라 왕정으로, 또 왕정에서 명대의 화씨華氏·안씨安氏까지였는데 이 책에서는 양고楊古·마칭덕馬稱德의 활자인쇄 도서까지 거론하고 있어 왕정 전후의 공백을 보충해주고 있다. 또 금속활자를 서술할 때는 동시에 동판銅版·석판錫版·인쇄지폐까지 언급하고 투인套印을 서술한 후에는 또 부가적으로 납인의 기원까지 설명하고 있는데 모두 독창적인 견해다. 이전의 니활자 인쇄도서에 관한 재료는 송대 필승이 발명했다는 것을 알 뿐이고 그 후에 사용했다는 기록은 발견하지 못했는데 선생은 원대와 청대에서 니활자를 사용했음을 밝혔으니 이처럼 중국에서 니활자를 사용한 기록을 연결해 나가고 있다.

인쇄술은 중국 고대의 중요한 발명의 하나로 세계 문화사의 발전을 촉진시키는 데 있어 커다란 추진작용을 했으며 깊은 영향을 만들어 내었으나 역대의 연구는 중국인쇄술의 영향문제에 대해 언급한 것이 극히 적었다. 카터의 《중국인쇄술의 발명과 서방 전파》에서는 단순히 서양으로의 전파에 대해서만 논술했고, 중국인쇄술이 한국과 일본에 전래된 것에 대해서 거론은 했지만 그다지 상세하지 못하고 다른 아시아 각국 중에서 이란을 제외하고는 한 글자도 거론하지 않았다. 그러나 이 책은《이조실록》등 자료에 근거하여 조선의 동활자와 연활자의 세계인쇄사에 있어서의 지위를 설명했고 원말에 중국의 대량의 각자공들이 일본에서 판각을 하여 일본인쇄사업에 있어 공헌을 했음을 밝혔다. 또한 월남과 유구의 고대 도서간행의 정황을 소개했고, 또 중국의 천주교도들이 필리핀에서 도서간행사업을 창업했음을 논술했으니 이런 성과는 카터 서서의 부족함을 보충해주며 여러 차례 중국 안팎의 학자들에 의해 인용되었다.

《중국인쇄술의 발명과 그 영향》은 단지 중국인쇄사의 처음과 마지막의 두 부분으로 그중 당唐·오대 이후부터 청말에 이르끼까지는 여전히 깊은 연구가 필요하다. 1961년쯤에 오함吳晗 선생이《중국역사소총서中國曆史小叢書》를 편찬하자고 발기하여 선생은 이에 응하여 《활자인쇄사화活字印刷史話》를 저술하여 1963년에 중화서국에서 초판을 내었고 이후에 여러 차례 재판이 나왔다. 후에 선생은 또 계속하여 여러 편의 글을 발표했는데 활자인쇄사에 대한 연구는 특별히 명청 동활자·니활자·목활자의 연구 등 방면에서 깊은 연구를 했다. 수많은 새로운 사료들을 발굴하여 중국활자인쇄사의 기초를 다져 놓아 학술계의 높은 평가를 받았으며 널리 인용되고 있다.[18]

'문화대혁명' 기간에는 거의 연구를 중단했다. 1971년 퇴직하여 낙향해서도 여전히 지칠줄 모르고 자료의 수집과《중국인쇄사》집필에 힘을 다하였다. 몇 차례나 천일각·항주(절강도서관)·상해(도서관)·소주·북경에서 자료를 찾으며 그동안 〈오대 오월국의 인쇄〉(1978)를 발표하여 오월국의 인쇄에 대해 전면적으로 명백히 논술하여 여러 차례 학자들에게 인용되었다. 이 시기에 또 인쇄의 기원에 대해 깊은 연구를 진행하여 〈목판 인쇄는 당초 정관에 시작되었다는 설〉(1979), 《목판 인쇄는 7세기 당초 정관에 시작되었다는 설의 재론〉(1982)을 발표했다. 〈한국에서 발견된 불경은 당인본이라는 설〉(1981) 논문은 처음으로 한국 경주에서 출토된 《무구정광경無垢淨光經》은 중국에서 인쇄하여 신라로 가지고 갔다는 것으로 이 설은 학술계의 폭넓은 지지를 받았다.[19] 이외에 명대 인쇄사에 대해서도 전면적인 연구에 들어가 〈명대 도서간행이 가장 많은 곳은 건녕서방〉(1979), 《명대 북경의 도서간행〉(1979), 〈명대의 활자인쇄〉(1980), 〈명대 남경의 도서간행〉(1980) 등의 문장을 발표한 후 학자들의 중시를 받았으며[20] 이 연구는 인쇄사연구의 중요한 문헌이 되었다. 선생이 발표한 논문은 인쇄사의 지역성 연구의 선구가 되었다. 활자인쇄사에 관한 논문은 즉 기초를 다진 작품으로 전존훈 선생은 일찍이 "그가 과거에 발표한 중국전통인쇄방면에 관한 문장과 전문서는 내용이 충실할 뿐만 아니라 수량도 굉장하지만 또한 분석도 상세하고 구성이 엄밀하며 견해가 독창적인 것이 특히 그 문장의 특색이다"고 평했다(전존훈 《중국인쇄사》 서 참조)

상술한 논문 발표는 중국인쇄사를 위한 확실한 기초를 놓아 주었다. 선생은 종종 고정림顧亭林의 명구 "반드시 이전에는 없는 것이어야 하고 후세에는 없어서는 안 되며 후세를 위한 것이어야 한다"고 한 말을 자신에게 요구하며 50여 년의 심오한 연구를 거쳐 끝내 1985년에 《중국인쇄사》를 완성하여 1989년에 상해 인민출판사에서 출판했다. 전존훈 선생은 "이는 전면적이고, 상세하고 빠짐이 없으며 체계가 있는 중국인쇄사에 관한 집대성의 저서로 전문영역에 있어 사람들의 인식을 풍부하게 해줄 뿐만 아니라 이 방면의 공백을 메꾸어 주었다"고 평했다. 중국문화사와 과학기술사의 연구에 있어 중요한 한 장을 보태었다. 이 책은 《중국인쇄술의 발명 및 그 영향》

에 수많은 것을 보충한 것으로 내용이 광범위하고 체제는 거대하고 사상은 정밀하다. 인쇄술 발명 이래 1천여 년간의 모든 판각도서와 인쇄도서의 역사를 망라했고 각 시대의 도서간행 장소, 각본의 내용, 판본의 특색, 각자공 인쇄공의 생활과 사적事跡 및 각종 판각인쇄의 방법을 50만 자로 상세하게 소개했다. 기타 서적 이외의 각종 인쇄품, 예를 들면 판화·연화年畫·신문·지폐 및 인쇄에 필요한 사종의 물건들인 종이와 먹 등의 문방용품에 대해 모두 신선한 자료와 독창적인 견해를 제공하고 있는데 이는 지금까지 보아온 것 중에서 가장 완벽하고 체계적인 권위가 있는 저서이다.

이 책에서는 당·오대·요遼·금金·서하·대리大理·원·명·청(태평천국 첨부) 등 각 시대 인쇄의 개황을 논술하고 있는데 각 시대의 인쇄에 대하여 먼저 총론을 말하고 다음에 목판 도서간행의 지역, 각종 관과 민간의 각본, 판각도서의 서방書坊, 각본의 특색을 논했고 그 다음으로는 각 시대의 활자본을 논했다. 또 인본내용을 논술하고 사부의 차례에 의해 약술했지만 조금 변통을 주고 있다. 번부본藩府本은 명대의 독특한 도서로 비록 일찍이 주의를 한 사람이 있었지만 그러나 전면적이지는 못했다. 명대에는 책을 제작할 때 관리들이 돈을 내어 도서를 판각했는데 이 역시 역대에 없던 일이다. 국각본局刻本과 사가私家에서 총서를 교정하여 간행한 것은 청대의 특징이므로 이 책에서는 더욱 논술을 더했다. 아편전쟁 후에 서양 인쇄 방법인 석인石印·연인鉛印이 중국으로 수입되었는데 이 책에서는 석인이 중국에 유입된 연대를 시정했고 더구나 한문 연활자를 주조하는 곡절 많은 경과를 서술했다. 명대 무석의 화씨華氏 동활자인서, 휘파 판화의 황씨성을 가진 각자공에 대해서 이전에 서술했던 것은 가계가 바뀌고 혼란스러웠는데 모두 시정을 했다. 또 인쇄술과 사회문화 발전 간의 관계를 더욱 고려했으니 이 책 역시 중국문화사의 훌륭한 작품이다. 선생이 북경도서관에서 40여 년간 업무를 하면서 훑어본 선본이 가장 많고 파악한 자료도 풍부했으므로 이런 전면적인 통사를 쓸 수 있는 우월한 조건이 구비되어 있었다.

《중국인쇄사》가 출판된 후, 학술계에 커다란 반향을 불러일으켰다. 호도정胡道靜 선생은 "선생이 쓴 저서의 출판은 제지술과 인쇄술을 발명한 고국을 앞장서도록 했습니다. 이로써 중국인 스스로 쓴 전문적인 역사가 있게 되었으니 문화사 · 기술사 · 국정교육상에 있어 일대 휘황한 사건으로 삼가 충심으로 축하를 드립니다"고 했다.[21] 저명한 역사가인 담기양 교수는 "대작의 내용이 풍부하고 상세하니 전무후무함을 의심할 바가 없으며 아마 후세 사람도 이를 넘기 어려울 것입니다"[22]고 했다. 선생이 중국인쇄사 연구 방면에서 걸출한 공헌을 했으므로 1987년 10월에 《중국인쇄사》(교정쇄)는 중국인쇄기술협회에 의해 제1회 '필승상畢昇賞'과 '모리사와 노부오[森澤信夫]상'을 수상하게 되었고, 이후에 또 중국과학기술사학회의 제1회 전국과학기술사 우수도서명예상(1989년 11월) · 제4회 중국도서상 2등상(1990) · 화동지구우수도서 1등상(1990)을 수상했다. 전존훈 교수는 "선생의 인쇄사 방면에 있어서의 공헌은 같은 분야 사람들의 영수로서 대중들이 존경하는 바입니다. 이번의 대작(《중국인쇄사》를 말함)이 출판계의 상을 받는 것은 실로 명실상부한 것이며 존경을 마지않는 바입니다. 삼가 다시 축하드립니다"[23]고 했다. "대작의 자료가 풍부하고 내용이 충실하고 분석이 상세하고 명확하며 견해가 독창적인데 이와 같은 졸서拙序로 말하는 것이 확실히 헛됨이 아닙니다"[24] 1997년, 대만인쇄계에서 호화판 《중국인쇄사》(제목을 《중국인쇄사논총中國印刷業論叢》으로 바꿈)가 출판되었으며 각 대학 도서관에 나누어 보내 주었다.

《중국인쇄사》 출판 후의 근 20년간 중국인쇄사의 연구범위는 이미 전통의 판본목록만을 토론하는 것이 아니라 또한 인쇄와 관계되는 물건인 종이 · 먹 · 붓 · 벼루의 관계 및 인쇄의 기술과 사회 경제 문화와의 관계까지 고려하게 되었다. 이리하여 수많은 인쇄사 방면의 전문서적이 출현했고 지역인쇄사(예를 들면 건양과 휘주) · 활자인쇄사 · 불경인쇄사 · 중국근대인쇄사 등 각 방면에 모두 장족의 발전이 있게 되었다. 동시에 또 수많은 구미 학자들이 중국인쇄사의 연구에 종사하게 되었다. 관련 정기 간행물에서도 중국인쇄사 연구 특집호를 출판했고 또한 적지 않은 전문출판이 나오게 되었다. 즉 안휘의 휘주 · 복건의 건양 · 명대인쇄사 및 19세기 상해인쇄와 출판업의 연구에 관한 것 등등으로 이런 성과는 사료의 발굴과 연구방법 면에서 모두 중국인쇄사 연구자에게 본보기로 삼을 만한 가치가 있다.

프랑스 학자 Lucien Febvre와 Henri Jean Martin의 명저 《서적의 탄생》(L'apparition du livre, Paris, 1958)이 출판된 이래[25] 서양인쇄사의 연구는 이미 커다란 성과를 올렸다. 구미 학자들은 인쇄가 유럽사회의 변혁, 문화의 변천, 교류 속에서 갖는 역할에 관심을 갖는다. 서양에서 일어난 영향에 있어서도 서로 다른 영역에서 서적사書籍史와 독서사讀書史의 각도에서 서적이라는 문화체제를 연구하고 출판업 · 인쇄업과 문화 사회의 관계를 연구했다. 기쁜 것은 그들이 저술한 인쇄사 연구의 전문 서적이 근년에 중국어로 번역되어 출판된 일로[26] 점차 중국인들에 의해 이해되니 이런 성과는 중국인쇄사의 연구를 위한 방법론의 계시를 제공해 줌은 의심할 여지가 없다. 근년에 인쇄사의 연구는 비교적 인기 있는 학문영역이 되었으며 국내외에서 모두 수많은 논문과 전문서적이 출판되고 있다. 금년에 선생의 백세 생신을 맞아서 수정본의 출판이 학술계의 수요를 만족시킬 수 있기를 희망하며 더욱더 많은 젊은 학자들이 인쇄사연구의 행렬에 참가하기를 기대해본다.

발跋

작년 갑자년 단오에 《중국인쇄사》 자서自序를 다 쓰고 난 후에도 여전히 수정작업을 계속하여 12월 초에 네 번째로 항주에 와서 정리를 하니 또 수만 자가 늘어났다. 게다가 〈중국인쇄사대사년표〉를 다시 편집했다. 금년 4월에 이르러 전체 원고를 누이동생 장전영張全瑛이 정서를 다 마치니 약 50여만 자가 되었다. 서문에서 아름다운 인쇄체의 새로운 글자를 만들자고 건의했는데 최근에 인쇄업계의 유관 방면에서도 이 일이 몹시 중요한 의의가 있다고 여기게 되었다. 《중국인쇄》잡지는 1984년 6기부터 이미 세 종류의 새 글자체로 선정된 우수작품을 출간했다. 더욱 많은 서예가, 미술가 들이 이런 일에 참가하여 안진경 · 유공권 · 구양수 · 조맹부의 해서체, 행서체, 예서체, 전서체(표제용) 등 각종 눈에 띄고 미관상 아름다워 쉽게 읽히는 새 인쇄체를 주조하여야만 한다. 인쇄박물관에 관해서는 인쇄계의 지식인 사들이 작년에 북경에서 준비위원회를 성립하여 기금을 모집하여 전시할 물품을 모으기 시작했다. 실은 몹시 기쁜 소식으로 하루빨리 국제적인 명성을 갖춘 중국인쇄박물관이 건립되기를 희망한다.

_1985년 6월 22일 을축년 단오절에 장수민이 항주 북쪽교외에서 쓰다.

* 이 책의 초교는 1987년 10월에 중국인쇄기술협회의 '필승상'과 일본 '모리사와 노부오[森澤信夫]상'을 수상했다.
1988년 8월 장수민이 또 쓰다.

수정증보판 발跋

《중국인쇄사》는 1985년에 완성된 이후 이미 20년의 시간이 흘렀고 1989년 출판 후에 외숙부는 줄곧 끊임없이 수정을 해오셨으며 책 윗부분에 의견이나 비평을 많이 적어 넣었는데 그것이 4만여 자에 달했다. 2002년부터 외숙부의 부탁을 받고 전체에 대한 증보를 시작했다. 임무를 넘겨받은 이래 수정 작업이 몹시 복잡하고 빈접하다는 것을 느꼈다. 책위에 적어 놓은 몇몇 의견들은 식별하기가 어려워서 전부 보충할 수가 없었다. 또한 시간의 제약이 있어서 새로운 성과를 소화할 수 없었다. 보완하기 위하여 새롭고 상세하게 인쇄사 논저목록을 편집했고 2006년 9월까지의 중국인쇄사연구에 관한 최신 성과를 수록했는데 이 목록이 중국인쇄사 연구자들에게 도움과 이익이 될 수 있기를 희망한다. 병술년 12월 초8일은 외숙부의 100세 탄신일로《중국인쇄사》수정본의 출판은 바로 가장 좋은 생신 선물이다. 수정본이 세상에 나와서 중국인쇄사 내지는 중국과 서양 인쇄사의 비교연구에 더욱 많은 추진역할을 할 수 있기를 희망해본다. 또한 더욱 많은 학자들이 인쇄사와 전적사 연구의 행렬에 참가하기를 희망해본다. 더욱 다양한 각도에서 인쇄와 중국사회 · 학술 · 문화변혁의 관계를 탐구하여 중국인쇄사 연구가 날로 완벽해지기를 바란다.

이 책의 사진은 국가도서관 선본부 장지청張志淸 선생 · 소품홍蘇品紅 여사의 적극적인 협조를 얻어서 수집할 수 있었다. 이제녕李際寧 선생은 장경도편藏經圖片의 선택에 심혈을 기울여 주셨고 또한 수고롭게도 삽화설명을 써 주셨다. 진위陳爲 여사 · 조전趙前 선생은 선본도편을 고르는 일을 책임져 주셨는데 조금도 빈틈이 없는 정신은 사람을 감동시켰다. 위력韋力 선생은 자신이 소장한 보배같은 도서들을 아낌없이 제공해 주시고 도편을 스캐닝해 주셨다. 천진도서관 이국경李國慶·백이용白莉蓉·계추화季秋華, 상해도서관의 진선행陳先行, 고궁박물원의 옹연계翁連溪·장굉위章宏偉, 중국인민대학도서관의 송평생宋平生, 북경대학도서관의 요백악姚伯岳 선생 등은 도편의 선택에 고귀한 도움을 주셨다. 스웨덴의 Christer von der Burg 선생은 그가 소장한 건륭연간 소주 천주교도 정량선丁亮先의 아름다운 판화를 제공해 주셨다. S. Edgren, C. Brokaw, M. Bussotti, N. Monnet, 고미야마 히로시[小宮山博史], 왕함王菡, 사금파史金波, 방언수方彦壽, 우달생牛達生, 나수보羅樹寶 선생 등은 대작을 주시거나 혹은 자료와 정보를 제공해 주셨다. 학생 손승성孫承晟·저소비邸笑飛·모지휘毛志輝·등량鄧亮·반역녕潘亦寧은 부분적으로 교정을 보는 데 도움을 주었으며 유관 자료를 조사하여 찾아주었다. 이상 여러분의 도움에 대하여 삼가 충심으로 감사를 드린다.

_한기韓琦
2006년 9월 중관촌中關村 신과상원新科祥園
겸익재謙益齋에서

미 주

[1] 이 문장의 원본은 《인쇄기술》에 게재되었다(대만), 1994년 6월, 제10권 제4기. 76~111쪽.

[2] 10년 전에 중국 신문에 대대적으로 소위 '서한패교지西漢壩橋紙'에 관해 보도된 적이 있었으며 해외에 좋지 않은 영향을 준 적이 있다. 후에 제지학회와 종이 역사 연구자들에 의해 다년간 자세한 조사를 거친 후에 소위 '패교지'는 근래 사람이 위조한 가짜 골동품이라는 것을 증명했다. 종이가 아니라 삼베부스러기로 가공한 것이었다. 기타 소위 서한지西漢紙라는 것도 모두 믿을 수가 없다.

[3] 국가도서관에 355부, 북경대학도서관에 35부, 요녕 구동북도서관에 54부, 상해도서관에 20부, 절강도서관과 영파 천일각에 20부, 남경도서관 및 기타 관과 개인 소장이 약 45부, 대만에 201부(이 안에 호주湖州 유씨劉氏 가업당嘉業堂 구장서 70부가 있음)가 있다. 미국과 캐나다도서관에 28부가 있고 일본 세이가토문고에 122부, 일본의 기타 문고에 1백 부가 있다.

[4] 현재 송본서는 복본復本(여기서는 2권 이상 있다는 뜻이므로 復本이라는 한자로 번역했음. 複本이라고 쓸 때는 '원본을 그대로 베낀 것'이라는 의미가 있기 때문에 復本이라고 여겨짐: 역주)(즉 서명이 같지만 판본은 다른 것, 어쩌다가 개별판본 역시 완전히 같은 것도 있음)이 많은데 예를 들면 국가도서관에는 복본이 약 64부가 있고 그 안에 《소동파시집》 6부, 《사기》 5부, 《주역》·《후한서》·《창려선생집》·《대방광불화엄경》이 각 4부, 《문선》·《통전》·《한준漢雋》 각 1부, 《의례경전통해儀禮經傳通解》·《경전석문》·《부석문호주례부운략附釋文互注禮部韻略》·《여지광기輿地廣記》·《백씨문집》·《위소주집韋蘇州集》·구양수《거사집》·《동파집》·《검남시고劍南詩稿》·《삼국지》·《통감기사본말》·《용감수감龍龕手鑒》·《춘추경전집해》·《주주미성편옥집注周美成片玉集》·《동래집주관란문東萊集注觀瀾文》이 각 2부가 있다. 세이가토에도 역시 적지 않은 복본이 있는데 《한서》·《후한서》가 각 3부, 《자치통감》·《통감기사본말》이 각 2부가 있으며 국가도서관과 세이가토의 중복된 책은 약 30부가 있다.

[5] 송 집희전 소장본으로는 《문원영화》에 전문篆文으로 '집희전서적인緝熙殿書籍印'이라고 찍혀 있다. 송 소흥부관서로는 《구양선생문수》 5책이 있고 모든 책에는 주로 주문대관인朱文大官印으로 "안무제형 왕랑중汪郎中이 소흥부학 관서에 비치한 것으로 생원들이 열람하는 것은 허락하나 가지고 학교문을 나

가는 것은 불허함"이란 글이 찍혀 있다. 근대 공공도서관의 열람규칙과 비슷하다. 원대 "한림국사원관서"라는 큰 붉은 도장이 찍혀 있는 당대인들의 문집은 수십 종 이상이다.

[6] 《천리도서관희서목록》 가운데는 송판 《모시요의毛詩要義》·《회암선생주문공문집》·《유몽득문집劉夢得文集》·《예장황선생문집豫章黃先生文集》 4종이 있고 송 각자공 2~3인을 수록했다.

[7] 〈남송각서지역고南宋刻書地域考〉·〈송효종시대각서술략宋孝宗時代刻書述略〉·〈광종시대의 각서〉는 모두 《장수민인쇄사논문집》(1988년, 북경인쇄공업출판사)을 참조했다. 또 승현 각자공 석혜石嵆, 신창新昌 각자공 손원孫源을 이전 저서인 《중국인쇄술의 발명 및 그 영향》(인민출판사, 대만문사철출판사에서 가각 2판이 나옴, 또 1960년 일본에서 일어판이 나옴)을 참조했고, 숙백宿白 교수의 《남송의 목판 인쇄》 글 속에 각자공 85명을 열거했는데 대부분 졸저와 같다.

[8] 에즈런 박사의 저서에 《조선활자본목록》 및 일본과 조선의 도서목록 여러 종이 있다. 몇 년 전에 영문본 《미국이 소장하고 있는 중국 선본 목록》을 출판했다. 작년(1992년)부터 미국에서 《국제중국선본도서목록》을 주편하고 있다. 박사는 원래 스웨덴 황실국가도서관에 재직했었다. 이 단락은 전존훈 선생 80생신 기념집 《중국도서문사논집》(1992년 현대출판사)에 수록된 에즈런 박사의 《남송항주인쇄천담南宋杭州印刷淺談》을 인용했다.

[9] 황비열의 《백송일전서록百宋一廛書錄》, 민국 2년 오정烏程의 장균형張鈞衡이 판각한 《적원총서適園叢書》본; 원극문袁克文의 《한운수사소장송본제요입구종寒雲手寫所藏宋本提要廿九種》, 민국 연간 영인본; 진선陳鱣의 《경적발문經籍跋文》, 청 도광 17년 해창海昌의 장광후蔣光煦 각본; 구중용瞿中溶의 《고천산관제발古泉山館題跋》,청 선통 2년 강음江陰의 무전손繆荃孫 각본; [일] 시마다 간[島田翰]의 《송참본고宋槧本考》, 일본 메이지 37년 판각한 《고문구서고古文舊書考》본; 왕국유의 《오대양송감본고五代兩宋監本考》, 1940년 상무인서관 《해녕왕정안선생유서海寧王靜安先生遺書》본; 조원충曹元忠의 《전경실소견송원서제발箋經室所見宋元書題跋》, 민국 시기 판각한 《오중문헌소총서吳中文獻小叢書》본을 포괄한다.

[10] 저자 미상의 《복건판본지福建板本志》민국 각본; 저자 미상의 《송본서고: 촉각기략宋本書考:蜀刻紀略》민국 송풍실松風室 초본; 왕국유의 《양절고간본고兩浙古刊本考》, 1940년 상무인서관 《해녕왕정안선생유서》본; 황자박黃慈博의 《광동송원명경적참본기략廣東宋元明經籍槧本紀略》민국 각본을 포괄한다.

[11] 본 글은 주로 외숙 장수민 선생의 자서전, 관련 논문과 저술, 친필원고 및 스승·벗들과의 서신에 근거하여 편집하고 썼다. 본문 초고는 《문진류상文津流觴》(2002년 6월, 제 5기, 36~52쪽)에 실린 적이 있으며 수 차례 보충 수정했다.

[12] 《서림청화》는 역대 각서刻書 · 초서鈔書 · 장서藏書 · 활자인쇄 등 자료를 집록한 것으로 영향력이 매우 크다. 《중국조판원류고》는 목판 인쇄사료를 정리한 책이다.

[13] 《도서관학계간圖書館學季刊》, 1930년 3월호, 제4권 제1기, 101~102쪽.

[14] 활자인쇄술의 초기 전파에 대해 심도 있는 연구를 하셨다. 원고는 아직 보존하고 있으며 태허스님은 "이치에 맞고 적당하다"라는 평가를 했다.

[15] 상달의 뒤를 이어 1938년에는 유린생劉麟生이 초역抄譯하여 제목을 《중국인쇄원류사中國印刷源流史》라고 하여 상무인서관에서 출판했다.

[16] 장수민 〈원동례와 북경도서관〉, 《역사월간》, 1996년 9월, 총제104기, 제88~90쪽: 〈원동례선생과 국립북평도서관〉, 《북경도서관관간》, 1997년 제3기, 제53~59, 92쪽.

[17] 선생의 저서 연도로 알 수 있는데 항전기간과 문화대혁명 기간인 20여년 간은 거의 작품을 발표하지 않았다.

[18] 해방(1949년)후부터 '문화대혁명'전까지 발표한 문장으로는 〈중한 양국의 활자인쇄술에 대한 공헌〉(1953) · 〈동활자의 발명과 발전〉(1954) · 〈조선의 고인쇄〉(1957)(시대적으로 조선시대일 경우는 조선이라 하고 본서에서 한국을 나타내는 조선은 모두 한국으로 번역했음: 역주)가 있다. 1959년에 발표한 것으로는 〈역대로 아름다운 인쇄품〉 · 〈요遼 · 금金 · 서하 각서간사刻書簡史〉 · 〈필승〉 · 〈왕정〉이 있다. 1961년에 발표한 것으로는 〈태평천국의 각서〉 · 〈청대 경현涇縣 적씨翟氏의 니활자인본〉 〈남송(1127~1279)의 각서지역고刻書地域考〉 · 〈명대의 동활자〉 · 《중국최초의 금속활자》 · 〈청대의 동활자〉 · 〈원명양대의 목활자〉 · 〈청대의 목활자(1644~1911)〉 등이 다수 있다. 또 〈명대휘파판화황성각공고략明代徽派版畫黃姓刻工考略〉(1964)이 있다.

[19] 이 연구에 대한 경과는 한기의 〈인쇄사 연구의 아름다운 일화 ― 전존훈 선생과 장수민 선생의 학술교류를 기억함〉 참조, 《남산집南山集》에 게재, 북경: 북경도서관출판사, 2006년, 제176~178쪽.

[20] 일본 김문경金文京 교수(현재 일본 교토대학 인문연구소 소장)은 〈명대 남경의 도서간행〉을 읽은 후에 1980년 5월 22일에 편지를 보내와서 상관 문제에 관해 문의했다. 이외에 발표한 것으로는 〈송원의 인쇄공과 제본공〉(1981) · 《필승과 명대 각자공, 인쇄공 사적에 관한 고찰》(1983) · 〈석인술石印術은 도광 대에 이미 중국에 전래되었다는 설〉(1983) · 〈중국인쇄사대사년표〉(1985), 〈목판도서간행은 7세기 당초 정관설의 세 번째 의견〉(1987) · 〈목판도서간행은 7세기 당초 정관설의 세 번째 의견〉 보충기(1987) · 〈미국에서 새로 발견된 금각본金刻本 불경〉(1987)등이 있다.

[21] 호도정이 선생에게 보낸 편지, 1989년 10월 22일.

[22] 담기양이 선생에게 보낸 편지, 1990년 5월 3일.

[23] 전존훈이 선생에게 보낸 편지, 1989년 11월 18일.

[24] 전존훈이 선생에게 보낸 편지, 1990년 4월 30일

[25] 대만에서 번역출판된 제목은 《인쇄서의 탄생》이다(이홍지李鴻志 번역), 대북; 묘두응貓頭鷹 출판사, 2005년.

[26] 예를 들면 프랑스 F. Barbier의 《서적의 역사》(Histoire du livre. Paris, 2000)가 유양劉陽 등의 번역으로 출판되었다. 계림: 광서사범대학출판사, 2005년.

번역을 끝내며

《중국인쇄사》 책을 가슴에 무겁게 안고서 좁고 긴 터널을 빠져나온 느낌이다. 100만 자에 가까운 글들과 씨름하면서 몇 년을 보냈다. 너무 분량이 많다 보니 어느 때는 멀미가 느껴지기도 하였다. 1300년 간의 수천만 종에 달하는 저서와 수천만 명의 문인, 역사가, 철학자, 정치가, 황제, 각자공, 인쇄공 등등 온갖 책과 군상들을 번역하고 교정하고 그들을 한국에 소개하고자 힘껏 달려왔다.

뒤돌아보면 지난 7년간 우여곡절이 많았다. 오랫동안 관심을 갖고 있던 《중국인쇄사》가 한국연구재단의 명저번역에 채택된 것은 고마운 일이지만 심사위원들이 원서 전체를 보지 못한 탓인지 번역료가 일반도서의 1~2권 분량으로 책정되어 몹시 당혹스러웠다. 일반도서가 한자로 대략 20만 자 내외이고 《중국인쇄사》는 100만여 자이므로 4~5권 분량이란 점을 밝혔는데도 이런 결과에 몹시 당황스러웠다. 이는 한국연구재단이 제시한 기준에도 훨씬 못 미쳤기 때문이다. 그리하여 차라리 포기하려고 반년간은 번역작업에 착수하지 못하고 있었다. 그러나 주위 분들의 애정어린 권유와 고서 수집가인 남편이 이 책의 번역은 한국의 서지학자, 문헌학자, 출판학자 등 고서에 관심이 있는 사람들에게 많은 도움을 줄 수 있는 책이라고 다독여 주어서 마음을 다잡고 초심으로 돌아가 착수하기 시작하였다. 우선 책을 읽으면서 목판 및 활자와 인쇄의 기본적인 것을 알고자 청주 고인쇄박물관, 파주 활판공방, 원주 고판화박물관, 고서경매전, 국제서울도서전 등 각종 고서전시회 및 고활자 전시회, 현재(2016년 6~9월) 전시되고 있는 국립중앙박물관의 '활자의 나라, 조선전'까지 기회되는 대로 가보고 실물공부를 하였다. 중국 기행 중에 중국 하남성의 주선진朱仙鎭, 천진 양류청楊柳青 판화 공방, 영파의 천일각天一閣, 대만 고궁박물원 등을 견학한 것도 번역하는 데 많은 도움이 되었다.

앞의 〈일러두기〉에서 밝힌 바처럼 최대한 원서의 의견을 존중하였으며 용어 선택을 하였다. 번역하면서 여러 가지 난관에 부딪혔는데 원서의 체제가 몹시 혼란스러워 나름대로 정리하는 데 애를 먹었다. 또한 장수민 선생의 독특한 반문반백半文半白의 문체, 갑자기 튀어나오는 인용문, 축어 및 약어를 사용하여 어려움이 가중되었고, 이름 대신 호號나 자字를 사용하여 일일이 인명을 찾아야 하는 수고로움 등이 있었다. 또 서양 선교사들의 원명을 찾는 데 많은 시간을 할애하였다. 명청시기에는 많은 서양 선교사들이 중국에 들어왔는데 이들의 이름이 너무나 중국적이라서 확실하게 밝히지 않으면 중국인으로 오해하기 십상이기 때문이다. 예를 들면 장우인蔣友仁(Michael Benoist), 왕치성王致誠(Jean Denis Attiret) 같은 이름이 그렇다. 그래서 원명을 찾아서 표기하고 중국이름과 생존연대는 각주 및 괄호 속에 넣었다. 이런 작업이 후에 많은 이들의 수고로움을 덜어 줄 수 있지 않을까 해서이다.

원서의 내용 중에는 미심쩍은 부분도 있었다. 특히 《무구정광대다라니경》에 관한 장수민의 의견에 대해서는 한국학자들이 동의하지 않는 바이지만 번역하는 입장에서는 장수민의 의견을 그대로 번역하였다.

동기창의 "지금 해내외에서 최고의 종이는 고려공전高麗貢箋이다. 두껍기로는 오수전五銖錢보다 두껍고 희기는 흰 기름덩이나 옥을 잘라 놓은 것 같은데 매번 두 장으로 떼 내 사용해도 되며 이리하여 경면전鏡面箋이라는 명칭도 있다. 붓이 가는 곳마다 붓끝이 멈추지 않으니 정말로 귀하고 갸륵하다"라는 최고의 칭찬을 보면서 뿌듯함을 느끼면서 그 훌륭한 기술이 현재까지 전수되지 못함이 아쉬웠다.

시공간을 초월하여 사람이 사는 이치는 매한가지라는 사실도 깨달았다. 지금은 책이 흔한 시대가 되었지만 송나라 때는 책을 읽기 위하여 많은 사람들이 노력했음을 알 수 있었다. 수도 변경에 춘명방春明坊이 있었는데 사대부들이 독서를 좋아하여 그 부근에 집을 얻어 편하게 책을 빌려 읽으려고 했기 때문에 그 근처의 집세는 늘 다른 곳보다 배 이상 비쌌다고 한다. 호중요胡仲堯라는 사람은 장서 수만 권이 있었는데 요리사를 두고 건물을 지어 사방의 학자와 선비들을 초빙했다고 한다. 이곳에서는 사람들이 책을 빌려 보고 베껴 쓰기도 했으니 현대도서관의 역할을 이미 했다는 소중한 일화도 알게 되었다.

그런가 하면 송나라 때는 의서《성혜방聖惠方》을 백성에게 나누어 주고자 하였는데 판각공이 식대를 제때에 받지 못하자 분한 마음을 이기지 못하고 자주 쓰는 약재를 고의로 틀리게 새기어 본래 처방만 못하게 되었다는 기록도 있다. 또한 지금으로서는 상상도 못할 이름만 바꾸는 전체 표절을 한 경우도 있었는데 유명한 장서루인 급고각의《십칠사》각판은 4천금에 노盧모씨에게 저당잡혔다가 후에 노씨가 석席씨에게 팔아버렸다. 석씨는 서명 아래에 있는 '모씨급고각인毛氏汲古閣印'이라는 도장 표시를 깎아내고 '동정석씨洞庭席氏'라는 도장을 새겨 넣었다. 명·청 양대에는 이렇게 다른 이의 좋은 것을 빼앗는 악습이 있었다고 한다. 게다가 전해지는 바로는 석씨의 손자가《사당인집四唐人集》판을 쪼개 땔감으로 사용해 차를 끓였다고 한다. 민간에서만 그런 것이 아니고 황궁에 있던《고금도서집성古今圖書集成》의 동활자는 동전 만드는 데 사용했고,《사고전서》목활자는 당

직자들이 군불을 때어 없애기도 하고 불이 나서 잿더미가 되었다 한다. 인생의 흥망성쇠에 따라 활자판도 수난을 겪고 좋은 유물들이 사라졌으니, 번역하면서 안타까운 마음을 금할 수 없었다. 우리나라도 예외가 아니어서 수많은 장서들이 전쟁 중에 사라졌으니 정말 애달프다!!! 이처럼 학술적인 내용 이외에 당시 사람들의 살아가는 실상을 엿보는 재미도 많았다.

번역 작업 중에 겪은 이러저러한 투정도 《중국인쇄사》 저자 장수민 선생의 학문적 자세를 보고 있자면 부끄러울 따름이다. 선생은 40~50년에 걸쳐 64만 자의 《중국인쇄사》를 마친 것이 1984년 77세이고, 100만 자에 가까운 증보판 자서를 2004년 97세에 썼다. 97세!! 역자가 무슨 말을 할 수 있으랴! 선생이 99세(2006년)로 작고하기 2년 전에 이 증보판의 서문을 쓰셨는데 번역자의 한 사람으로, 또 중문학을 공부하는 후배로 선생의 학문에 대한 열정에 한없는 존경을 보내며 또한 부끄러움이 가득하다. 증보 수정판 《중국인쇄사》가 2006년 10월에 출판되고 선생은 이해 12월에 돌아가셨으니 마지막 역작을 보고 가셨을 거라 믿으며 얼마간 마음에 위로가 된다.

번역을 다 끝내고 나니 이제는 걱정이 앞선다. 장수민 선생은 교정보는 것을 비에 젖은 낙엽을 쓰는 것처럼 쓸고 쓸어도 또 있다고 하며 교정의 어려움을 말했다. 또한 《무영전취진판총서》 교정은 당시 한림이 보았는데 오자 1자에 1년치 봉록을 감했다는 설도 있었다 하니 그 엄중함이 어떤지를 알 수 있다. 그런 것을 생각하면 정말 어깨가 움츠러들고 "틀린 글자 한 자에 천금을 주겠다"고 한 여불위의 호기가 부럽기만 하다. 원서가 워낙 방대하고 피휘자도 있고 또한 간체자와 번체자가 혼재하다 보니 잘못 본 글자도 많이 있을 것이다. 좀 더 꼼꼼하게 보았으면 하는 아쉬움과 두려움이 남지만 이제는 시간상 다시 보기는 어렵게 되었다. 잘못된 점에 대해 독자 여러 분이 꾸지람을 해 주시면 달게 받을 것이며 앞으로 역자도 이 분야에 좀 더 매진할 것을 약속드린다.

2010년부터 번역을 시작하여 2016년에 끝을 맺는다. 그동안 종신대사終身大事 등 인생에 있어 중요한 일이 많이 있었다. 몇 년간 밤샘 작업도 마다않고 번역에 매달려 있는 역자를 옆에서 지켜봐 주고 끊임없는 격려와 고서에 대해 여러 가지 가르침을 주신 존경하는 남편에게 감사를 드린다. 또한 수많은 벽자와 복잡한 책의 체제를 제대로 잡아 주신 세창출판사의 김명희 실장님과 안효희 님께도 진심으로 감사드린다. 오래도록 함께 작업하고 싶은 분들이다.

2016년 7월 15일
옮긴이 강영매